**DIREITOS HUMANOS
E EDUCAÇÃO LIBERTADORA**

DIREITOS HUMANOS
E EDUCAÇÃO LIBERTADORA

GESTÃO DEMOCRÁTICA DA EDUCAÇÃO PÚBLICA NA CIDADE DE SÃO PAULO

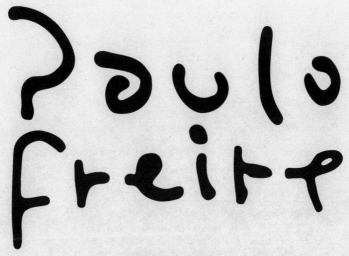

ORGANIZAÇÃO E NOTAS
ANA MARIA ARAÚJO FREIRE E
ERASTO FORTES MENDONÇA

6ª edição

Paz & Terra

Rio de Janeiro
2024

Direitos humanos e educação libertadora, Paulo Freire
© 2019 by Villa das Letras

Todos os esforços foram feitos para localizar os autores das imagens e dos textos reproduzidos neste livro. A editora compromete-se a dar os devidos créditos em uma próxima edição, caso os autores reconheçam e possam provar sua autoria. Nossa intenção é divulgar o pensamento de Paulo Freire, sem qualquer intuito de violar direitos de terceiros.

Imagens de capa: Foto de Paulo Freire, acervo de Ana Maria Araújo Freire; assinatura original de Paulo Freire

Direitos de edição da obra em língua portuguesa no Brasil adquiridos pela EDITORA PAZ E TERRA. Todos os direitos reservados. Nenhuma parte desta obra pode ser apropriada e estocada em sistema de bancos de dados ou processo similar, em qualquer forma ou meio, seja eletrônico, de fotocópia, gravação etc., sem a permissão do detentor do copyright.

Editora Paz e Terra Ltda.
Rua Argentina, 171, 3º andar – São Cristóvão
Rio de Janeiro, RJ – 20921-380
http://www.record.com.br

Seja um leitor preferencial Record.
Cadastre-se e receba informações sobre nossos lançamentos e nossas promoções.

Atendimento e venda direta ao leitor:
sac@record.com.br

Texto revisado segundo o Acordo Ortográfico da Língua Portuguesa de 1990.

CIP-BRASIL. CATALOGAÇÃO NA PUBLICAÇÃO
SINDICATO NACIONAL DOS EDITORES DE LIVROS, RJ

F934d
6ª ed.

Freire, Paulo, 1921-1997
   Direitos Humanos e educação libertadora: gestão democrática da educação pública na cidade de São Paulo/Paulo Freire; organização e notas de Ana Maria Araújo Freire, Erasto Fortes Mendonça – 6ª ed. – Rio de Janeiro: Paz e Terra, 2024.

   ISBN 978-85-7753-410-4

   1. Educação – Filosofia. 2. Educação – Aspectos sociais – São Paulo (SP). 3. Educação Popular. 4. Mudança social. I. Freire, Ana Maria Araújo. II. Mendonça, Erasto Fortes. III. Título.

19-57045

CDD: 370.1
CDU: 37.01

Vanessa Mafra Xavier Salgado – Bibliotecária – CRB-7/6644

Impresso no Brasil
2024

A todas e a todos que, fazendo a escola municipal de São Paulo conosco, da limpeza do chão à reflexão teórica, deixaram claro que mudar é difícil, mas é possível e urgente.

Fraternalmente,

Paulo Freire
São Paulo, primavera de 1991

*

A Luiza Erundina, que gentilmente concordou em conceder entrevista sobre a gestão de Paulo Freire como secretário municipal de Educação em sua administração como prefeita de São Paulo, abrindo espaço em sua movimentada agenda na Câmara dos Deputados.

A Ivanna Sant'Ana Torres, que participou da concepção, da organização e da realização da entrevista com a deputada federal Luiza Erundina (PSOL-SP).

A Ana Maria Saul, Lisete R. G. Arelaro e Mario Sergio Cortella, que, tendo caminhado com Paulo Freire no sonho de "mudar a cara" da escola da Rede Municipal de São Paulo, deram fortes testemunhos sobre a radicalidade de sua proposta, sua competência gestora e sua capacidade de liderança.

Com a alegria de termos cumprido a tarefa de Paulo Freire frente à SMEd-SP (Secretaria Municipal de Educação de São Paulo), de reconstruir o trabalho ético-político-educacional voltado para os Direitos Humanos.

Ana Maria Araújo Freire (Nita Freire) e
Erasto Fortes Mendonça
São Paulo/Brasília, verão de 2019

Sumário

APRESENTAÇÃO 11
Ana Maria Araújo Freire

PREFÁCIO 23
Erasto Fortes Mendonça

JUSTIFICANDO O NOVO TÍTULO: DIREITOS
HUMANOS E EDUCAÇÃO LIBERTADORA 33
Paulo Freire

PARTE I – A CHEGADA E O INÍCIO DA GESTÃO
DO EDUCADOR PAULO FREIRE NA SECRETARIA
MUNICIPAL DE EDUCAÇÃO DE SÃO PAULO

1 Discurso de posse como secretário
   municipal de Educação de São Paulo 47
   Paulo Freire
2 Construindo a Educação pública popular:
   aprender é gostoso. Mas exige esforço 59
   Paulo Freire
3 Manifestações sobre avanços pedagógicos 69
   Paulo Freire

Parte II – Entrevistas de Paulo Freire sobre a educação na Rede Municipal de São Paulo

4	Nosso *quefazer* para mudar a cara da escola	79
5	Nosso projeto pedagógico	93
6	O que é ser um trabalhador do ensino no Brasil, hoje?	103
7	Os desafios da educação municipal diante de nossa realidade cruenta e injusta	111
8	A gestão da educação municipal em São Paulo em busca do sonho democrático	121
9	A alfabetização de jovens e adultos em São Paulo	125
10	Paulo Freire	131
11	Paulo Freire contra seu próprio medo	151
12	Paulo Freire trabalha para implantar em São Paulo a escola pública e popular	165
13	História como possibilidade	193
14	Pedagogia de Paulo Freire chega a mais de cem escolas	199
15	Paulo Freire e suas propostas	207
16	Como anda a educação em São Paulo	223
17	Encontro com Paulo Freire	229

Parte III – Depoimentos sobre dificuldades encontradas na Secretaria Municipal de Educação de São Paulo

18	Os déficits da educação brasileira *Paulo Freire*	239
19	A propósito da lealdade entre companheiros *Paulo Freire*	245

20   A cidade de São Paulo e os educadores   249
     Paulo Freire
21   A relação entre autoridade e liberdade   255
     Paulo Freire
22   Ao nosso querido secretário Paulo Freire   265
     Companheiros do Núcleo de Ação Educativa 4

PARTE IV – TESTEMUNHOS DOS QUE CAMINHARAM COM PAULO FREIRE NO SONHO DE "MUDAR A CARA" DA ESCOLA DA REDE MUNICIPAL DE SÃO PAULO

23   Conversa com Luiza Erundina   271
     Erasto Fortes Mendonça e Ivanna Sant'Ana Torres
24   A radicalidade da proposta de Paulo Freire à frente da Secretaria de Educação do município de São Paulo: a construção da escola pública, popular e democrática   287
     Ana Maria Saul
25   A competência gestora de um grande educador   307
     Lisete R. G. Arelaro
26   Paulo Freire, política e inspiração!   325
     Mario Sergio Cortella

PARTE V – A DESPEDIDA E O FIM DA GESTÃO DO EDUCADOR PAULO FREIRE À FRENTE DA SECRETARIA MUNICIPAL DE EDUCAÇÃO DE SÃO PAULO

27   Aos educadores e educadoras, funcionários e funcionárias, alunos e alunas, pais e mães   331
     Paulo Freire
28   Manifesto à maneira de quem, saindo, fica   335
     Paulo Freire

29 Aos que fazem conosco a educação pública
de qualidade em São Paulo   339
*Luiza Erundina de Sousa, Paulo Reglus Neves
Freire e Mario Sergio Cortella*

BIOGRAFIA DOS AUTORES   349

Apresentação

Ana Maria Araújo Freire
(Nita Freire)

ANOS ATRÁS, CONSIDEREI QUE O livro *A educação na cidade*, de Paulo Freire, estava esgotado no seu conteúdo. Que já tinha "dado o seu recado" e estava com o prazo vencido, exaurido. Como se diz na linguagem popular, que ele havia "caducado". Que não mais seria importante a narrativa e a análise, mesmo através das palavras do político-educador, do que tinha se passado na Secretaria Municipal de Educação de São Paulo (SMEd/SP), sob sua direção, de 1989 a 1991, durante a gestão democrática da prefeita Luiza Erundina.

Perguntei-me, inúmeras vezes, como detentora dos direitos de publicação deste livro, o que deveria fazer – norteada, como sempre, pela lógica afetiva e político-epistemológica, de que Paulo não pode falar ao vazio, "a ninguém" ou "a poucos". Considerei, assim, que este livro não deveria mais ser posto nas livrarias para vendas eventuais, uma vez que não havia mais procura, ao contrário de outros títulos de Paulo. Ademais, concordava com o meu marido, que entendia que a publicação do livro tinha sido precipitada, logo depois de ter saído da secretaria, e, portanto, não reunindo fatos, entrevistas e narrativas essenciais a um livro que trata criticamente da sua gestão como secretário de Educação da capital do estado de São Paulo, a mais pungente e dinâmica metrópole da América Latina.

Suspendi, dentro dessa minha interpretação e compreensão crítica, as publicações já existentes. A do Brasil, a dos Estados Unidos, a do México e a da França.

Os anos se passaram e, como que de repente, pessoas e instituições, sobretudo as do exterior – sempre ávidas em saber o que o mestre maior, o Patrono da Educação Brasileira e desvelador por uma educação como ato político e luta ética contra a opressão –, quiseram saber o que o fundador da pedagogia crítica havia feito, durante sua gestão frente à SMEd/SP, em benefício da população, do povo pobre, oprimido, excluído, da periferia, negro na sua maioria, sem recursos econômicos, sem *voz* política, sem participação nos destinos de seu próprio país, sem acesso a bens culturais produzidos fora das suas comunidades. Essas pessoas do mundo têm curiosidade científica por nossa gente – que há centenas de anos, meio milhar de anos de nossa história, vive quase tão-somente como alvo preferido da exploração e da negação, pela elite, de seus desejos, de suas necessidades e aspirações. Querem saber o que a população da cidade de São Paulo tinha ganhado em termos político, social e educacional com a gestão de Paulo Freire.

No ano de 2011, exatamente em 20 de setembro, durante um seminário sobre o pensamento de Paulo Freire, no dia seguinte àquele em que a Câmara Legislativa do Distrito Federal tinha outorgado a ele o título de Patrono da Educação do Distrito Federal, da capital da República, fazendo parte de uma Mesa de Trabalhos, conheci Erasto Fortes Mendonça. Eu o ouvi então dizer que era injusto ou talvez inadequado considerar Paulo Freire apenas como o homem que na sua gestão na SMEd/SP tinha sido o educador para a formação da cidadania, o mentor da *educação cidadã*. Que o considerava o homem cuja centralidade das ações, sensibilidade e razão se depositava na questão dos Direitos Humanos e da sua relação com a educação como prática social humanizadora. Ouvi isto do homem que, mansamente e com extrema lucidez, nos dizia (me dizia) o que sempre, mais inconscientemente do que conscientemente, procurava entender. Erasto Fortes era o homem que havia coordenado o Programa de Educação em Direitos Humanos da Presidência da República. Ele sabia o que dizia, era a voz de um expert na questão dos direitos humanos.

Os argumentos sobre a superação da interpretação de uma pedagogia voltada para a construção da cidadania para a de uma pedagogia voltada substantivamente para os direitos humanos avolumaram-se em mim...

Ali mesmo, no momento em que ele fazia o seu discurso, nos convencia a todos ou a muitos de nós da sua acertada interpretação: o livro *A educação na cidade* "ressuscitou" em mim. Criei alma nova e, lá mesmo, em público, o convidei para refazer a obra comigo.

Minhas buscas por leis, decretos ou portarias, entrevistas e artigos que pudessem ilustrar o que foi a gestão de Paulo se intensificaram. Então, encontrei peças fundamentais – tanto em meus arquivos[1] quanto em buscas diversas – para mostrar o que realmente o meu marido fez enquanto gestor público e educador-democrático na SMEd/SP. Assim, introduzi neste livro esses *novos achados*, novo material: textos dele e entrevistas com ele, bem como uma conferência feita por Paulo intitulada "Direitos humanos e educação libertadora", que vinha sendo publicada na *Pedagogia dos sonhos possíveis*. Excluí toda a segunda parte das antigas publicações de *A educação*

---

1. Convido os leitores/as para lerem material complementar no livro escrito por mim: *Paulo Freire: uma história de vida* (Paz e Terra, 2017), bem como as notas que redigi para três dos livros de Paulo Freire: *Pedagogia da esperança* (Paz e Terra, 2018, notas 44 e 45); *À sombra desta mangueira* (Paz e Terra, 2013, notas 7, 8 e 11); e *Cartas a Cristina* (Paz e Terra, 2015, nota 26).

na cidade,[2] porque considerei que só teria sentido conservar os "testemunhos dos que caminharam *com* Paulo Freire no *sonho* de 'mudar a cara da escola' da Rede Municipal de São Paulo" e daqueles que trabalharam com ele na SMEd/SP até o dia 27 de maio de 1991, quando Paulo se afastou da liderança da secretaria.

Essa mudança de enfoque no livro – de *escola cidadã* freireana para a escola cuja *gestão pública freireana* esteve voltada para *os direitos humanos* –, como ponto nevrálgico da práxis de Paulo na SMEd/SP, não foi decidida por mim por livre arbítrio, como algo de mera vontade subjetiva, devo esclarecer melhor. Fui alertada pelas palavras de Erasto Fortes, que me levaram a refletir e a constatar que a luta de meu marido para democratizar a escola da Rede Municipal de São Paulo foi muito além do próprio fato de oferecer uma escola popular de qualidade à população espoliada da cidade, no sentido de torná-la cidadã. No projeto freireano está implícita a possibilidade e a vontade política de *dignificar* essa população de crianças, de adolescentes e de adultos – e de suas famílias – através de uma escola que ensinaria o saber científico a partir do que eles e elas trouxessem como senso comum em seus corpos esmorecidos, mas pensantes. Este projeto traz em seu bojo a possibilidade de fazer deles e delas *sujeitos da história* também. Não apenas objetos. Ultrapassa o até então praticado e conhecido no Brasil. Rompe as barreiras da educação cidadã. Penetra no *sonho possível* de fazer crianças, adolescentes e adultos *gente* com seus desejos, aspirações e interesses atendidos, valorizados. A utopia, o *inédito viável* de *humanização*, com direitos e

---

2. "Autonomia escolar e reorientação curricular", entrevista de Paulo concedida, em 1989, à dra. Ana Maria Saul, foi retirada porque seu artigo escrito para este livro incorpora e supera as ideias da mesma (*N. dos orgs.*).

deveres, das camadas populares se concretizou, em grande parte, com a escuta e o diálogo de todos e todas envolvidos na educação municipal, independentemente de sua função ou cargo na Rede, ou fora desta: pais, vizinhos e amigos dos que pertenciam à escola, na gestão de Paulo Freire.

Enfim, essa escola *sonhada* por Paulo tinha a intenção de *ir além* do dever e do gosto do secretário e da sua equipe de garantir o conhecimento da ciência, da filosofia ou das artes. O objetivo da escola paulistana pública desses anos de 1989 a 1991 se centrou, mas sem a impor, na essência da teoria de Paulo, que tem suas bases na crença no outro/a e no respeito e tolerância com os diferentes. Na sua compreensão ético-político-antropológica de uma epistemologia crítico--educativo-conscientizadora, que, em última instância, tem como ponto central a *humanização* de todos e todas, independentemente de classe social, idade, gênero, orientação sexual, local de nascimento ou moradia. Centrava-se na *dignificação das gentes*, corporificação da *humanização* verdadeira.

Portanto, *dignificar* as *gentes*, as pessoas, é, assim, a substantividade dos *direitos humanos*. São os *direitos humanos* garantidos e postos em prática que possibilitam que *Seres Menos* se façam, por direito ontológico, *Seres Mais*, usando as categorias que Paulo mesmo criou.

Muitos podem argumentar que Paulo pouco mencionou em sua Pedagogia do Oprimido – entendendo esta como a que praticou e escreveu no decorrer de sua vida – a educação para os direitos humanos.

Posso contra-argumentar citando o que Paulo respondeu a um estudante norte-americano:[3]

---

3. Conferir na obra de Paulo Freire, Nita Freire e Walter Ferreira de Oliveira, *Pedagogia da solidariedade* (Paz e Terra, 2014, pp. 40-41).

PARTICIPANTE: Dr. Freire, estou interessado em saber mais sobre a relação entre construtivismo e o que o senhor vem ensinando e escrevendo por todos estes anos. [...] Em que ponto da história o construtivismo aproveitou suas ideias e quão similares são as ideias construtivistas às suas?

PAULO FREIRE: Ao responder sua pergunta, agradecendo por tê-la feito, eu devo pedir às pessoas aqui presentes que me perdoem por uma possível falta de humildade. Estou certo, e isto considero não como uma falta de humildade, que eu tenho tudo a ver com o construtivismo. A razão é que o construtivismo tem tudo a ver comigo. [...] eu diria que tenho debatido e discutido, nestes últimos trinta e cinco anos, algumas afirmações e alguns princípios fundamentais do construtivismo. [...] Às vezes também me perguntam "Por que você nunca usa a palavra construtivismo?" E minha resposta é: "Porque eu nunca senti esta necessidade".

Foi Paulo quem criou nos estudos de metodologias de pesquisa a Pesquisa Participante, mas também nunca comentou isto e só se referia a este tipo de pesquisa ao mencionar os estudos das comunidades na busca das *palavras* ou dos *temas geradores*, que possibilitariam *ler a palavra* e *ler o mundo*, para se humanizarem.

Portanto, se perguntado tivesse sido por que poucas vezes verbalizou que sua práxis era voltada para os direitos humanos, certamente ele diria: "É porque eu nunca senti esta necessidade."

Ao mudarmos o enfoque de interpretação dos objetivos, das intenções mais verdadeiras das ações realizadas por Paulo e por sua equipe na SMEd/SP, tivemos, eu e Erasto, que necessariamente alterar o título do livro. Escolhemos *Direitos humanos e educação libertadora: gestão democrática da educação pública na cidade de São Paulo.*

Ao escolher os textos que fazem parte desta obra, dentro do material coletado, optei por dar destaque aos sonhos, aos desejos, ao diálogo constante de Paulo com seus pares. Procurei enfatizar o que meu marido acreditava: a necessidade de *conscientização* por eles e elas, todos e todas envolvidos no ato de educar-aprender, sem coação ou imposição; na sua pedagogia *questionadora, problematizadora*, para estarem conscientes dos problemas que nos afligem – das práticas nas ruas, casas e escolas, no todo social – como princípio da possibilidade concreta de mudanças no dia a dia para a transformação social em maior amplitude, na sua totalidade. Enfim, na escolha dos textos quis ressaltar a maior preocupação de Paulo: a necessidade de uma *educação humanizadora e libertadora*, que na sua essência e natureza tem como centralidade a possibilidade de superação das condições e das relações de opressão que aniquilam os direitos humanos.

Somos um país cuja formação político-social se baseou por séculos na exclusão e na opressão determinadas pela escravidão, pelo senhor dono de terras e de gentes que em tudo e em todos mandava; na precariedade dos bens de consumo para o bem-estar da sociedade em geral. Assim, herdamos na própria carne e em nossa mente, como classe privilegiada, ou apenas dita "superior", a prática da desumanização, que nega a própria *existência humana*: a humanidade em processo permanente de humanização, que pode fazer dos indivíduos *Seres Mais*. Fizemo-nos assim um povo sem a capacidade de ver o outro e a outra, de lhes assistir na garantia de ter todos os Direitos Humanos respeitados, consagrados.

Portanto, a escravidão negra, a aculturação dos indígenas, a submissão e o maltrato das mulheres solidificaram historicamente a negação, intencional e sistemática, dos Direitos Humanos à maioria dos brasileiros e brasileiras. A violência generalizada contra o povo inclui a praticada pelas mais diversas instâncias e instituições de nossa sociedade, inclusive por parte do Estado, relegando para o campo da indiferença o destino de seus homens, mulheres e crianças no que eles e elas têm de mais sagrado: o respeito por seus corpos e suas mentes numa malvada decisão de negar os direitos humanos, que são os direitos mais radicais e fundamentais da *existência humana*. Essa transgressão da ética se fez "natural" entre muitos de nós, que aderiram, egoisticamente, desumanamente, à *desumanização*.

Em outras palavras: ao criarmos a cultura e estabelecermos os fatos culturais mais importantes dentro do grupo onde vivemos, as ações culturais que a inteligência humana pratica, mudando a natureza para seu próprio deleite e necessidade, tornou-se possível, contraditoriamente, a aberração que é a *transgressão da ética, a desumanização*. A "humanidade", que é a natureza mais profunda e verdadeiramente autêntica dos seres humanos, da *existência humana*, que deveria ser normal e respeitada nas relações entre *gentes*, passou a ser buscada como algo acima de nossas ações pensadas ou espontâneas, praticadas cotidianamente. Buscamos o tempo todo, muitos de nós, essa humanidade, que deveria ser parte indivisível dos seres humanos.

O *diálogo* que Paulo estabeleceu com todos e todas da secretaria não tinha como fim último propor, muito menos determinar e impor, um *currículo* adequado e suficiente para levar os educandos/as do estágio da "ignorância" para o do saber; tampouco era pragmático o seu incentivo à prática da *disciplina intelectual e administrativa*, nem a da *formação dos educadores e das educadoras*. Nenhum desses princípios visava apenas a qualificar as escolas municipais como "escolas de qualidade", no sentido tradicional do termo.

"Mudar a cara da escola" trazia como substantividade intrínseca nela mesma os princípios democráticos do *diálogo,* da *disciplina* e da *formação dos educadores e das educadoras* como *leitmotiv* para a possível *libertação* dessa população oprimida que frequentava a escola pública de São Paulo. Não tinha a intenção apenas de atingir os objetivos educacionais, válidos e proclamados.

A *democratização da gestão,* a *política de educação de jovens e adultos,* a *democratização de acesso* e *uma nova qualidade do ensino,* como princípios maiores e objetivos da gestão de Paulo Freire, foram incorporados e divulgados com veemência na sua plataforma política da SMEd/SP para a *conscientização* dos direitos e dos deveres dessa população paulistana, grandemente abandonada, assim, não apenas priorizando o ensino dos conteúdos programáticos. Enfim, intencionalmente, Paulo abriu a possibilidade de garantir os direitos humanos fundamentais na Rede Municipal de Educação, como caminho para a luta da transformação social, econômica, política e ética de todos e todas que viviam na cidade de São Paulo, com vistas ao país inteiro.

A tenacidade, a lucidez e a valentia para a luta e para amar e respeitar as pessoas fez Paulo perseverar na sua antiga utopia, no que vinha há décadas sendo para ele um *inédito-viável,* na "briga", no *sonho* de uma educação popular de autêntica qualidade, eminentemente *dignificadora, humanizadora.* A que dá a possibilidade, repito, da inserção e participação das camadas populares na sociedade *como sujeitos,* no caso, as da capital paulista. Paulo colocou à disposição da SMEd/SP toda a sua energia vital, emocional e racional, para possibilitar que educandos e educadores da Rede tivessem a compreensão e a prática dos direitos humanos.

Paulo nunca desanimou. Teve alguns episódios de desesperança, mas recobrando a ontológica natureza própria da *existência humana*, ele voltava a esperançar, se convencendo da sua própria máxima: *Mudar é difícil, mas é possível.*

A crença de Paulo no outro e na outra, como venho chamando a atenção há anos em meus escritos, se evidencia pelo princípio do respeito, de sua generosidade e de seu espírito altamente democrático. Por exemplo, Paulo entendia que fazer eleições para diretor ou diretora das escolas seria um ato fundamental para a construção da democracia brasileira – dentro das escolas e extramuros. Corresponderia a uma demanda verdadeira da maioria daqueles que estivessem subordinados a esse diretor ou diretora, pois entendia que as decisões tomadas em colegiados e o ato de delegar poderes aos muitos líderes da Rede eram de vital e fundamental importância. Ele mesmo, como secretário, praticou isso. Quero falar como Paulo entendia o processo de eleger o diretor ou diretora das escolas: como um fator pedagógico mais importante do que o resultado em si mesmo. Em outras palavras: as decisões vividas e incorporadas como princípio maior de democracia seriam mais importantes do que essa ou aquela pessoa escolhida, pois o resultado corria sempre o risco de ser um equívoco... O processo para as eleições, com seus consensos e dissensos, mesmo com grandes contradições, de qualquer forma trariam ensinamentos importantes. Ele entendia que era assim que nos constituímos seres da decisão e da opção. Seres que contribuem para o aperfeiçoamento democrático. Teria a competência de gestar Seres que têm os seus direitos humanos garantidos pela solidariedade autêntica, pela cumplicidade fraterna, pela decência ética.

Mas os professores e professoras da Rede entenderam que a escolha dos seus dirigentes não deveria ser através de eleições. A proposta de Paulo Freire foi derrubada. Ele democraticamente acatou o não! Não se sentiu desvalorizado, nem humilhado. Nem se lamuriou ou ficou triste. Certamente sua aceitação tinha como fonte "uma certa certeza", como dizia, de que o "Não" dos professores/as lhes possibilitaria reflexões e, possivelmente, mudanças no curso de posteriores novas decisões.

Esse exemplo é emblemático de como Paulo tinha uma enorme preocupação em não impor nada, de não intervir nem determinar "porque isto é o melhor". Tinha a percepção clara de que ele mesmo não poderia e nem deveria ser a única pessoa a tomar as decisões, dentro da concepção da verticalidade do mando, pois abominava as deliberações de cima para baixo, determinando normas e decisões a partir de uma simples vontade sua, do secretário de Educação, ou do grupo ao seu derredor.

Enfim, a gestão de Paulo Freire à frente da SMEd/SP é uma prova cabal e pungente de que o gestor público pode ao mesmo tempo escutar, delegar, dividir poderes e liderar grupos – mesmo imensos, como foram estes comprometidos com a educação da cidade-metrópole de São Paulo –, com tolerância, respeito, coerência e amorosidade. Sem dúvida, ele coordenou a educação para as e os da "Pauliceia desvairada", dentro dos princípios mais democráticos que garantiram uma *educação libertadora, que autenticou os direitos humanos.*

Prefácio

Erasto Fortes Mendonça

Ao receber, de Nita Freire, viúva e sucessora legal da obra de Paulo Freire, o convite para prefaciar e colaborar na reorganização deste livro, encarei o desafio como uma oportunidade para aprofundar a tarefa à qual tenho me dedicado como professor: buscar compreender a educação como prática social e as implicações e os compromissos decorrentes desse entendimento. Compromissos que, como trabalhador social, demarcaram as opções que fui fazendo ao longo de minha trajetória pessoal e profissional, para consolidar uma percepção de que não posso ser neutro frente à humanização ou desumanização do ser humano e de que, consequentemente, meu *quefazer* pedagógico ou está a favor da mudança dirigida à verdadeira humanização do homem, ou a favor de sua permanência no que já não representa os caminhos do humano.[4]

O convite fora formulado a partir de nossa participação em um seminário realizado em Brasília sobre o pensamento de Paulo Freire. Naquele momento, mesmo sabendo estar ao lado de quem detém a mais ampla legitimidade e a maior autoridade intelectual e pessoal para falar de nosso grande mestre, ousei levantar um questionamento sobre a vinculação

---

4. Paulo Freire, *Educação e mudança* (Paz e Terra, 2008).

que tem sido feita por respeitáveis educadores e intelectuais sobre a concepção freireana de educação e a formação da cidadania. Sem desmerecer esse vínculo e sem desconsiderar a importância das práticas educativas para a formação de um conjunto de valores que fundamentam o reconhecimento de direitos e deveres dos indivíduos na sua relação com a sociedade, tenho formado a convicção de que a prática humanizadora proposta por Paulo Freire tem liames muito mais profundos com a questão dos Direitos Humanos. Penso que ninguém mais que Paulo Freire elaborou ideias em torno do papel que a prática social da educação pode desempenhar na educação em direitos humanos.

Ainda que a preocupação pedagógica com a construção da cidadania seja muito importante, há que se considerar que ela está adstrita aos marcos constitucionais e legais de um Estado Nacional, enquanto os Direitos Humanos têm um caráter universal. Eles não se limitam aos ditames jurídico-políticos de um país, onde a Constituição define quem é cidadão, que direitos e deveres lhes são assegurados em função de sua idade, de sua condição social, de sua condição mental, dentre outras variáveis. Como nos lembra Maria Victoria Benevides,[5] a ideia de cidadania é eminentemente política, não estando ligada a valores universais, mas a decisões políticas. Os direitos de cidadania são, portanto, direitos específicos de membros de um determinado Estado Nacional, enquanto os Direitos Humanos são naturais e universais, não se restringem aos limites do território de um Estado Nacional.

---

5. Maria Victoria Benevides, *Cidadania e direitos humanos*. Disponível em: <http://www.iea.usp.br/publicacoes/textos/benevidescidadaniaedireitoshumanos.pdf>. Acesso em 1/4/2019.

São exigíveis em qualquer país do mundo e não precisam estar expressos nos códigos legais para serem promovidos, defendidos e protegidos. Imagino que Paulo Freire, educador universal, ao conceber sua ideia de educação como prática social libertadora, estava tomado por essa compreensão ontológica do ser humano, inacabado e em constante processo de humanização.

Os Direitos Humanos são fruto de um processo histórico de luta pelo reconhecimento e pela garantia da dignidade humana para todos e todas. A afirmação contida no primeiro artigo da Declaração Universal dos Direitos Humanos – de que "todos os seres humanos nascem livres e iguais em dignidade e direitos, são dotados de razão e de consciência e devem conviver uns com os outros em espírito de fraternidade" – nos indica que a consciência do outro como um igual precisa ser lembrada, reconhecida, afirmada e aperfeiçoada a cada momento de nosso processo de educação. Por essa razão, certamente, o preâmbulo dessa Declaração já asseverava a necessidade de que cada indivíduo e cada órgão da sociedade se esforcem, através do ensino e da educação, por promover o respeito aos direitos e liberdades nela consignados.

Apesar disso, passados mais de setenta anos da promulgação desse documento internacional, o mundo continua sendo violador dos direitos humanos, tendo, muitas vezes, como seu principal transgressor o próprio Estado, que deveria protegê-los e assegurá-los. Por isso, ganha força a necessidade e a conveniência da educação em direitos humanos, como processo sistemático que orienta a formação de sujeitos de direitos, a ampliação da capacidade de indivíduos e grupos historicamente excluídos de poder na sociedade decidir sobre questões que lhes dizem respeito, bem como os processos de transformação para a construção de sociedades democráticas e humanizadas.

Dessas assertivas, pode-se concluir que a educação em direitos humanos, tomada como eixo articulador de um processo de gestão educacional, vai muito além de pincelar uma aula tradicional com conteúdos temáticos afetos aos direitos humanos. A noção da dignidade humana presente em todos os seres humanos constitui-se ideia fulcral da organização de todo o processo pedagógico. Mais que uma educação *para* os direitos humanos, a educação *em* direitos humanos propicia, já no processo educativo, experiências em que se possam vivenciar os direitos humanos e o respeito incondicional à dignidade humana e à riqueza de suas diversidades.

A Conferência de Viena, realizada pela ONU em 1993, instaurou a década da Educação em Direitos Humanos e instou os países-membros a organizarem-se para a realização sistemática de processos educativos capazes de promover a compreensão dos direitos fundamentais e universais do ser humano. É impressionante constatar como os capítulos que compõem a nova edição deste livro sustentam e comprovam, um a um, que o projeto de Paulo Freire executado na gestão da Secretaria Municipal de Educação de São Paulo, alguns anos antes da realização dessa Conferência, colocou em prática o grande desafio de resgatar, na Rede Pública de Ensino do Município de São Paulo, a possibilidade de recuperar a dignidade eminente de cada ser humano nela envolvido, alunos e alunas, pais e mães, professores e professoras, funcionários e funcionárias, gestores e gestoras, reconhecendo a todos e a cada um, indistintamente, como sujeitos de sua própria história e, como membros da mesma família humana, capazes de olharem-se na mesma altura dos olhos, num gesto de verdadeira fraternidade.

Outra oportunidade que a reorganização deste livro propicia é a de colaborar para jogar luz sobre a inigualável experiência de gestão educacional ocorrida no município de São Paulo com a eleição da prefeita Luiza Erundina pouco tempo depois da promulgação da Constituição Federal de 1988, que demarcou importantes balizadores para a redemocratização do Estado brasileiro e, em particular, para a educação nacional. No campo da gestão educacional, definiu como um dos princípios do ensino público brasileiro a gestão democrática como um imperativo constitucional.

Afinal, tratava-se de reorganizar este livro procurando examinar a experiência de Paulo Freire na condução de um processo de gestão democrática da Secretaria Municipal de Educação de São Paulo tendo como eixo norteador a educação em direitos humanos.

Tudo isso configurava-se como uma imperdível oportunidade de recuperar preciosas informações sobre as circunstâncias que envolveram o convite de Luiza Erundina a Paulo Freire para assumir a Secretaria Municipal de Educação em seu governo, bem como a sua aceitação para uma tarefa que implicava confrontar-se com as dificuldades de uma Rede de Ensino deteriorada em sua infraestrutura e fragilizada em seu múnus pedagógico por anos de práticas centralizadoras e autoritárias que caracterizaram a gestão anterior da Secretaria no governo Jânio Quadros, em função do excessivo controle burocrático e da deliberada ausência de espaço para a participação dos profissionais e dos usuários das escolas públicas, elementos que contribuíram para a construção de um cenário de apatia, desconfiança e desencanto.

É nesse contexto que Paulo Freire aceita o convite de Luiza Erundina, com a alegria de um menino de 67 anos de idade, e como um dever cívico e político, após um telefonema que o alcançou na Unicamp, onde à época lecionava. Ao chegar em casa, sem dar tempo de ouvir o recado de sua esposa Nita sobre uma ligação que ela recebera horas antes o procurando para um contato com a prefeita eleita, foi logo afirmando: "Eu aceitei, minha mulher, eu aceitei!"[6]

Tratava-se, a partir daí, de organizar-se para, como educador, lidar materialmente com a unidade dialética prática-teoria para *mudar a cara da escola*. Teria sido mais fácil ficar em casa, continuar a ler e a escrever, mas esse não era o perfil de Paulo Freire. Era uma questão de coerência entre suas palavras e ações aceitar o desafio que lhe propunha a prefeita eleita.[7]

Paulo Freire chega com sede de ir às escolas e não para os gabinetes, chega como quem vem para cumprir um dever de educador, com a crença na necessidade de uma participação direta do povo nas escolas, com a percepção de que todos os que atuam na escola são educadores, com a convicção de que uma escola pública popular deve não apenas permitir o acesso, mas propiciar que todos possam participar da construção e da execução de seu projeto político-pedagógico.

Para que essas iniciativas tornem-se realidade, Paulo Freire vai buscar a cooperação militante de professores e pesquisadores das universidades – físicos, matemáticos, biólogos, sociólogos, filósofos, arte-educadores etc. –, compondo uma

---

6. Ana Maria Araújo Freire, *Paulo Freire: uma história de vida* (Paz e Terra, 2017).
7. Esse dever de coerência foi expresso pelo próprio Paulo Freire na entrevista que faz parte deste livro, concedida a Murray Cox.

consultoria de alto nível, sem ônus para a Secretaria Municipal de Educação, com a qual passa a discutir hipóteses de projetos experimentais e de mudança curricular. Enfrenta, de maneira decisiva, as questões de evasão e de repetência, considerando que não é possível permanecer com uma escola que expulsa meninos, pois essa não é uma escola de que se possa gostar. E o faz com gestão democrática da Rede de Ensino.

Muitos anos depois de vivida essa experiência no Município de São Paulo, os estudos e pesquisas educacionais têm formado um consenso sobre alguns elementos fundamentais constitutivos de projetos de gestão democrática da educação. Essencialmente, pode-se afirmar como elemento fundante da gestão democrática a *participação*, com a intervenção efetiva dos sujeitos sociais no sentido de viabilizar um projeto de educação como instrumento de emancipação social, comprometido com a universalização de direitos e com a justiça social. Participação que se expressa por meio de canais como conselhos deliberativos de diversos níveis hierárquicos, fóruns, conferências, assembleias, grêmios livres etc.

A *autonomia e descentralização* da escola e dos sujeitos sociais são também consideradas elementos constitutivos de um projeto de gestão democrática, numa perspectiva emancipatória que rompa com o individualismo e gere o fortalecimento da democracia. Da mesma maneira, pode-se considerar como elemento distintivo o *pluralismo* que afirma a dimensão do respeito incondicional no trato com o outro nas relações pessoais e profissionais estabelecidas no âmbito da escola e da Rede de Ensino. A *transparência* apresenta-se, igualmente, como instrumento essencial para o estabelecimento da lisura e do controle social sobre a esfera pública.

Os depoimentos de colaboradores diretos de Paulo Freire na gestão da Secretaria Municipal de Educação de São Paulo e da própria prefeita Erundina, as entrevistas concedidas pelo secretário a jornais e revistas, os discursos proferidos, suas notas pessoais, as notícias de jornais, as manifestações de colaboradores e de professores da Rede Municipal sobre avanços e dificuldades no processo de gestão que compõem a presente edição indicam que os elementos constitutivos da gestão democrática aqui apontados, dentre outros, foram traços distintivos de seu projeto de gestão da Rede Pública Municipal de Ensino de São Paulo, numa clara demonstração de que, mais uma vez, Paulo Freire esteve à frente de seu tempo.

Nas páginas deste livro será possível identificar que a gestão de Paulo Freire promoveu ampla participação, reconhecendo a autoridade de professores e diretores na mesma dimensão em que reconheceu a liberdade dos educandos, sem transigir com a licenciosidade desses ou o autoritarismo daqueles. Assim, acreditava estar participando da construção da escola pública séria, competente, aberta e democrática. Do mesmo modo, operou valorizando o trabalho coletivo nas escolas e nas instâncias administrativas, visando à discussão entre pares para tomada de qualquer decisão, mecanismo propiciador da responsabilidade compartilhada com a Rede, com a educação efetiva de alunos e alunas e com a reinvenção de uma sociedade mais aberta e mais plural.

A saída de Paulo Freire da gestão educacional do Município de São Paulo deu-se após 29 meses de administração inovadora e democrática. Não para se aposentar do trabalho pedagógico, mas por acreditar que as bases para o funcionamento da Rede, na perspectiva que ajudara a implantar, estavam construídas e consolidadas, de maneira que a equipe que o acompanhava já não precisava de sua presença física, exatamente porque governava com divisão de tarefas e delegação de responsabilidades. Saiu não como quem deixa a luta, mas como quem continua a se empenhar em outras frentes em favor da escola pública, democrática e popular. Saiu continuando leal ao próprio sonho, disponibilizando-se a estar sempre junto na construção da escola alegre, fraterna, democrática.[8]

Este livro, que recupera a inovadora gestão de Paulo Freire à frente da Secretaria Municipal de Educação de São Paulo, numa edição revista e ampliada, é uma contribuição importante àqueles que atuam no campo das políticas públicas e da gestão da educação como educadores militantes, que sabem pela própria experiência que se apropriar de práticas exitosas nesse campo é um alimento para revigorar a luta e o sonho nos quais estão envolvidos e pelos quais se deixam cotidianamente encharcar, porque compreendem que a gestão democrática da educação numa perspectiva de respeito e promoção dos Direitos Humanos será sempre uma tarefa de resistência neste mundo que se quer transformar, na direção da utopia viável de construção de uma sociedade justa, igualitária e fraterna.

---

8. Conteúdo expresso por Paulo Freire em sua fala de despedida, em maio de 1991.

Justificando o novo título: Direitos humanos e educação libertadora[9]

Paulo Freire

Quando entrei, creio que pelos fundos, e olhei e tentei ver este salão na sua totalidade, cheio, repleto, quase dei graças a Deus quando me disseram para ir até a sala dos professores, e talvez ficar dez, quinze minutos, enquanto possivelmente chegasse mais gente. E eu, que pensava em começar, achei gostoso ir até a sala dos professores e, devo dizer até pedagogicamente, sobretudo aos jovens que aqui estão, mas também aos menos jovens, devo dizer que gostei do convite, porque assim fazendo, aproveitei para me recompor um pouco, me refazer de um certo medo que me tomou de falar, hoje.

Falar deste medo é pedagógico, sobretudo para os jovens, porque ao explicar, talvez eu perca a humildade – é pedagógico porque os jovens precisam saber que homens mais velhos e, às vezes, mais ou menos conhecidos, acostumados a falar, a escrever, a dar entrevistas, a coordenar seminários no seu país ou fora dele, também, às vezes, ficam tímidos diante de um auditório.

---

9. Palestra proferida por Paulo Freire no Seminário Educação e Direitos Humanos, publicado no livro *Pedagogia dos sonhos possíveis* (Paz e Terra, 2014).

Só que gente como eu ganhou uma certa experiência em falar, em domesticar os sentimentos e enganar o medo. Uma das táticas de enganar o medo é, exatamente, dizer que se tem medo.

Enquanto eu me refazia deste medo legítimo: eu tenho o direito, também, de ter medo, de ficar tímido, de me perguntar: será que eu posso realmente dizer alguma coisa? Que valha? Alguma coisa que tenha sentido? Aumentaram esse medo dizendo que a palestra vai virar livro. Uma das coisas que mais me horrorizam é me ler depois que me gravam. É um trabalho de que não gosto muito, mas que precisa ser feito.

O tema é Educação e Direitos Humanos: Educação Libertadora, vou colocar questões a mim mesmo, a respeito. A primeira questão é como falar sobre educação e direitos humanos já nos coloca um primeiro direito negado e negando-se, que é o direito à educação. É a própria educação que pretendemos que se dê ao esforço de desafiar a quem proíbe que a educação se faça, é a própria educação como direito de todos, que é negada em grande parte. E esta primeira reflexão me leva imediatamente a constatar outra obviedade, que é exatamente a natureza política que a educação tem, isto é, constatar a absoluta impossibilidade de termos um processo educativo que esteja dirigido ao bem-estar da humanidade, por exemplo. E, ao dizer isso, eu me lembro de minha juventude, de algumas leituras de livros ingênuos de filosofia da educação, que tentavam explicar ou definir a educação como sendo um esforço a serviço da humanidade ou do bem-estar da humanidade. Isso na verdade não ocorre e não existe.

A impossibilidade da neutralidade da educação que resulta dessa qualidade que a educação tem de ser política, não necessariamente partidária, obviamente, mas a qualidade que a educação tem de ser política. Essa politicidade da educação vem à tona no momento mesmo em que pensamos em tentar definir o que entendemos por direitos humanos, mas no momento mesmo em que pensamos em educação e direitos humanos, direitos básicos como, por exemplo, o direito de comer, o direito de vestir, o direito de dormir, o direito de ter um travesseiro e à noite colocar a cabeça nele, pois este é um dos direitos centrais do chamado bicho gente, é o direito de repousar, pensar, se perguntar, caminhar; o direito da solidão, o direito da comunhão, o direito de estar com, o direito de estar contra; o direito de brigar, falar, ler, escrever; o direito de sonhar, o direito de amar. Eu acho que estes são direitos fundamentais, por isso mesmo comecei pelo direito de comer, de vestir, de estar vivo, o direito de decidir, o direito ao trabalho, de ser respeitado, quando a gente pensa e percebe e constata a politicidade da educação, esta coisa que inviabiliza a educação enquanto prática neutra. Essa coisa que exige, que demanda do educador, não importa que ele seja um professor de direito penal ou que ele seja uma professora da pré-escola. Não importa que seja um professor da pós-graduação da filosofia da educação ou uma professora de biologia, de matemática ou de física.

A politicidade da educação demanda veementemente que o professor e a professora se assumam como políticos, que se descubram no mundo como um político e não como um puro técnico ou um sábio, porque também o técnico e o sábio são substantivamente políticos. A politicidade da educação exige que o professor se saiba, em termos ou a nível objetivo, a nível da sua prática, se saiba a favor de alguém ou contra alguém, a favor de algum sonho e, portanto, contra um certo esquema de sociedade, um certo projeto de sociedade. Por isso, então, que a natureza política da educação exige do educador que se perceba na prática objetiva como participante a favor ou contra alguém ou alguma coisa, a politicidade exige do educador que seja coerente com esta opção.

Neste sentido, o professor tem o direito de ser reacionário, porque pode ter a sua opção em torno da estabilização do *status quo*. O professor reacionário está absolutamente convencido de que as coisas como andam por aí estão ótimas. Mas evidentemente que estão ótimas, eu concordo, para um certo tipo de gente, inclusive para este professor hipotético de que eu falo agora. Felizmente, a maioria dos professores brasileiros está noutra onda. Mas o professor reacionário tem que ser coerente com a sua opção reacionária, com a sua postura ideológica, então obviamente que, a este professor ou a esta professora, a frase educação e direitos humanos soa de forma distinta de como esta mesma frase soa a mim. Para o professor reacionário, a educação e os direitos humanos têm a ver com a educação da classe dominante, lutando para preservar as condições materiais da sociedade que aí está, para que a classe dominante, reproduzindo a sua ideologia e o seu poder através da educação, preserve o seu poder político e econômico.

Este professor, para ser consistente na sua prática com a sua opção política, tem, em primeiro lugar, que ser um professor competente. Aliás, num parênteses, eu diria que possivelmente só aí podem os dois coincidir, o professor reacionário e o professor progressista, ambos têm que ser competentes, têm que ensinar realmente.

A partir daí, a maneira como ensinam já não pode ser a mesma. Porque nos leva à questão da relação entre método, conteúdo e objetivo, que é uma discussão de natureza filosófica, mas também política, fundamental, para mim, do ponto de vista da formação do educador. A inviabilidade da dicotomia entre conteúdos, métodos e objetivos, por exemplo, quer dizer, o meu sonho tem que ver com o conteúdo e os métodos de tratar estes conteúdos: eu não posso tratar o mesmo conteúdo da mesma forma que um professor reacionário trata. Eu não quero dizer que para um professor reacionário de matemática, por exemplo, quatro vezes quatro seja quinze, porque num sistema decimal é sempre dezesseis. Mas há uma série de implicações nesse quatro vezes quatro, dezesseis, que tem a ver com as posturas político-ideológicas do professor, que não cabe aqui discutir.

Mas a mesma frase, a mesma temática, Educação em Direitos Humanos, soa de forma diferente, de acordo com a postura, com a compreensão política, ideológica, do professor. Dizer isso é como se eu estivesse, em certo sentido, ferindo esse sonho fantástico desses jovens intelectuais que trabalham e lideram todo esse movimento, quando se lançam numa campanha fantástica de educação em direitos humanos. Não. Com o que eu digo eu não diminuo em nada a necessidade de se pôr em prática esse projeto. Eu acredito, também, nele.

A única coisa que quero dizer é que haverá inteligências diferentes desse projeto, que podem ser explicadas à luz da opção política dos educadores. Enquanto para um professor elitista, por exemplo, a educação em direitos humanos tem a ver com o tratamento fidalgo do conhecimento, isto é, tratar o ato de conhecer fidalgamente, para um professor progressista a discussão sobre o ato de conhecer se apresenta como um direito dos homens e mulheres das classes populares, que vêm sendo proibidos e proibidas de exercer este direito, o direito de conhecer melhor o que já conhecem, porque praticam, e o direito de participar da produção do conhecimento que ainda não existe.

Enquanto o professor elitista orienta a educação como uma espécie de freio para as classes populares e de crescimento para os representantes da elite, um educador progressista, necessariamente, não pode caminhar assim. Portanto, a visão ou compreensão dos direitos humanos e da educação dependem de como eu me vejo no mundo politicamente, depende de com quem eu estou, a serviço de quem e a serviço de que eu sou educador.

Por isso mesmo é que o problema da educação, associada ou não aos Direitos Humanos, porque ela já é em si um direito fundamental, não é uma questão que possa ser explicada burocrática ou pedagogicamente. A questão da educação se compreende politicamente, substantivamente. Parece-me que refletir sobre isso, dessa forma, é absolutamente importante e fundamental para não cairmos em posições ingênuas que somente frustram e desanimam. Por exemplo, atribuir à educação, quer nesta campanha, quer em outra qualquer, quer em nenhuma campanha, mas atribuir à educação o poder de transformação do mundo, cedo ou tarde, leva todos e todas que engrossam essas fileiras a uma enorme frustração.

Mas, ao dizer isso, parece que preciso explicar, porque, no fundo, é um educador que está falando, como coisa óbvia para mim. Alguém poderia dizer: mas por que você continua educador se você acaba de negar a educação? Eu diria que, em primeiro lugar, não sou eu quem nega a educação, estou apenas constatando a prática educativa, historicamente, como se dá. Em segundo lugar, a negação a que a educação se expõe é a melhor forma que ela tem de se afirmar. O que eu quero dizer com essa contradição?

A educação não é a chave, a alavanca, o instrumento para a transformação social. Ela não o é, precisamente porque poderia ser. E é exatamente essa contradição que explicita, que ilumina, que desvela a eficácia limitada da educação. O que eu quero dizer é que a educação é limitada, a educação sofre limites. Aliás, isso não é privilégio da educação, não há prática humana que não esteja submetida a limites, que são históricos, políticos, ideológicos, culturais, econômicos, sociais, limites de competência do sujeito ou dos sujeitos, limite de sanidade do sujeito; há limites que fazem parte da natureza da prática e há limites que estão implícitos na natureza finita dos sujeitos da prática.

É exatamente porque a educação se submete a limites que ela é eficaz. Tenho ouvido de muita gente, neste país e em outros, mas sobretudo neste, que o grande problema do Brasil é a educação – como se a educação, a partir de cima, pudesse rearrumar a sociedade que aí está.

Se a educação pudesse tudo, não haveria por que falar nos limites dela. Mas constata-se, historicamente, que a educação não pode tudo. E é exatamente não podendo tudo que pode alguma coisa, e nesse poder alguma coisa se encontra a eficácia da educação. A questão que se coloca ao educador é saber qual é esse poder ser da educação, que é histórico, social, político.

O grande problema do educador não é discutir se a educação pode ou não pode, mas é discutir onde pode, como pode, com quem pode, quando pode. É reconhecer os limites que sua prática impõe. É perceber que o seu trabalho não é individual, é social e se dá na prática social de que ele faz parte. É reconhecer que a educação, não sendo a chave, a alavanca da transformação social, é, ainda assim, indispensável à transformação social. É reconhecer que há espaços possíveis que são políticos, há espaços institucionais e extrainstitucionais a serem ocupados pelas educadoras e pelos educadores, cujo sonho é transformar a realidade injusta que aí está, para que os direitos possam começar a ser conquistados e não doados.

A educação para os direitos humanos, na perspectiva da justiça, é exatamente aquela educação que desperta os dominados para a necessidade da briga, da organização, da mobilização crítica, justa, democrática, séria, rigorosa, disciplinada, sem manipulações, com vistas à reinvenção do mundo, à reinvenção do poder. A questão colocada não é a de um educador que se insira como estímulo à tomada do poder, mas a da tomada do poder que se prolongue na reinvenção do poder tomado, o que vale dizer que essa educação tem a ver com uma compreensão diferente do desenvolvimento, que implica uma participação, cada vez maior, crescente, crítica, afetiva, dos grupos populares.

Agora, olho e vejo o meu grande amigo com quem há tanto tempo não falo e converso, Francisco Whitaker. Lembro-me de um excelente livro dele, dos anos 1970, sobre desenvolvimento, em que ele coloca exatamente uma compreensão diferente do processo de desenvolvimento. Talvez ele critique um pouco duramente o seu próprio livro, hoje, e isso é uma coisa boa. Eu nem sempre critico os meus livros anteriores. Mas lembro-me de ter levado os manuscritos desse livro ótimo para a África, para escrever três páginas como prefácio, pois nunca escrevo mais de três. Lembro-me da alegria enorme de escrever o prefácio, de ler; eu li no avião, na viagem até a África, e depois que terminei, reli o livro com o cheiro do chão da África, com o cheiro dos bichos da África, com a saudade do Brasil proibido a mim naquela época, e a África era uma espécie de memória minha, era uma espécie de presente que eu ganhava, já que os puritanos salvadores deste país, no poder, não permitiram que um pobre diabo como eu pudesse voltar aqui, ao menos para rever o chão. A África se dava a mim como uma carinhosa mulher velha que atendia a um jovem amante. E foi lá, naquele chão gostoso de África, naquela cultura que era minha também, que eu tive a alegria de escrever três páginas de prefácio para o livro do Whitaker.

Enquanto eu falava disso aqui, desse direito de mudar o mundo, que passa pelo direito de mudar a produção, o ato produtivo, o direito de ingerir no processo da produção, o direito de dizer "não, não é isso que se tem que produzir", o direito de negar a certas minorias gananciosas que produzam o que a elas lhes parece bom produzir, por isso é que a educação ligada aos Direitos Humanos, nesta perspectiva que passa pela compreensão das classes sociais, tem a ver com educação e libertação, e não com liberdade apenas. Tem a ver com libertação precisamente porque não há liberdade, e a libertação é exatamente a briga para restaurar ou instaurar a gostosura de ser livre que nunca finda, que nunca termina e sempre começa.

É preciso, então, que nós, educadoras – quero dizer aos homens presentes que não duvidem muito da minha virilidade, mas concordem com a minha postura ideológica de rejeição a uma sintaxe machista que pretende convencer as mulheres dizendo: "nós, os educadores", e nisso esteja incluído as mulheres. Não está. E, para provar que quando digo nós, os educadores, eu estou falando só dos homens, porque não entro nessa mentira macha, eu agora disse, de propósito, "nós, educadoras", para provocar os homens. E espero que eles se sintam incorporados ao "educadoras" no feminino, para ver como é ruim. Quer dizer, como é ruim não ser mulher. Como é ruim a mulher ser envolvida numa mentira, numa ideologia que pretende explicar sintaticamente, como se a sintaxe não tivesse nada a ver com ideologia – uma falsificação.

Voltando ao pensamento anterior, eu diria que é preciso que não nos deixemos cair, de um lado, na ingenuidade de uma educação todo-poderosa; de outro, noutra ingenuidade, a de negar a potencialidade da educação. Não. A educação, não podendo tudo, pode alguma coisa. Temos o dever, politicamente, de descobrir os espaços para a ação, de nos organizarmos nos espaços. Eu até uso, às vezes, uma linguagem que reconheço um pouco agressiva. Eu até diria da necessidade e da sabedoria que devemos ter para invadir os espaços.

Portanto, a perspectiva da educação em direitos humanos, que defendemos, é esta, de uma sociedade menos injusta para, aos poucos, ficar mais justa. Uma sociedade reinventando-se sempre com uma nova compreensão do poder, passando por uma nova compreensão da produção. Uma sociedade em que a gente tenha gosto de viver, de sonhar, de namorar, de amar, de querer bem. Esta tem que ser uma educação corajosa, curiosa, despertadora da curiosidade, mantenedora da curiosidade, por isso mesmo uma educação que, tanto quanto possível, vai preservando a menina que você foi, sem deixar que a sua maturidade a mate.

Eu acho que uma das coisas melhores que eu tenho feito na minha vida, melhor do que os livros que escrevi, foi não deixar morrer o menino que eu não pude ser e o menino que eu fui, em mim. Sexagenário, vejam como essa palavra já soa mal. Eu disse de propósito, para ver como a história é isso. Na minha infância, eu lia um jornal: *Diário de Pernambuco* ou *Jornal do Comércio*. E saía: faleceu, ontem, o sexagenário fulano de tal, féretro não sei que... Hoje em dia, a geração jovem não conhece esta palavra. Tem que consultar o dicionário.

Mas, sexagenário, tenho 7 anos; sexagenário, eu tenho 15 anos; sexagenário, amo a onda do mar, adoro ver a neve caindo, parece até alienação. Algum companheiro meu de esquerda já estará dizendo: Paulo está irremediavelmente perdido. E eu diria a meu hipotético companheiro de esquerda: eu estou achado, precisamente porque me perco olhando a neve cair. Sexagenário, eu tenho 25 anos. Sexagenário, eu amo novamente e começo a criar uma vida de novo. Depois de ter perdido uma mulher que amei estrondosamente, eu começo a amar estrondosamente de novo, sem nenhum sentido de culpa. E isso também é pedagógico. Eu quero dizer isso, eu não tinha até por que dizer, e tenho por que dizer. Eu não tinha, se o meu critério de público dicotomizasse a minha vida privada, e eu não dicotomizo, eu sou um homem que vive privadamente, publicamente; publicamente, privadamente. Eu sou mais ou menos igual dentro de casa e nesta faculdade. É preciso então que eu diga isso. Eu tenho o dever e o direito de dizer que casei com esta mulher jovem que está aí, que também é menina e que se chama Nita. E não tive nenhum medo de amar. E não me parece que amar exija uma coragem tão grande.

Essa educação é uma educação do agora e é uma educação do amanhã. É uma educação que tem de nos por, permanentemente, perguntando-nos, refazendo-nos, indagando-nos. É uma educação que não aceita, para poder ser boa, que deva sugerir tristeza aos educandos. Eu acredito na educação séria e rigorosa, que me faz contente e alegre. E descreio completamente da educação que, em nome da rigorosidade, enfeia o mundo. Não acredito, de maneira nenhuma, na relação entre seriedade e feiura. Como, por exemplo, escrever rigoroso ou rigorosamente tem que se escrever feio. Escrever o mais bonito, começam a dizer: não é científico. Eu só escrevo feio quando não posso, quando não sou competente.

Essa educação para a liberdade, essa educação ligada aos direitos humanos nesta perspectiva, tem que ser abrangente, totalizante, ela tem a ver com o conhecimento crítico do real e com a alegria de viver. E não apenas com a rigorosidade da análise de como a sociedade se move, se mexe, caminha, mas ela tem a ver também com a festa que é a vida mesmo. Mas é preciso fazer isso de forma crítica e não de forma ingênua. Nem aceitar o todo-poderosismo ingênuo de uma educação que faz tudo, nem aceitar a negação da educação como algo que nada faz, mas assumir a educação nas suas limitações e, portanto, fazer o que é possível, historicamente, ser feito com e através, também, da educação.

Falar um pouco sobre educação e direitos humanos implica que quem fala deva estar também muito consciente de alguns direitos dele ou dela enquanto falante e enquanto gente. Eu agora vou usar um direito que eu tenho, pedindo desculpas, em parte, a vocês, por uma questão de amorosidade minha. Só é por isso que eu peço desculpas. Vou usar o direito de terminar aqui e de não fazer uma coisa que me caracteriza, que é ficar sempre uma hora, duas, debatendo com o auditório, não importa o tamanho do auditório. Mas acontece que não posso fazer isso hoje. Eu me refiz do medo de falar, mas estou cansado, com um fim de gripe que me deixa com uma tosse terrível, e amanhã tenho que viajar, bem cedo, para Brasília, e tenho que tentar dormir um pouco, repousar um pouco de um dia pesado que tive. Então, termino aqui, agradeço enormemente a presença fantástica, bonita, carinhosa de vocês, e desculpem por não entrar na conversa agora, num diálogo que gostaria de fazer. Quem sabe, pode ser que depois eu volte, noutra noite.

PARTE I

A CHEGADA E O INÍCIO DA GESTÃO DO EDUCADOR PAULO FREIRE NA SECRETARIA MUNICIPAL DE EDUCAÇÃO DE SÃO PAULO

1

Discurso de posse como secretário municipal de Educação de São Paulo[10]

Eu tenho a impressão de que se espera de quem toma possa de qualquer coisa um discurso que, de modo geral, se volta muito para o sujeito que toma posse de uma coisa qualquer e faz um discurso para quem não vem, faz um discurso dando uma série de explicações, defendendo-se, também, antes do tempo. E, afinal, ele não fala para quem veio, eu diria que ele não fala para o mundo inteiro, que justifica diretamente o seu discurso, ele fala para o outro mundo que também não pode ser, de maneira nenhuma, desprezado.

O que eu queria agora era romper essa dicotomia entre os dois mundos e dizer a vocês que a fala que eu vou fazer aqui agora, precisamente porque se dirige ao mundo inteiro com o qual eu vou me dar, que vamos lidar nesta secretaria, nesta casa, precisamente porque esta fala vai tocar diretamente neste mundo, toca também no outro.

Então, eu inverto um pouco os papéis. No lugar de fazer um discurso para o outro público que não esteja aqui, eu faço a esse público através de quem aqui está, através das educadoras, dos motoristas, dos zeladores, dos fazedores de merenda, com quem nós vamos trabalhar. Por isso, então, essa minha

---

10. Discurso proferido de improviso por Paulo Freire, ao assumir o cargo de secretário municipal de Educação de São Paulo, em 2/1/1989.

fala não vai ser muito metódica, muito didática, muito cheia de análises seguida de propostas, não. Uma fala que sendo afetiva, como toda fala séria, também se faz rigorosa.

A primeira coisa que eu quero dizer a esse nosso primeiro mundo, o mundo da Secretaria de Educação, que portanto seria dito ao outro mundo necessariamente, a primeira coisa que eu quero dizer como anúncio de como a gente será ou de como estará sendo a secretaria, é que nós chegamos aqui não como quem assalta, como quem se apodera de algum espaço, de alguma coisa, não como quem se julga cheio de saber e que messianicamente, guiado por este saber, vai salvar o que a gente, *a priori*, considere perdido, não. Nós chegamos aqui e estamos chegando aqui, nesta casa, para humildemente cumprir com gosto um dever que nos fascina, um dever de educadores e, por isso, de políticos, com uma certa opção, é claro, porque não há educador neutro, porque não há educação neutra.

Eu costumo dizer que a única diferença entre mim e o educador que se diz neutro é que ele sabe que não é e diz que é, e eu sei que não sou e digo que não sou. Esta é a única diferença, porque na verdade, objetivamente, os dois não somos neutros.

Evidentemente que nós chegamos com nossas opções, nós chegamos a esta casa com uma certa claridade e fases de nossos sonhos. Isto é uma coisa que eu gostaria de insistir; às vezes, a gente vê e sente em certos intelectuais, até bons, um medo horrível de falar em sonho. Nós não temos esse medo. Nós estamos absolutamente convencidos de que a transformação da sociedade implica sonhar. Eu nunca esqueço a advertência de um grande líder africano, revolucionário, assassinado um pouco antes que o seu povo ganhasse a luta,

Amílcar Cabral, quando um dia falando a seus guerrilheiros, e às suas guerrilheiras, a seus companheiros de luta na floresta, num dos seminários que ele costumava fazer, de avaliações do trabalho, da luta, ele falou em sonho e um companheiro seu perguntou assustado se na verdade era possível pensar ou falar em sonho e revolução, sonho e transformação, sonho e libertação. E ele disse: "Ai das revoluções que não sonham, porque essas estão fadadas a não fazer-se."

É isso mesmo, a transformação, o que ela tem de resposta a direitos negados de retificação das estruturas da sociedade, isto em si é um sonho a ser feito, por ser vivido, por ser realizado. A questão que se coloca a nós, os ideais com que sonhamos, é de só sonharmos os sonhos possíveis, e alguns que são agora impossíveis, para por eles lutar a tal ponto que eles se viabilizem. Então, eu queria falar de alguns sonhos com que temos sonhado de imediato, sonhos que temos sonhado neste mês em que nos reunimos, nos preparamos para chegar aqui hoje. Por exemplo, o sonho de que a própria Secretaria de Educação se transforme, pouco a pouco, se refaça e dê origem a um espaço de reflexão crítica e pedagógica. Talvez alguém dissesse que isso é um sonho bobo e que é até um sonho menor. Pessoalmente, acho que isso é um sonho maior, é um sonho que tem a ver com a reformulação e com a recompreensão da própria prática educativa dentro de uma secretaria, quer dizer, que espaço é esse e o seu por quê.

Evidentemente que ao pensar assim e ao sonhar este sonho, quero então deixar bem claro aos companheiros que estão aqui e que trabalham na burocracia desta casa, não estamos pensando em anular, não pretendemos substituir os secretários, as secretárias, as datilográficas, por técnicos em educação. Não, não é isso. Nós sabemos que o papel burocrático é absolutamente indispensável, nós precisamos da burocracia exatamente para viabilizar a reflexão. Mas o que nós precisamos é que essa burocracia jamais se alongue em burocratismo. Por exemplo, eu estou muito preocupado em acompanhar desde o momento da entrada de um papel qualquer, que eu não sei qual seja, dentro desta casa, para saber quantos dias ele leva para chegar ao secretário. Eu quero saber como ele anda de mesinha em mesinha, como esses despachos provisórios, ouça-se a Secretaria de Planejamento, ouça-se não sei quem. Eu quero ver se a gente diminui essa quantidade de gente a ser ouvida, se a gente dinamiza, se a gente diminui o tempo dos espaços dos papéis.

Não é possível que uma pessoa precise de uma coisa qualquer com relação ao interesse do seu filho, e o secretário vai saber... Em primeiro lugar, o secretário não precisa estar despachando tudo. Nós vamos mudar isso, porque eu quero é ir para a rua, não para a Av. Paulista propriamente que é até uma avenida de que eu gosto. Mas eu quero ir é para o mundo da escola, é para lá que eu quero ir. É claro que eu não posso ficar lá todo dia porque aí nós teríamos que pedir a nomeação de um outro secretário, não dá, com a crise que essa secretaria se encontra, não dá para ter dois secretários. Mas, o que eu quero é tempo para caminhar nos espaços desta cidade, nos espaços educativos, culturais, políticos desta cidade.

Então é um sonho fundamental o de a gente diminuir o poder da burocracia. Eu até diria a vocês, sem medo de errar, que o que a gente quer é respeitar, porque o que está acontecendo é o seguinte: quando a burocracia se mitifica, ela nos desrespeita, e quando chega alguém que pretende romper com a mitificação da burocracia, a gente minimiza a burocracia. Não, o que a gente quer é reconhecer o trabalho importante que a burocracia tem que cumprir, mas freando a burocracia e não permitindo que ela se faça burocratismo.

Esse sonho tem necessariamente que ver com uma compreensão da escola, da Rede, com a descentralização de uma série de coisas. Por exemplo, confesso a vocês que não entendo como é que o secretário ou o diretor, a diretora de um departamento qualquer aqui neste edifício, precisa ser chamado atenção porque está faltando uma torneira em uma escola. As escolas têm que ter autonomia, não apenas no nível da materialidade, mas as escolas precisam ser centros também, como o secretário desta casa, centros de reflexão. Lá estão mais ainda, sobre a prática que se dá na escola, isso faz parte da própria formação permanente da educadora. Então, a tentativa de diminuir a burocracia sem extingui-la tem a ver com a nossa compreensão, e não única, do espaço da escola.

Outro sonho nosso que eu acho absolutamente viável, e que tem a ver com isso que eu acabo de falar, é o sonho da formação constante da educadora e do educador. Eu espero que já esta semana comecemos a discutir internamente sobre isso. Estou totalmente convencido pela própria prática a que eu me tenho dado durante todos esses anos, que a melhor forma que a gente tem de se inferir num processo permanente de formação é pensar a prática que a gente tem, é compreender a prática da gente inserida numa prática maior. Descobrir pensando sobre a prática da gente, distanciando-nos da prática da gente, objetivando a prática da gente, tomando-a nas mãos e descobrindo a teoria embutida nela.

A questão que se coloca não é, simplesmente, a de convocar as professoras que trabalham com alfabetização de crianças e dar um curso a elas sobre Emília Ferreiro, e dar um curso sobre Esther Grossi. Falar de Emília Ferreiro é claro, Emília é uma das grandes pesquisadoras deste fim de século, eu tenho gosto até de ser pessoalmente camarada de Emília. Para mim, ela é uma enorme pesquisadora, mas não propriamente uma prática docente do campo da pedagogia. Claro que vamos continuar falando de Emília, falando de Esther, que inclusive é hoje Secretária de Educação do PT em Porto Alegre. Eu estou tentando inclusive trazer para dentro desta equipe uma ex-orientanda minha, da Universidade de Campinas, que escreveu uma tese de doutorado muito bonita, um trabalho de dois anos em que ela estudou toda a questão da tarefa, do papel da educadora diante dos meninos populares, fazendo a transição da sua oralidade e alcançando a escrita.

Mas, para mim, a melhor formação está em sentar, por exemplo, com as professoras que estão se dando a uma experiência de alfabetização em uma certa área, para que cada uma fale dos obstáculos que está encontrando, como vêm respondendo aos obstáculos, e aí então se discute o que há de teórico no próprio processo de buscar a explicação do problema, isso pode se dar em todos os ramos da atividade didática.

Nós não sabemos se vamos fazer exatamente assim, e isso é um pormenor, eu diria que nós não temos medo de dizer que não sabemos, porque sabemos exatamente o que vamos poder saber, partindo do que não sabemos.

Dentro desse campo de formação permanente, há uma questão sobre a qual eu venho falando não a partir de hoje, ou a partir de quando fui convidado por Erundina, mas há muito tempo, contudo muita gente só está vendo agora. O que os jornais dizem é que esta questão vem dando uma discussão que eu acho formidável, inclusive, que é a questão da linguagem.

Eu gostaria de dizer aqui, a este mundo interno da secretaria, de dizer às professoras, que não se preocupem porque eu não vou passar carão em professora nenhuma porque ela corrige. Eu nunca disse isso e até tenho razões filosóficas e epistemológicas muito sérias para dizer uma coisa dessas. É que eu sei que não há existência, e eu agora diminuiria até a amplitude do conceito, eu diria não há vida sem processo de autocorreção e correção, não há vida sem intervenção, não há crescimento sem intervenção, e a educadora, para cumprir bem seu trabalho, tem que intervir, e a intervenção implica também em corrigir.

A questão a que eu me referia não era essa. É que é preciso também saber corrigir, é que há também uma pedagogia da correção, isso sim. Então, professoras, minhas amigas da Rede Municipal, não se preocupem, porque, pelo contrário, eu vou cobrar que corrijam. Agora, vamos saber *o que* corrigir, *como* corrigir, *para* que corrigir. E a questão tem a ver exatamente com esse problema da linguagem. Eu também li recentemente que Paulo Freire, demagogicamente, insiste em que as crianças populares devem ficar no erro "a gente cheguemos". Não, eu nunca disse isso, porque acho que tenho um certo conhecimento que não me permitiria dizer uma coisa dessas, que é muito infantil; não, infantil é uma ofensa aos meninos, que é uma incompetência enorme.

O que eu disse há muito tempo neste país e fora dele é que não é possível entender linguagem sem corte de classe social, e o problema das classes sociais não é uma invenção diabólica de Marx, quanto mais de Erundina. É preciso a gente ser um pouco curioso historicamente para saber que não é uma invenção demoníaca. Essa danada dessa classe social existe mesmo, independentemente de quem quer que ela não exista ou de quem quer esconder sua existência. Ela existe de qualquer jeito e está presente não só na linguagem, mas na cultura, no gosto de vestir, no gosto das cores, no gosto de um som mais alto ou mais baixo de um alto-falante. Isso tudo tem a ver com a experiência de classe social e não é pecado reconhecer isso, pelo contrário, é seriedade.

Então, o que eu dizia é que a sintaxe, quer dizer, a estrutura de pensamento do menino, da menina popular, não é a mesma, a sua linguagem não é a mesma linguagem das minhas netas – quatro das quais estão aqui e eu até mando um beijo para elas, que agora vão se acostumando a ver o avô diferente –, e o que eu dizia, então, e vou dizer agora mais claro ainda, é que na verdade nós todos que trabalhamos na Secretaria de Educação não vamos pretender que os meninos proletários, os meninos das favelas, não tenham o direito de dominar o chamando padrão culto; é interessante, se ele é culto é porque existe um que não é, e eu me perguntaria: quem é que disse que o outro não é?

A nossa intenção é que os meninos dominem essa sintaxe também, que aprendam essa sintaxe, mesmo porque eles precisam e têm o direito de aprender. Agora, o que eu disse, vou repetir e é por isso que eu vou lutar, e foi por isso que eu disse a um chefe de jornal "eu vou brigar", vou me empenhar, vou fazer de tudo para convencer as professoras de que essa coisa de estrutura de pensamento existe, para que então não continuemos a dar traços vermelhos nos trabalhinhos das crianças quando elas dizem "a gente fomos". O porquê. Outro dia um grande linguista da Universidade de Campinas, professor Wanderley, que vem nos ajudar com sua equipe extraordinária da Unicamp, que se juntará a alguém da USP, para ele essa coisa é óbvia, não é demagogia, é ciência e é política. Ele me dizia: "Paulo, li sua entrevista e acrescentaria ao que tu disseste um ponto a mais, que eu vou repetir aqui e que eu acho excelente do ponto de vista pedagógico também. No ensino das classes populares, no ensino da língua portuguesa, da sintaxe, o educador deve se preocupar ao máximo no sentido de evitar pôr dentro do corpo consciente do menino popular a noção castradora do erro, que o inibe de criar depois. É de tanto ouvir que 'a gente fumos' não vale nada, é feio, é de tanto ouvir que se fala errado – vocês imaginem que há uma expressão que se usa para corrigir a linguagem popular, uma palavra horrível, corruptela, é até em si feia; feiura, é isso, corruptela –, me dizia ele, que quanto mais se insiste nisso, tanto menos coragem de criar e de aventurar-se no próprio processo de aprendizagem a criança tem."

É isso que a gente está querendo, quer dizer, é tratar o menino popular carinhosamente, é mostrar que a sua linguagem também é bonita, mas que ela não existe sozinha, que há uma outra forma de falar e de escrever e que essa outra forma também tem sua boniteza. Por exemplo, agorinha mesmo eu estou falando essa outra forma, que é na verdade a que eu domino e não há dúvida sobre isso, eu quando moço era professor de sintaxe mesmo e isso até que eu sei um pouco.

Então é isso, é ajudar ao menino popular a dominar a sintaxe outra, o chamado padrão culto, sem porém inferiorizá-lo porque fala de outra forma. Eu acho que isso até merecia um certo elogiozinho e não uma crítica. Eu acho que está havendo um pouco de incompreensão, de um lado, e uma falta de leitura das coisas que eu digo há muito tempo, porque as críticas que fazem revelam ou dão a impressão de que eu estou falando pela primeira vez dessas coisas demagogicamente.

Não, meus amigos, eu falo disso há muito tempo, vocês é que não me liam, também porque não tinham necessidade disso, não precisavam. Quer dizer, esse é outro sonho que está ligado a esse da formação permanente da educadora, do educador, a que nós vamos na verdade nos dedicar.

O outro sonho que tem a ver com esta visão global que a gente vem tendo da educação é o da participação de toda a gente que se envolve na prática educativa. Mas não da participação para fazer favor a nós, não é isso, nós temos um enorme respeito pelos movimentos populares, e os movimentos populares não existem, do nosso ponto de vista, para respaldar nossa administração. Nós queremos e precisamos aprender com eles e ensinar também. Nós precisamos de uma participação direta do povo nas nossas escolas, uma participação das famílias que têm seus filhos na escola.

Nós queremos, afinal de contas, voz de quem tem a ver com a educação. E para nós, e o Moacir insiste muito nisso, o homem ou a mulher que limpam o prédio da escola, que distribuem a merenda, são também educador e educadora. Não porque tenham feito algum curso, mas há assim uma espécie de contaminação da prática educativa de dentro. Quanto mais nós, os chamados educadores, os chamados intelectuais educadores, distanciamos quem está dentro da escola da tarefa educativa, tanto menos, como educador, essa pessoa fica no trato normal com os meninos.

Eu quero conversar com os zeladores, talvez vocês digam: "Paulo, dessa maneira você não vai ter tempo para outra coisa", mas eu quero conversar com os motoristas, é preciso saber ao final de contas como está composta a secretaria, porque há uma secretaria que não cito, porque até já esqueci, que tem 175 motoristas para 60 carros, eu fico me perguntando como se explica isso... Eu estou curioso para saber como é aqui, quantos motoristas a gente tem aqui – até que essa lista nós já temos – e quantos carros a gente tem, para saber o que fazer com os motoristas.

Em última análise, minhas amigas e meus amigos, nós estamos chegando a esta casa hoje humildes, mas não com uma humildade tática, porque para nós ou a humildade é substantiva ou não é, e nós não estamos taticamente humildes. Nós optamos por criar em nós essas virtudes, quer dizer, nós precisamos ser humildes não para agradar aos outros, mas porque esta é a forma fundamental de ser um educador progressista.

Nós estamos dispostos a evitar qualquer tentativa de ser impaciente com esta casa, como também rejeitamos ser só pacientes. Nós nos damos, de hoje em diante, à mudança desta casa, à mudança da educação da cidade de São Paulo, nós nos damos de forma impacientemente paciente. Eu vou fazer um apelo para que nós pensemos sobre uma série de virtudes ou de qualidades que são fundamentais a educadores e educadoras que pretendem uma mudança com relação a uma série de coisas que se dão neste país.

Para terminar, claro que eu não vim aqui hoje, como disse, fazer um discurso pro mundo de fora, mas para este mundo, então alcançar também o de fora. Eu não vim fazer a exposição do plano de educação, mas vim trazer propostas, que já temos parte na cabeça, para serem discutidas com as bases, nós não somos autoritários. Fica aqui esta conversa, mais para afetividade que para outra coisa, mais para deixar evidentes alguns aspectos de como somos e de como seremos.

Agora, para terminar de forma um pouco diferente, eu gostaria de trazer a vocês a minha robusta indignação diante da irresponsabilidade ou de uma irresponsabilidade a mais neste país, que resultou nesse assassinato[11] no Rio de Janeiro anteontem.

Minha mulher dizia a mim isto hoje, este país todinho devia ficar de pé, protestando contra essa irresponsabilidade total, absoluta. Quer dizer, nosso país alcançou níveis de irresponsabilidade política, social e pública. O descaso da coisa pública é contra quem nós precisamos na verdade lutar.

Muito obrigado, era isso que eu queria dizer como começo de conversa.

---

11. Paulo Freire menciona o trágico naufrágio do *Bateau Mouche IV* ocorrido no Réveillon de 1988, na Baía da Guanabara. A embarcação recém-reformada transportava 149 passageiros, mas tinha capacidade para apenas 62 (*N. dos orgs.*).

2

CONSTRUINDO A EDUCAÇÃO PÚBLICA POPULAR: APRENDER É GOSTOSO. MAS EXIGE ESFORÇO[12]

UM DIAGNÓSTICO FEITO DURANTE O mês de dezembro [1989] nos mostrou que a situação física de nossas 629 escolas municipais é preocupante: faltam mais de 30 mil conjuntos de carteiras e cadeiras para os alunos e mesas para os professores; a conservação dos prédios é muito deficiente; 40% dos professores estão exercendo suas funções precariamente em comissão; o atendimento à demanda deixa fora da escola muitas crianças, jovens e adultos; a população tem buscado formas de suprir as deficiências do ensino formal, criando alternativas diversificadas de práticas educacionais que não são consideradas pelo sistema oficial.

Nessas condições, é muito difícil realizar uma escola que encare o ato de ensinar e de aprender como um ato prazeroso. Ao assumir esta secretaria, estamos cientes, contudo, de que é preciso partir dessa realidade para realizar a escola que sonhamos. O voto de 15 de novembro[13] foi um voto para a mudança, para mudar inclusive essa escola que temos, para

---

12. Documento oficial do secretário Paulo Freire distribuído a toda a Rede, fruto de seus estudos e reflexões, sobre as pretensões de mudanças, elaborado por ele e pela equipe que o assessorou logo depois de ter aceitado o convite de Luiza Erundina.
13. Pleito que elegeu Luiza Erundina prefeita da cidade de São Paulo, em 1988.

superar as suas precariedades. Só que não vamos fazer isso sozinhos. Pretendemos mostrar a todos os que hoje estão envolvidos com a educação no município de São Paulo que juntos podemos mudá-la, construindo uma *escola bonita*, voltada para a formação social crítica e para uma sociedade democrática.

Entendemos que essa escola deva ser um espaço de *educação popular* e não apenas o lugar de transmissão de alguns conhecimentos, cuja valorização se dá à revelia dos interesses populares; uma escola cuja boniteza se manifesta na possibilidade de formação do sujeito social.

Para isso, partimos do princípio da verdade, da transparência. Procuramos fazer circular todas as informações que tivemos sobre a situação real de todos os setores da secretaria. Mostraremos também os caminhos possíveis de mudança. Queremos imprimir uma fisionomia a essa escola, cujos traços principais são os da *alegria*, da seriedade na apropriação e recriação dos conhecimentos, da solidariedade de classe e da amorosidade, da curiosidade e da pergunta, que consideramos valores progressistas. Poremos todos os meios de que dispomos a serviço dessa escola necessária.

Não vamos impor ideia, teorias ou métodos, mas vamos lutar, pacientemente impacientes, por uma educação como prática da liberdade. Nós acreditamos na liberdade. Queremos bem a ela.

Os problemas que encontramos já nos são conhecidos há muito tempo, como a evasão – na realidade expulsão – e a repetência, o conservadorismo, a apatia, o número de crianças fora da escola, a inadequação dos processos pedagógicos. Repeti-los aqui seria monótono, já que são frequentemente lembrados por toda a sociedade. Todos estamos de acordo quanto ao diagnóstico.

O quadro de deterioração da escola pública é consequência da falta de vontade política de assumir um *projeto pedagógico emancipador*. A preocupação com a quantidade, com a construção de novos prédios escolares, deve inserir-se num projeto qualitativo mais amplo. As medidas adotadas não podem ser apenas emergenciais. Devemos imprimir a essas medidas um caráter mais sistemático, gradual e permanente.

Encontramos muito medo, desconfiança e indiferença. A estes sentimentos, oporemos a ousadia. Procuraremos restabelecer integralmente a liberdade de expressão e de organização como elementos constitutivos essenciais da democracia, e, consequentemente, de uma política educacional que vise à construção de uma escola pública de qualidade.

Restabelecer a confiança exige *reintegrar* imediatamente os *demitidos* (porque fizeram greve em 1987) nos mesmos locais de trabalho, com contagem de tempo corrido e pagamento dos salários (a partir de 5/10/1988, conforme prescreve a Constituição).

Entendemos que é a falta de *participação nas decisões* que muitas vezes leva ao desânimo e à descrença em relação à escola. Pretendemos implantar os Conselhos de Escola, fortalecer os Grêmios Estudantis e rever o papel das APMs – Associações de Pais e Mestres. Pretendemos substituir gradativamente a atual função de controle burocrático das DREMs – Delegacias Regionais de Ensino Municipal – por *Núcleos de Ação Educativa* (NAEs), rompendo com uma estrutura hierárquica de tomada de decisões sustentada de cima para baixo, e substituindo por instâncias de assistência, acompanhamento e planejamento participativo da atividade pedagógica. À população organizada – Conselhos Populares – cumpre a função fiscalizadora das DREMs.

Não só as DREMs, mas todo o aparato burocrático da secretaria, necessita de uma compreensão pedagógica de suas funções. Todos os que estamos na escola somos educadores, inclusive os funcionários, as merendeiras, os escriturários, os inspetores etc.

É nossa intenção realizar, ainda no primeiro semestre, *Plenárias Pedagógicas* – embriões dos Conselhos Populares de Educação – em cada região, com a presença dos dirigentes da secretaria, para terem contato direto com pais, professores, alunos e comunidade e manterem essa *esperança ativa* que ora é demonstrada por numerosos grupos. Entendemos que a mobilização que hoje se manifesta deve ser mantida e estruturada por uma série de encontros em que a política educacional possa ser definida conjuntamente e não burocraticamente. O pretendido encontro entre a Sociedade Civil e o Estado, como caminho para o socialismo, passa pela democratização do Estado. Cremos que não é a escola que transformará a sociedade, mas terá um papel no conjunto das forças que a estão transformando, como o partido, o sindicato, na crítica à ordem capitalista existente e na formação da consciência socialista.

No sentido de democratizar desde já a gestão das escolas, estamos fazendo entrar em vigor a partir de hoje o *Regimento Comum das Escolas* aprovado pelo CEE – Conselho Estadual de Educação –, em 1985, que prevê a implantação de *Conselhos de Escola*. Devemos iniciar logo a discussão desse Regimento e regularizar a situação escolar da Rede Municipal de Ensino junto ao CEE.

A escola demonstrará maturidade exercendo sua capacidade de autogovernar-se. Devolveremos as *programações curriculares* e outros materiais arbitrariamente recolhidos no início da administração anterior, por serem patrimônio das escolas. Desencadearemos um processo de discussão para a construção de novas propostas curriculares. A escola precisa ser um *espaço vivo democrático*, onde todas as perguntas sejam levadas a sério, espaço privilegiado da ação educativa e de um sadio pluralismo de ideias.

A secretaria precisa da *burocracia*, não do burocratismo; precisa do *acadêmico*, mas não do academicismo. Precisa de professores que valorizem a unidade teoria-prática, professores curiosos que respeitem a linguagem da criança, que pensem rigorosamente a poesia, que proponham uma forma científica de pensar o mundo, sendo assim capazes de fazer uma reflexão crítica sobre a própria prática.

O *aluno* deverá ser o centro das preocupações, a medida do êxito ou do fracasso de nossa política.

A escola cresceu muito em seus aparatos de fiscalização e controle e pouco em participação e democracia: cresceu no alto, mas não tem pés sólidos. Queremos inverter essa política, favorecendo as bases da escola. Todo o esforço deve ser feito para valorizar, acima de tudo, a relação professor-aluno.

Nesta direção, terá tratamento urgente a elaboração conjunta de um *Estatuto do Magistério*, envolvendo os representantes das associações e sindicatos de educadores, que traduza esta nova proposta de atuação educacional na Rede Pública de Ensino Municipal, valorizando o trabalho docente em sala de aula.

Neste sentido, concomitantemente com sua prática docente, a *formação contínua do magistério* será prioritária. Conforme prevê a nova Constituição, realizaremos concursos, rompendo com o fisiologismo e o populismo que utilizam parte do magistério em funções não docentes. O próprio concurso deverá ser motivo de formação permanente dos professores.

O *aluno-trabalhador* não deve ser tratado como um aluno de segunda categoria. A educação de jovens e adultos não será tratada como caso de assistência social. O Ensino Noturno terá sério tratamento, assim como o Ensino Supletivo, a ser visto na sua relação com o Ensino Regular. Reforçaremos o caráter sistemático da educação de adultos, contra o caráter emergencial das campanhas.

A criança pequena, também ela, deverá ter um atendimento educacional que supere de fato e de vez a concepção do espaço escolar infantil como uma questão simplesmente de "segurança" ou de "guarda". As EMEIs – Escolas Municipais de Educação Infantil – serão incentivadas a construir, na sua atuação, um projeto educacional que valorize a infância, capacitando-a para a escolarização regular, e que, ao mesmo tempo, traduza as necessidades dos pais que trabalham e precisam ali deixar seus filhos o dia todo.

A qualidade dessa escola deverá ser medida, por isso, não apenas pela quantidade de conteúdos transmitidos ou assimilados, mas igualmente pela *solidariedade* de classes que tiver construído, pela possibilidade que todos os usuários da escola – incluindo pais e comunidade – tiverem de utilizá-la como um espaço para a elaboração de sua cultura.

Não devemos chamar o povo à escola para receber instruções, postulados, receitas, ameaças, repreensões e punições, mas para participar coletivamente da construção de um saber, que vai além do saber de pura experiência feita, que leve em conta as suas necessidades e o torne *instrumento de luta*, possibilitando-lhe transformar-se em sujeito de sua própria história. A participação popular na criação da cultura e da educação rompe com a tradição de que só a elite é competente e sabe quais são as necessidades e os interesses de toda a sociedade.

A escola deve ser também um centro irradiador da *cultura popular*, à disposição da comunidade, não para consumi-la, mas para recriá-la. A escola é também um espaço de organização política das classes populares. A escola como um espaço de ensino-aprendizagem será então um centro de debates de ideias, soluções, reflexões, onde a organização popular vai sistematizando sua própria experiência. O filho do trabalhador deve encontrar nessa escola os meios de autoemancipação, independentemente dos valores da classe dominante. A escola não é só um espaço físico. É um clima de trabalho, uma postura, um modo de ser.

A marca que queremos imprimir coletivamente às escolas privilegiará a associação da *educação formal* com a *educação não formal*. A escola não é o único espaço da prática pedagógica. A sala de aula também não poderá ser o único espaço da prática pedagógica. Procuraremos identificar outros espaços que possam propiciar a interação de práticas pedagógicas de modo a possibilitar a integração de experiências. Consideramos também práticas educativas as diversas formas de articulação de grupos, núcleos, unidades escolares, associações e entidades que visem a contribuir para a formação do *sujeito popular* como indivíduos críticos e conscientes de suas possibilidades de atuação no contexto social.

Nesta dimensão, os educadores são chamados a apresentar suas propostas e a discutir as diferentes formas de viabilizá-las e a identificar o papel da administração neste processo, de forma a garantir um esforço integrado para possibilitar a mudança.

As *medidas concretas* surgiram gradativamente. De nada adiantaria um plano de governo elaborado apenas em gabinete, excluindo a presença ativa e deliberativa dos que o executam.

Todos os *meios de comunicação*, inclusive televisivos, audiovisuais e a informática – importantes meios de educação moderna – devem ser incentivados. O aproveitamento construtivo desses meios utilizados criticamente associa-se à ideia de uma democratização do próprio ensino, tornando-o mais ativo. Proporemos a publicação periódica de informativo que garanta a circulação das diversas propostas pedagógicas e facilite a relação entre as escolas.

A educação é um *processo permanente* que demanda continuidade e planejamento a longo prazo. Superar o imediatismo, a desinformação e a descontinuidade administrativa que caracterizam a educação de hoje é um grande desafio para uma administração popular. Não se trata de dar uma direção única e burocrática à educação. Trata-se de criar um sistema municipal de educação pública articulado com a sociedade, capaz de superar a atual pulverização.

O *atendimento integral* como direito do aluno deve ser facilitado pela integração com outras secretarias:

- *Secretaria de Higiene e Saúde*, visando à revisão da forma e ação conjunta no atendimento à população escolarizável;
- *Secretaria da Cultura*, visando a projetos conjuntos para resgatar a dimensão cultural da educação;
- *Secretaria do Bem-Estar Social*, visando à integração das diferentes formas de escolarização de jovens e adultos e ao atendimento da educação infantil de 0 a 4 anos;

- *Secretaria do Abastecimento*, para a alimentação e o suprimento das escolas;
- *Secretaria dos Esportes*, permitindo atividades conjuntas;
- *Secretaria dos Transportes*, para programas de educação para o trânsito;
- *Secretaria de Negócios Jurídicos*, para promover as ações competentes nos casos de violação das liberdades individuais e da cidadania que venham a ocorrer no âmbito da escola;
- *Guarda Civil Metropolitana*, para garantir a segurança nas escolas e reduzir o nível de violência.

Uma *escola pública popular* não é apenas aquela à qual todos têm acesso, mas aquela de cuja construção todos podem participar, aquela que atende realmente aos interesses populares que são os interesses da maioria; é, portanto, uma escola com uma *nova qualidade* baseada no compromisso, numa postura solidária, formando a consciência social e democrática. Nela, todos os agentes, e não só os professores, possuem papel ativo, dinâmico, experimentando novas formas de aprender, participar, ensinar, trabalhar, brincar e festejar.

Reafirmamos que essa nova qualidade não será medida apenas pelos palmos de conhecimento socializado, mas pela solidariedade humana que tiver construído e pela consciência social e democrática que tiver formado, pelo repúdio que tiver manifestado aos preconceitos de toda ordem e às práticas discriminatórias correspondentes.

A escola pública só será popular quando for assumida como projeto educativo pelo próprio povo através de sua efetiva participação. A transformação radical da escola que temos supõe essa participação organizada na definição de prioridades. O primeiro passo é conquistar a *velha escola*, convertê-la num centro de pesquisa, reflexão pedagógica e experimentação de *novas alternativas* de um ponto de vista popular.

Nossas propostas são viáveis desde já. Queremos construir progressivamente uma escola pública democrática, popular, autônoma, oniforme (não uniforme), competente, séria e alegre ao mesmo tempo, animada por um novo espírito. Queremos construir escolas para onde as crianças e os jovens, os professores, todos, gostem de ir e sintam que são suas. Não as abandonem.

3

Manifestações sobre avanços pedagógicos

Sobre o Mova[14]

Só muito dificilmente poderia negar a alegria, mesmo bem comportada, que sinto hoje, como secretário de educação da cidade de São Paulo, enquanto um entre os que pensam e fazem o Mova-SP. A alegria de ser um dos que pensam e fazem o Mova tantos anos depois de haver coordenado o Plano (Programa) Nacional de Alfabetização do MEC, em 1963, e que o golpe de Estado frustrou em começos de 1964.

Sabemos, os educadores e educadoras que fazemos o Mova-SP, da seriedade que um programa como este exige de quem dele participa, não importa o nível de sua responsabilidade. Sabemos da competência, sempre provando-se, a ser posta a serviço do programa; sabemos também que um

---

14. Palavras de Paulo Freire sobre o Movimento de Alfabetização de Jovens e Adultos – Mova – em fins de 1989. O Mova-SP tornou-se modelo de educação popular e de alfabetização de adultos para muitas secretarias de educação de governos progressistas, que até hoje proliferam em todo o nosso território. Infelizmente, existem também em nosso país programas de alfabetização com o nome de Mova, entretanto, sem respeitar os contornos epistemológicos, éticos e políticos desse Movimento traçado por Paulo e sua equipe, em 1990. Como especialista em história da educação brasileira, considero esta a forma histórica até hoje mais bem acabada, mais completa para alfabetização de adultos (*N. dos orgs.*).

Programa assim demanda clareza política de todos nele engajados e vontade política de quem se acha ao nível de decisão.

A administração popular democrática de Luiza Erundina tem a vontade política indispensável à marcha do Mova-SP. Nós garantiremos o nosso empenho para fazer as coisas certas, respeitando os movimentos sociais populares com os quais trabalharemos buscando o apoio conscientemente crítico dos alfabetizandos, sem o qual fracassaremos.

Sobre avanços nos resultados de promoção/repetência dos alunos do 1º grau relativos a 1989[15]

Foi com alegria que recebi os resultados de promoção/repetência dos alunos do 1º grau da Rede de Ensino Municipal, relativos a 1989. Quero dividir esta satisfação com todos vocês, através da divulgação destes resultados.

Em 1989, obtivemos o mais alto percentual de aprovação verificado nos últimos dez anos: 79,46%. Ou, inversamente, a mais baixa incidência de retenção no conjunto do 1º grau em nossa Rede (20,54%), no período de 1980-1989.

Apesar deste progresso na Rede, apresentando declínio de retenção na 1ª e 5ª séries, nas quais tradicionalmente a expulsão dos alunos é mais acentuada, como decorrência dessa reprovação, ainda continuamos com dificuldades. No ano passado, na 1ª e 5ª séries a incidência de reprovação foi,

---

15. A legislação em vigor à época era a Lei nº 5.692, de 11/8/1971, que reformou parcialmente a Lei de Diretrizes e Bases da Educação Nacional nº 4.024, de 20/12/1961, por isso denominada entre os educadores "Lei da Reforma do Ensino". A referência ao 1º grau, com duração de oito anos, corresponde ao que a Lei nº 9.394, de 20/12/1986, em vigor, denomina de Ensino Fundamental (N. dos orgs.).

respectivamente, de 26,93% e 29,43%. Contudo, são estes os menores percentuais apresentados em uma década. Um outro modo de avaliar o significado destes resultados é pensar, por exemplo, no que teria acontecido se, em 1989, houvéssemos repetido o percentual de retenção no 1º grau verificado em 1988. Nesse caso, no ano passado, cerca de 8.100 alunos a mais do que ocorreu de fato teriam sido atingidos pela reprovação.

Estudos mais detalhados estão sendo desenvolvidos em relação a estes resultados, focalizados agora segundo as diferentes áreas da cidade, componentes curriculares etc.

Quero felicitar os educadores desta Rede pelo esforço não poupado, e desejar que no próximo ano o trabalho acumulado permita anunciar resultados bastante mais animadores para todos nós, avançando na construção de uma escola democrática com uma nova qualidade.

Principais realizações da política pedagógica – 1989-1991[16]

Reorientação curricular

"Mudar a cara da escola através dos princípios de autonomia, descentralização e participação, na direção de uma educação pública popular e democrática. De boa qualidade."

- Projetos próprios das escolas: apoio a cerca de duzentos projetos (alteração do Ensino Noturno, introdução de artes, professores polivalentes...);

---

16. Texto de produção coletiva que acompanhou carta enviada à prefeita Erundina, em julho de 1990, em que menciona a necessidade de resgate da dívida histórica com o magistério.

- Ação pedagógica da escola pela via da interdisciplinaridade, através de tema gerador (recriando a proposta de Paulo Freire no sistema escolar). Projeto iniciado com dez escolas, por adesão. Hoje trabalham 112 escolas de 1º grau neste projeto e para o próximo ano já se prevê o dobro de escolas aderindo a esta proposta;
- Introdução da informática na educação: concepção e desenvolvimento do projeto Gênese da Informática – trabalha com o sistema logo, integrado à ação pedagógica da escola. Hoje, 31 escolas estão neste projeto. Em cada escola há quinze computadores e uma impressora de textos. Estão em funcionamento três subnúcleos regionais e um central, para a formação de professores. Em 1992 a instalação dos computadores atingirá cinquenta escolas, atendendo a 30 mil alunos;
- Orientação Sexual:[17] projeto opcional para as escolas, que já formou cerca de trezentos professores que continuam com atendimento permanente, hoje parte deles atuando em 35 escolas de 1º grau, tendo já atingido 5 mil alunos;

Formação permanente[18]

Trabalho desenvolvido desde 1989, que entende a formação dos educadores como ação sistemática, com base na ação-

---

17. Este projeto foi elaborado e coordenado pela então sexóloga Marta Suplicy, à frente do Grupo de Trabalho e Pesquisa em Orientação Sexual (Goptos), para o qual conseguiu verbas no exterior.

18. Quero enfatizar a preocupação de Paulo com a formação permanente dos professores/as – a "menina dos olhos" dele –, desde os anos 1950 em seu trabalho no SESI. Na SME-SP, estendeu a formação ao pessoal de apoio do ato educativo (*N. dos orgs.*).

-reflexão-ação. São incluídos no programa de formação, também, cursos de curta duração, conferências, intercâmbios para troca de experiências etc.

Os grupos de formação iniciaram-se com professores de 1ª séries e de Educação Infantil, bem como os coordenadores pedagógicos. A inscrição nos grupos de formação não é obrigatória. Hoje temos a seguinte situação: 70% dos diretores frequentando os grupos; 95% dos coordenadores pedagógicos das escolas e 30% dos professores estão em grupos de formação, com apoio àqueles que devem ser ampliados nas escolas. Atualmente temos quinhentos grupos de formação em funcionamento. Mais de 35% dos professores têm outras modalidades de formação;

Outras ações de formação

Formação para professores de 5ª séries: todas as escolas estão envolvidas; formação em Direitos Humanos:[19] – quinhentos educadores já participaram deste trabalho que também se integra à ação interdisciplinar da escola. Encontros de vigias, merendeiras e grupos de formação de pais têm se desenvolvido de forma crescente, porém lentamente.

---

19. O Projeto de Educação em Direitos Humanos foi uma iniciativa do amigo e jurista Marco Antonio Barbosa, na qualidade de presidente da Comissão de Justiça e Paz de São Paulo (1986-1990), que teve início em agosto de 1990, com aval e apoio de Paulo, tendo como representante da Comissão junto à SME-SP o Prof. Antonio Carlos Ribeiro Fester. Este trabalho financiado pela Comissão foi realizado através do Departamento de Orientação Técnica (DOT) e dos Núcleos de Ação Educativa (NAE), tendo atingido toda a Rede Municipal: seus alunos/as, professores/as etc. Como material de apoio, foi elaborada uma "cartilha" sobre direitos humanos escrita por Vera Barreto, José Carlos Barreto e Domingos Zamagna e ilustrada por Sebastião Xavier de Lima" (*N. dos orgs.*).

Convênios com universidades

Os trabalhos de reorientação curricular e formação permanente contam com assessoria mensal de cinquenta professores universitários da USP, Unicamp e PUC-SP;

Eventos importantes

- I Congresso de Alfabetizandos: reuniu 2 mil alfabetizandos do Mova e do EDA;
- I Congresso Municipal de Educação: reuniu 7 mil professores, pais, alunos, diretores, coordenadores e funcionários; mais de trezentos trabalhos foram apresentados pelas escolas;
- I Encontro de Pais da Rede Municipal de Ensino (dez. 1991): reunirá quatrocentos pais que são representantes dos Conselhos de Escola e grupos de formação;
- Criação dos Conselhos de Representantes dos Conselhos de Escola (CRECES) em cada uma das dez regiões da cidade;
- Conclusão do Estatuto do Magistério Municipal;
- Elaboração e discussão do Novo Regimento das Escolas Municipais;
- Criação de projeto de lei de um Conselho Municipal de Educação (novo);

Algumas conquistas

- Menor índice de reprovação em toda uma década (18,69%), média em todas as séries do 1º grau;

- Menor índice de expulsão[20] escolar em toda a década (5,34%); neste ano estimamos em 3,5%;
- As salas de leitura foram equipadas com 673 mil livros novos;
- Todas as escolas de 1º grau têm televisão e vídeo. A secretaria tem hoje mais de quinhentos vídeos, câmeras nos NAEs, aparelhos de som, slides em todas as EMEIs e uma ilha de edição de vídeos;
- Foram construídas 26 novas escolas (hoje são 680 que dão atendimento a 734 mil alunos);
- O Mova atende hoje 12 mil (previu-se a ampliação no próximo ano para mais 2 mil núcleos);
- O sistema de reforma das escolas segue hoje fluxo regular com reparos necessários em 20% da Rede.

Principais ações da Secretaria Municipal de Educação de São Paulo[21]

1. Envolvimento da comunidade escolar na organização do Plano Geral de Ação do Plano Orçamentário da Secretaria Municipal de Educação;
2. Comissão de Reorientação Curricular estuda e elabora propostas, neste momento, para discussão com a Rede Municipal;
3. Programa de Formação Permanente do pessoal do ensino que abrange professores, coordenadores peda-

---

20. Paulo sempre se negou a usar a expressão "evasão escolar", pois esta esconde ideologicamente a questão da discriminação contra as camadas populares. Conferir no documento "Construindo a educação pública popular" (*N. dos orgs.*).
21. Relatório sem data.

gógicos, supervisores, funcionários. Este programa se estenderá aos quatro anos de administração;
4. Salário dos professores mínimo por vinte aulas, mais duas horas atividades, NCz$ 701,00 contra NCz$ 450,00 do estado. Este mês o reajuste foi dado como abono. A partir de setembro entrará em vigor plano de incorporação. Será discutido plano de reposição das perdas salariais dos profissionais de educação e de todo funcionalismo. Para implementação desse plano, será necessária aprovação, pela Câmara, do projeto de reforma tributária apresentado pelo PT;
5. Retomada de construção de oito escolas paralisadas na administração anterior, reforma de 39 escolas cujas obras também estavam paradas. Conclusão de reforma de doze escolas;
6. Atendimento de 157 escolas: equipamentos, serviços de limpeza de fossa, eletricidade, hidráulica etc.;
7. Fortalecimento dos grêmios estudantis e Conselhos de Escola;
8. Projeto Mova – Movimento de Alfabetização e Pós--Alfabetização para a cidade de São Paulo. Neste projeto, estarão engajados movimentos populares, igrejas, universidades, partidos políticos etc. A partir de 1990, serão criados 2 mil núcleos do Mova, que atingirão cerca de 60 mil alunos por ano;
9. Integração intersecretarias para articulação dos diversos serviços públicos e melhor atendimento à população.

PARTE II

Entrevistas de Paulo Freire sobre a educação na Rede Municipal de São Paulo

4
NOSSO QUEFAZER PARA MUDAR A CARA DA ESCOLA[22]

NOVA ESCOLA: O que difere, na prática, a proposta do PT em relação às demais propostas pedagógicas?

PAULO FREIRE: Apesar de me saber um educador petista – aderi ao PT quando ainda me achava na Europa –, não gostaria de dar à minha resposta a cor do discurso de quem fala em nome de meus companheiros. Sem pretender, de maneira nenhuma, dar a impressão de ser personalista, prefiro falar um pouco de como penso, convencido de que, substantivamente, me coloco no horizonte de aspirações do PT. Por outro lado, gostaria, tampouco, de fazer paralelos, eu mesmo, entre o que penso e o que faço, como educador petista, e o que pensam e fazem educadoras e educadores de outros partidos. Falarei de alguns pontos, que me parecem fundamentais à política educativa de um partido que, sendo *popular,* não é *populista,* sendo *revolucionário,* não é *autoritário;* sendo *democrata,* não é *democratista,* sendo *educador,* se reconhece *educando* dos movimentos sociais populares. A educação que um partido assim precisa pôr em prática e aperfeiçoar é tão política e se acha tão "grávida" de ideologia quanto a que qualquer partido conservador planeja e executa.

---
22. Entrevista concedida à revista *Nova Escola,* São Paulo, 26/2/1989.

A natureza da prática educativa, a sua necessária diretividade, os objetivos, os sonhos que se perseguem na prática não permitem que ela seja neutra, mas política sempre. É a isto que eu chamo de politicidade da educação, isto é, a qualidade que tem a educação de ser política. A questão que se coloca é que tem a educação de ser política. A questão que se coloca é saber que política é essa, a favor do quê e de quem, contra o quê e contra quem se realiza. É por isso que podemos afirmar, sem medo de errar, que, se a política educacional de um partido conservador e sua prática educacional forem iguais a de um partido progressista, um dos dois está radicalmente errado. Daí a imperiosa necessidade que temos, educadoras e educadores progressistas, de ser coerentes, de diminuir a distância entre o que dizemos e o que fazemos. Não que esteja pensando que os educadores e as educadoras progressistas viremos anjos ou nos santifiquemos na busca da absoluta coerência, que, em primeiro lugar, faria da vida uma experiência sem cheiro, sem cor, sem gosto e, em segundo lugar, não nos permitiria sequer saber que éramos coerentes, pois que não haveria a incoerência para nos ensinar.

Mas, o que é preciso é essa procura constante, crítica, para compatibilizar o dito com o feito. Redizer o dito quando o que fazer exija. O que não é possível, para mim, é falar no respeito pelas bases populares, mas, ao mesmo tempo, considerar que elas não têm suficiente maioridade para dirigir-se; é falar de uma escola democrática e manietar as professoras, em nome de sua pouca competência, com "pacotes" empenhados por nossa sabedoria. O que não é possível é negar a *prática* em nome de uma teoria que, assim, deixa de ser teoria para ser *verbalismo* ou *intelectualismo*, ou negar a teoria em nome de uma prática que, assim, se arrisca a perder-se em torno de si mesma. Nem *elitismo teoricista* nem *basismo praticista*, mas a unidade ou a relação *teoria e prática*. Vejamos outro ponto importante no rol destas considerações. Se há algo em que o educador progressista sério se identifica com um educador conservador, igualmente sério, é que ambos têm que ensinar. Por isso mesmo ambos têm que saber o que ensinam. Mas, ao nos determos sobre isso que os identifica, isto é, o ato de ensinar um certo conteúdo, imediatamente percebemos que, a partir do que os identifica, começam a distinguir-se. Não quero dizer que 4 x 4 são 16 para um professor progressista e 14 para um professor conservador. O que quero dizer é que a própria compreensão do que é ensinar, do que é aprender e do que é conhecer tem conotações, métodos e fins diferentes para um e para outro. Como também o tratamento dos objetos a serem ensinados e a serem apreendidos para poderem ser aprendidos pelos alunos, quer dizer, os conteúdos programáticos.

Para o educador progressista coerente, o necessário ensino dos conteúdos estará sempre associado a uma "leitura crítica" da realidade. Ensina-se a *pensar certo* através do ensino dos conteúdos. Nem o ensino dos conteúdos em si, ou quase em si, como se o contexto escolar em que são tratados pudesse ser reduzido a um espaço neutro em que os conflitos sociais não se manifestassem, nem o exercício do "pensar certo" desligado do ensino dos conteúdos.

É essa relação dinâmica, processual, que pretendo estimular nas escolas municipais. Mais ainda, para um educador progressista coerente não é possível minimizar, desprezar, o "saber de experiência feito" que os educandos trazem para a escola. A sabedoria desta será em fazer compreensível que a ruptura que o saber mais exato, de natureza científica, estabelece, em face daquele saber, não significa que ele seja desprezível. Pelo contrário, é a partir dele que se alcança o mais exato.

Alongando um pouco mais essas considerações, talvez eu pudesse dizer que, enquanto numa prática educativa conservadora competente se busca, ao ensinar os conteúdos, ocultar a razão de ser de um sem-número de problemas sociais, numa prática educativa progressista competente também se procura, ao ensinar os conteúdos, desocultar a razão de ser daqueles problemas.

A primeira procura acomodar, adaptar os educandos ao mundo dado; a segunda, inquietar os educandos, desafiando-os para que percebam que o mundo dado é um mundo dando-se e que, por isso mesmo, pode ser mudado, transformado, reinventado.

Devo concluir essa questão dizendo que os educadores progressistas sabem muito bem que a educação não é a alavanca da transformação da sociedade, mas sabem também o papel que ela tem nesse processo. A eficácia da educação está em seus limites. Se ela tudo pudesse ou se ela não pudesse nada, não haveria por que falar de seus limites. Falamos deles precisamente porque, não podendo tudo, podem alguma coisa. A nós, educadores e educadoras de uma administração progressista, nos cabe ver o que podemos fazer para competentemente realizar.

Nova Escola: O senhor realizou uma campanha de alfabetização como a que fez antes do golpe militar de 1964?

Paulo Freire: Creio que seria interessante começar a responder a essa questão fazendo referência ao documento oficial que foi publicado após uma Conferência Internacional patrocinada pela Unesco, em 1975, realizada em Persépolis, de que participei e que se chama *Carta de Persépolis*. Um dos objetivos principais, se não o principal, da reunião era a avaliação das campanhas de alfabetização realizadas em diferentes áreas do mundo. O texto sublinha a relação entre o êxito maior ou menor das chamadas *campanhas de alfabetização* de adultos e o processo de transformação social e política, verificando-se ou não nas sociedades em que as campanhas se dão.

O problema me parece óbvio. Uma coisa é fazer uma campanha de alfabetização numa sociedade em que as classes sociais populares começam a tomar sua história nas mãos, com entusiasmo, com esperança, a outra é fazer campanhas de alfabetização em sociedades em que as classes populares se acham distantes da possibilidade de exercer uma participação maior na refeitura de sua sociedade.

Em 1964, o Brasil não havia feito revolução nenhuma, é verdade. Vivíamos a experiência populista do governo Goulart. Mas vivíamos um momento também de profunda inquietação, de curiosidade, de presença popular nas ruas, nas praças. O modelo populista vivia sua ambiguidade fundamental. De um lado, estimulando a presença das classes populares, mesmo manipuladas, sem as quais não existiria; de outro, correndo o risco de desaparecer, ou porque a esquerda, através delas, se viabilizasse, ou porque a direita, por causa delas, acabasse com a festa. Foi isso o que se deu. Mas o importante é considerar que, naquele pequeno período, havia uma vontade popular, não importa que muito mais para rebelde que para revolucionária, e uma curiosidade também, que deram bases para os planos que coordenamos a partir do Ministério da Educação em Brasília. Hoje, depois de tantos anos, a coisa é diferente, mesmo reconhecendo o que representa de esperança a vitória do PT em grande número de cidades brasileiras. Me parece que não deveríamos trabalhar em termos de campanhas, cuja significação mais profunda sugere algo emergencial, mas atacar o problema sem dar a ele este caráter. Por outro lado, na medida mesma em que, aqui e ali, enfrentemos o problema, é necessário que, desde o princípio, procuremos ir mais além da alfabetização, construindo com os próprios educandos populares alternativas no campo da educação popular.

Dentro do espírito de sua pergunta há ainda algo a dizer.

No momento, uma equipe intersecretarial – Secretaria de Cultura, Secretaria de Educação, Secretaria de Saúde, Secretaria de Habitação, Secretaria do Bem-Estar Social, Secretaria dos Esportes – trabalha em relação direta com movimentos sociais na elaboração de projetos de educação popular.

O ponto de partida de um desses projetos é uma pesquisa participante que nos dará uma espécie de repertório dos anseios, dos sonhos, dos desejos da população da área em que a pesquisa se fará. Uma das vantagens de um trabalho assim está em que a própria metodologia da pesquisa a faz pedagógica e conscientizante. Talvez tão importante ou até mais do que esse caráter referido da pesquisa é o esforço, é a decisão política de as secretarias trabalharem juntas. Apostamos nisso.

Nova Escola: Qual é a porcentagem do orçamento municipal que será destinado à educação?

Paulo Freire: O orçamento-programa aprovado em 1988, em execução neste ano, prevê aplicar 27,1% das receitas tributárias em despesas voltadas para o ensino. Entretanto, desse percentual, 4,6% são despesas com programas suplementares de alimentação e saúde, as quais a nova Constituição determina que sejam financiados com outros recursos orçamentários, e 1,7% são despesas da Secretaria do Bem-Estar Social com creches, centros de juventude e unidades de atendimento ao menor, que têm caráter mais assistencial que educativo. Excluídas essas despesas, apenas 20,8% das receitas tributárias são realmente destinadas para o ensino. Vale lembrar que essas receitas são apenas 51,5% da receita total orçada (35% seriam provenientes de empréstimos).

Nova Escola: Quais são as suas metas?

Paulo Freire: Tenho falado muito, desde antes mesmo de assumir a Secretaria de Educação Municipal, no nosso sério empenho de "mudar a cara de nossa escola", incluindo as escolas de Educação Infantil. Pretendemos, na verdade, e para isso já começamos a trabalhar desde os primeiros dias de nossa gestão, ir transformando as escolas em centros de criatividade, em que se ensine e se aprenda com alegria. Não pretendo dizer, ao fazer esta afirmação, que não haja escola na Rede Municipal, hoje, em que as crianças não se sintam bem. O que é preciso, porém, é generalizar esse clima que, por sua vez, para ser criado e mantido, demanda a confluência de um sem-número de fatores.

Condições materiais condignas – salários decentes, as escolas conservadas, reparadas em tempo, agilização das medidas burocráticas indispensáveis ao bom funcionamento das escolas. Respeito aos educadores, aos educandos, a todos. Como, porém, revelar respeito às crianças, aos educadores e às educadoras, à direção da escola, às merendeiras, aos zeladores, aos pais, às mães, à comunidade local, se as escolas vão se deteriorando dia a dia, ameaçando a saúde, a paz de todos, apesar da insistência com que as diretoras solicitam durante meses o indispensável reparo da escola?

Como ensinar e aprender com alegria numa escola cheia de poças d'água, com a fiação ameaçadoramente desnuda, com a fossa entupida, causando enjoo e náusea?

Esse é um problema sério com que nos defrontamos agora em face das cinquenta ou mais escolas que encontramos em estado deplorável. Os mecanismos burocráticos que aí estão, o sem-número de papéis – um tomando conta do outro –, a morosidade com que andam de um setor ao outro, tudo contribui para obstaculizar o trabalho sério que fazemos. A uma administração como a do PT se impõe uma transformação radical da máquina burocrática. A que está aí pode até prejudicar também uma administração conservadora. A uma administração progressista, como nos incumbe fazer, essa burocracia perversa aniquila e emudece. E nós não vamos permitir que isso ocorra. Uma das formas talvez de começar a fazer a transformação de que falei é a criação do que uma de minhas assessoras chama de "frente de trabalho" para executar uma determinada tarefa de forma rápida e correta. Estamos fazendo isto agora com relação a "n" projetos e criaremos na próxima semana uma dessas frentes para enfrentar a questão do reparo das escolas que vai exigir bem mais dinheiro do que já conseguimos. Frente composta por pessoal de, no mínimo, três secretarias – a de Educação, a de Obras e a de Finanças.

Como você vê, não podemos falar das metas educativas sem nos referirmos às condições materiais das escolas. É que elas não são apenas "espírito", mas "corpo" também. A prática educativa cuja política nos cabe traçar, democraticamente, se dá na concretude da escola, por sua vez situada e datada, e não na cabeça das pessoas.

Em última análise, precisamos demonstrar que respeitamos as crianças, suas professoras, sua escola, seus pais, sua comunidade; que respeitamos a coisa pública, tratando-a com decência. Só assim podemos cobrar de todos o respeito também às carteiras escolares, às paredes da escola, às suas portas. Só assim podemos falar de princípios, de valores. O ético está muito ligado ao estético.

Não podemos falar aos alunos da boniteza do processo de conhecer se sua sala de aula está invadida de água, se o vento frio entra decidido e malvado sala adentro e corta seus corpos pouco abrigados. Nesse sentido é que reparar rapidamente as escolas é já mudar um pouco sua cara, não só do ponto de vista material, mas, sobretudo, de sua "alma". Precisamos deixar claro que acreditamos e respeitamos quem se acha nas bases. Reparar, com rapidez, as escolas é um ato político que precisa de ser vivido com consciência e eficácia.

Mudar a cara da escola implica também ouvir meninos e meninas, sociedades de bairro, pais, mães, diretoras de escolas, delegados de ensino, professoras, supervisoras, comunidades científicas, zeladores, merendeiras etc. Não se muda a cara da escola por um ato de vontade do secretário.

Para concluir, eu diria que nos engajamos na luta por uma escola competente, democrática, séria e alegre.

Nova Escola: O que o senhor fará diante da evasão escolar, que é muito grande?

Paulo Freire: Em primeiro lugar, eu gostaria de recusar o conceito de *evasão*. As crianças populares brasileiras não se evadem da escola, não a deixam porque querem. As crianças populares brasileiras são *expulsas* da escola – não, obviamente, porque esta ou aquela professora, por uma questão de pura antipatia pessoal, expulse estes ou aqueles alunos ou os reprove. É a estrutura mesma da sociedade que cria uma série de impasses e de dificuldades, uns em solidariedade com os outros, que resultam em obstáculos enormes para as crianças populares não só chegarem à escola, mas também, quando chegam, nela ficarem e nela fazerem o percurso a que têm direito.

Há razões, portanto, internas e externas à escola, que explicam a "expulsão" e a reprovação dos meninos populares.

Atacaremos, ao nível da Secretaria de Educação, sobretudo, as internas, perseguindo: o uso bem-feito do tempo escolar – tempo para a aquisição e produção de conhecimento, a formação permanente dos educadores, o estímulo a uma prática educativa crítica, provocadora da curiosidade, da pergunta, do risco intelectual.

Nesse aspecto, como em tudo o que tem a ver com prática escolar, espero ouvir de diretoras, professoras, de supervisoras, de coordenadoras pedagógicas suas sugestões no sentido de minimizarmos as negatividades da escola que contribuam para a "expulsão" dos alunos. Já agora em março, 15 dias depois de reabertas as aulas, começarei, primeiro, a visitar escolas em duas manhãs por semana, não como quem quer, com certo gosto "inspecionista", flagrar professores ou servidores faltosos, mas como quem se sente no dever, enquanto secretário, de colaborar com os que lutam nas bases. Segundo, a me encontrar em caráter sistemático, tão assiduamente quanto possível, com delegados de ensino, com professoras, com diretoras, com supervisoras, com merendeiras, com zeladores.

Os temas da expulsão e da reprovação serão tratados sempre em busca de soluções ou encaminhamentos realistas e eficazes. Mais uma vez, não acreditamos que sozinhos, no gabinete, por mais competentes que sejamos, possamos fazer tudo.

Nova Escola: Que mudanças o senhor pretende introduzir no currículo da escola?

Paulo Freire: Respondendo a uma pergunta anterior, falei do empenho em que nos achamos de mudar a cara da escola. Mudar a cara da escola que, no nosso caso, é nos darmos ao esforço de fazer uma escola popular, necessariamente passa pela mudança curricular. Ninguém, contudo, numa perspectiva democrática, muda o currículo das escolas de uma segunda para a terça-feira. Feita autoritariamente, de cima para baixo, a partir da vontade de especialistas iluminados, a transformação curricular, além de constituir uma contradição inaceitável do ponto de vista de uma administração petista, não tem eficácia.

Duas coisas fundamentais acho que posso dizer agora. A primeira é que, em linhas gerais – e agora tenho de me repetir –, sonhamos com uma escola que, sendo séria, jamais vire sisuda. A seriedade não precisa ser *pesada*. Quanto mais leve é a seriedade, mais eficaz e convincente é ela.

Sonhamos com uma escola que, porque séria, se dedique ao ensino de forma competente, mas, dedicada, séria e competentemente, ao ensino, seja uma escola geradora de alegria. O que há de sério, até de penoso, de trabalhoso, nos processos de ensinar, de aprender, de conhecer não transforma este *quefazer* em algo triste. Pelo contrário, a alegria de ensinar-aprender deve acompanhar professores e alunos em suas buscas constantes. Precisamos é remover os obstáculos que dificultam que a alegria tome conta de nós e não aceitar que ensinar e aprender são práticas necessariamente enfadonhas e tristes. É por isso que na resposta anterior eu falava de que o reparo das escolas, urgentemente feito, já será um pouco mudar a cara da escola, do ponto de vista também de sua "alma".

Sonhamos com uma escola realmente popular, que atenda, por isso mesmo, aos interesses das crianças populares e que, tão rapidamente quando possível, irá diminuindo as razões em seu seio para a "expulsão" das crianças do povo.

A segunda coisa que posso dizer agora é que, durante todo o mês de janeiro e o de fevereiro, trabalhamos na secretaria com equipes de especialistas, físicos, matemáticos, psicólogos, sociólogos e cientistas políticos, linguistas e literatos, filósofos, arte-educadores, juristas e especialistas em sexualidade. Analisamos diferentes momentos da prática educativa – a questão gnosiológica, a política, a cultural, a linguística, a estética, a ética, a filosófica, a ideologia em "n" reuniões com estes especialistas, professores da USP, da PUC-SP e da Unicamp que vêm dando sua contribuição sem ônus para a secretaria.

No dia 27 deste mês, teremos a primeira reunião plenária interdisciplinar em que avaliaremos os trabalhos até agora realizados e discutiremos a participação desses cientistas na etapa que agora se iniciará – a em que começaremos o nosso diálogo no centro das escolas e nas áreas populares em que elas se situam.

O seminário com alunos de 5ª série que deveremos ter ainda em março faz parte desse processo. Assim como o que realizaremos na Zona Leste, ouvindo representantes de movimentos populares. A estes se seguirão encontros especiais com diretoras de escolas, professoras, coordenadoras etc.

Nossa intenção é possibilitar um diálogo entre grupos populares e educadores, entre grupos populares, educadores da Rede e os cientistas que nos assessoram.

No momento é o que lhe posso dizer em torno de sua pergunta.

Nova Escola: ... e em relação à formação do magistério?

Paulo Freire: Todos nós sabemos como a formação do educador ou da educadora vem sendo descuidada entre nós.

Uma das preocupações centrais de nossa administração não poderia deixar de ser a da formação permanente da educadora. Não se pode pensar em mudar a cara da escola, não se pode pensar em ajudar a escola a ficar séria, rigorosa, competente e alegre sem pensar na formação permanente da educadora.

Para nós, a formação permanente das educadoras se fará, tanto quanto possamos, através, preponderantemente, da reflexão sobre a prática.

Quando nos seja possível, e espero que não demoraremos em iniciar o processo, juntaremos, por exemplo, professoras que trabalharem em alfabetização de criança com especialistas competentes. O diálogo se dará em torno da prática das professoras. Falarão de seus problemas, de suas dificuldades e, na reflexão realizada sobre a prática de que falam, emergirá a teoria que ilumina a prática.

A reflexão sobre a prática será o ponto central, mas não esgota o esforço formador. Outras atividades serão programadas. Nesta semana que começa, estarei criando mais uma frente de trabalho para comigo programar o processo de formação.

Nova Escola: O que mudou na sua vida depois que o Sr. assumiu a Secretaria de Educação da cidade de São Paulo?

Paulo Freire: Obviamente minha cotidianidade mudou. Antes eu vivia mansamente entre meu quarto de dormir, minha biblioteca, minhas atividades acadêmicas, minha família. De vez em quando, um congresso internacional, uma conferência. Entrevistas a revistas e jornais nacionais ou estrangeiros. Viagens dentro e fora do Brasil.

Agora, o ritmo é outro. Os desafios são outros. As dificuldades são muitas. Nada, porém, me desanima, me faz arrepender-me de ter aceitado o convite da prefeita. É um prazer, para mim, assumir o dever de fazer. É o mínimo que eu posso fazer ao lado de uma equipe excelente, competente e incansável.

Aprendi muito neste primeiro pedaço de experiência, dois meses de secretaria, lidando com uma burocracia malvada e ameaçadora.

Vale a pena!

5
Nosso projeto pedagógico[23]

PSICOLOGIA: Qual é o projeto pedagógico que está sendo implantado pela Secretaria de Educação na gestão da prefeita Luiza Erundina?

PAULO FREIRE: Não há administração ou projetos pedagógicos neutros. Não seria, então, a administração da prefeita Luiza Erundina que faria exceção a esta regra. Isto não significa, porém, que, pelo fato de ser sua administração marcadamente voltada para os anseios e para as necessidades populares, volte as costas, desdenhosa, aos apelos daqueles segmentos que, na cidade, por viverem bem, não fazem ideia, quase sempre, do que significa apenas *sobreviver*.

É interessante observar, porém, como os que vivem bem tendem a considerar os que simplesmente sobrevivem como incapazes, incultos, invejosos, marginais perigosos e a considerar também como propriedade sua o que a cidade tem de bonito e bem-cuidado.

Para eles, os que *sobrevivem* enfeiam a cidade. Erundina pensa certo. Não pensa assim.

O mesmo tipo de reflexão pode ser feito com relação ao projeto pedagógico que estamos empenhados em realizar à

---
23. Entrevista concedida ao jornal *Psicologia*, do Conselho Regional de Psicologia de São Paulo, nº 60, ano 9, mai-jun, 1989.

frente da Secretaria Municipal de Educação. Queremos uma escola pública popular, mas não populista, e que, rejeitando o elitismo, não tenha raiva das crianças que comem e que se vestem bem. Uma escola pública realmente competente, que respeite a forma de ser de seus alunos e alunas, seus padrões culturais de classe, seus valores, sua sabedoria, sua linguagem. Uma escola que não avalie as possibilidades intelectuais das crianças, cujos condicionamentos de classe lhes dão indiscutível vantagem sobre aquelas.

Como dizer de um menino popular, que se "saiu mal" na aplicação de certa bateria de testes, que não tem senso do ritmo, se ele dança eximiamente o samba, se ele cantarola e se acompanha ritmando o corpo com o batuque dos dedos na caixa de fósforo? Se o teste para uma tal aferição fosse demonstrar como bailar o samba mexendo o corpo que desenha o mundo ou acompanhar-se com a caixa de fósforo, possivelmente meu neto seria considerado pouco capaz em face dos resultados obtidos pelo menino ou menina popular.

É preciso deixar claro, porém, que a escola que queremos não pretende, de um lado, fazer injustiça às crianças das classes chamadas favorecidas, nem, de outro, em nome da defesa das populares, negar a elas o direito de conhecer, de estudar o que as outras estudam por ser "burguês". A criação, contudo, de uma escola assim, impõe a reformulação do seu currículo, tomado este conceito na sua compreensão mais ampla. Sem esta reformulação curricular não poderemos ter a escola pública municipal que queremos: séria, competente, justa, alegre, curiosa. Escola que vá virando o espaço em que a criança, popular ou não, tenha condições de aprender e de criar, de arriscar-se, de perguntar, de crescer.

Antes mesmo de assumir a secretaria, comecei a trabalhar neste sentido, vivendo um primeiro momento da reflexão em torno da reformulação curricular. Momento que se intensificou em janeiro e fevereiro. Momento em que, com grupos de especialistas do mais alto nível, professoras e professores da Universidade de São Paulo, da Pontifícia Universidade Católica de São Paulo e da Universidade Estadual de Campinas, discuti teoria do conhecimento e educação, arte e educação, ética e educação, sexualidade e educação, direitos humanos e educação, esportes e educação, classes sociais e educação, linguagem, classes sociais, ideologia e educação. É importante salientar que esses intelectuais, físicos, matemáticos, biólogos, sociólogos, filósofos, arte-educadores etc., que alcançam agora uma centena, vêm dando a sua excelente contribuição sem ônus para a Secretaria de Educação. Recentemente tivemos a primeira reunião com todos esses especialistas, em que discutimos algumas hipóteses de projetos experimentais, no campo da mudança curricular. É preciso afirmar que de forma alguma poderíamos pensar em estender às escolas – cuja vida diária, cujo mundo de relações afetivas, políticas, pedagógicas, constituem para nós o espaço fundamental da prática e da reflexão pedagógicas – os resultados de nossos estudos de gabinete para ser postos em prática. Por convicção política e razão pedagógica, recusamos os "pacotes" com receitas a serem seguidas à risca pelas educadoras que estão na base. Por isso mesmo é que, nos momentos que se seguem, do processo de reformulação curricular, estaremos conversando com diretoras, com professoras, com supervisoras, com merendeiras, com mães e pais, com lideranças populares, com as crianças. É preciso que falem a nós de como veem a escola, de como gostariam que ela fosse; que nos digam algo sobre o que se ensina ou não se ensina na escola, de como se ensina. Ninguém democratiza a escola sozinho, a partir do gabinete do secretário.

Psicologia: Qual é a forma mais adequada ou efetiva de conduzir, na prática, esse projeto de educação, para crianças e para adultos, na Rede Pública Municipal?

Paulo Freire: Acabo de afirmar que jamais imporemos às escolas da Rede Municipal um perfil de escola, por mais que ele expresse a nossa opção política e o nosso sonho pedagógico. Precisamente porque recusamos o autoritarismo tanto quanto a licenciosidade, a manipulação tanto quanto o espontaneísmo. E porque não somos espontaneístas nem licenciosos, não nos omitimos. Pelo contrário, aceitamos que não temos por que fugir ao dever de intervir, de liderar, de suscitar, agindo sempre com autoridade, mas sempre também com respeito à liberdade dos outros, à sua dignidade. Não há para nós forma mais adequada e efetiva de conduzir o nosso projeto de educação do que a democrática, do que o diálogo aberto, corajoso. Creio que as reuniões que já tive com todas as diretoras na Rede revelaram a decisão política real com que venho aos encontros. Estou certo, igualmente, de que esta decisão política irá tornando-se cada vez mais clara, nas minhas visitas semanais às escolas, em que conversarei com todos e com todas sobre a vida pedagógica da escola. Em que vá ficando comprovado que "cartão" não funciona para, ferindo o direito de alguém, servir indevidamente a outro.

Não podemos, na verdade, pensar em ganhar a adesão das professoras a uma forma, por exemplo, de relacionar-se com os educandos, mais aberta, mais científica também, mais arriscada, impondo a elas o nosso ponto de vista. Precisamos antes de tudo convencer, quase converter. A formação permanente das educadoras, que não poderia deixar de ocupar um lugar singular em nossos projetos, é um dos momentos para a superação necessária de certos equívocos ou erros que obstaculizam a prática eficaz de nosso projeto.

PSICOLOGIA: **Considerando que o seu projeto pedagógico possui caráter ideológico e político explícitos, como está sendo tratada a educação no nível de informações ou conteúdo da ciência e da cultura letrada ou erudita?**

PAULO FREIRE: Não é privilégio do nosso projeto pedagógico em marcha possuir caráter ideológico e político explícitos. Todo projeto pedagógico é político e se acha *molhado* de ideologia. A questão a saber é a favor de quê e de quem, contra quê e contra quem se faz a política de que a educação jamais prescinde. Seguindo o espírito de sua pergunta, me parece importante dizer da impossibilidade, em todos os tempos, de termos tido e de termos uma prática educativa sem conteúdo, quer dizer, sem objeto de conhecimento a ser ensinado pelo educador e *apreendido,* para poder ser *aprendido* pelo educando. E isto precisamente porque a prática educativa é naturalmente gnosiológica e não é possível conhecer *nada* a não ser que *nada* se substantive e vire objeto a ser conhecido, portanto, vire conteúdo. A questão fundamental é política. Tem que ver com: que conteúdos ensinar, a quem, a favor de quê, de quem, contra quê, contra quem, como ensinar. Tem que ver com quem decide sobre que conteúdos ensinar, que participação têm os estudantes, os pais, os professores, os movimentos populares na discussão em torno da organização dos conteúdos programáticos. Esta é exatamente uma das preocupações nossas e de que falei antes, no esforço que fazemos para a reformulação do currículo das escolas municipais da cidade de São Paulo.

Para nós, não há sombra de dúvida em torno do direito que as crianças populares têm de, em função de seus níveis de idade, ser informadas e formarem-se de acordo com o avanço da ciência. É indispensável, porém, que a escola, virando popular, reconheça e prestigie o saber de classe, de "experiência feita", com que a criança chega a ela. É preciso que a escola respeite e acate certos métodos populares de saber coisas, quase sempre ou sempre fora dos padrões científicos, mas que levam ao mesmo resultado. É preciso que a escola, na medida mesma em que vá ficando mais competente, se vá tornando mais humilde. O conhecimento que se produz, social e historicamente, tem historicidade. Não há conhecimento novo que, produzido, se "apresente" isento de vir a ser superado.

É preciso que a escola popular, sobretudo a que se situa no mais fundo das áreas periféricas da cidade, pense seriamente a questão da linguagem, da sintaxe popular, de que falo e escrevo faz tanto tempo. Faz tanto tempo e muitas vezes é mal entendido ou distorcido. Aproveito agora uma dimensão de sua pergunta e volto ao assunto. Não é possível pensar a linguagem sem pensar o mundo social concreto em que nos constituímos. Não é possível pensar a linguagem sem pensar o poder, a ideologia.

O que me parece injusto e antidemocrático é que a escola, fundamentando-se no chamado "padrão culto" da língua portuguesa, continue, de um lado, a estigmatizar a linguagem da criança popular; de outro, ao fazê-lo, a introjetar na criança um sentimento de incapacidade de que dificilmente se liberta. Nunca disse ou escrevi, porém, que as crianças populares não deveriam aprender o "padrão culto". Para isso, contudo, é preciso que se sintam respeitadas na sua identidade, que não se sintam inferiorizadas porque falam diferente. É preciso, finalmente, que, ao aprender, por direito seu, o padrão culto, percebam que devem fazê-lo não porque sua linguagem é feia e inferior, mas porque, dominando o chamado padrão culto, se instrumentam para a sua luta pela necessária reinvenção do mundo.

PSICOLOGIA: Em que converge ou diverge dos Cieps, desenvolvidos por Darcy Ribeiro na Secretaria de Educação do Rio de Janeiro?

PAULO FREIRE: Tenho grande respeito e enorme amizade a Darcy Ribeiro, intelectual para quem amar e imaginar, sonhar, não são experiências antagônicas à seriedade e à rigorosidade científicas.

Não penso em divergências ou convergências entre o que estamos projetando aqui agora e os Cieps. A mim, me interessa, já que você fez a pergunta, deixar claro ser impossível pensar a prática educativa, portanto, a escola, sem pensar a questão do tempo, de como usar o tempo para a aquisição de conhecimento, não apenas na relação educador-educando, mas na experiência inteira, diária, da criança na escola.

A escola progressista, séria, não pode estragar o tempo, botar a perder o tempo de a criança conhecer. Mas só a partir, me parece, de um limite mínimo de tempo para a prática escolar é possível pensar em como usá-lo de forma produtiva. Esse limite mínimo, para mim, é de quatro horas. Não vejo como trabalhar eficientemente com turnos de três horas, a não ser em situações emergenciais. Nestes casos – no momento vivemos em alguma ou outra escola esta dramática situação –, é necessário que fique clara aos pais a razão de ser da situação de emergência. A questão do tempo está posta no centro da concepção dos Cieps, o que já lhes dá um indiscutível crédito.

Para a cidade de São Paulo eu preferiria, como estou preferindo, fazer o possível para que vivamos intensamente, produtivamente, criadoramente as quatro horas de atividades das escolas de 1º grau.

Psicologia: Como lidar com as expectativas da clientela das escolas (os próprios alunos e os seus pais), que pode reagir de forma contrária, opositora ou indiferente às propostas pedagógicas da atual Secretaria de Educação?

Paulo Freire: De forma democrática também. Devemos iniciar neste mês de março, nas áreas populares, comícios ou assembleias pedagógicas, em que, de um lado, mostraremos o estado deplorável em que encontramos cerca de cinquenta escolas; de outro, discutiremos os passos que estamos dando com relação à mudança da "cara" da escola. Neste mês, ainda, faremos um primeiro encontro com quarenta a cinquenta alunos da 5ª série para ouvir deles o que pensam da escola e falar um pouco de como pensamos.

Haverá, obviamente, certas medidas, que serão tomadas, porque pô-las em prática é tarefa nossa. Mas, tudo o que for preciso ser discutido o será.

Psicologia: O que se espera dos Conselhos populares de educação em relação à qualidade do ensino?

Paulo Freire: Em certo sentido a resposta está contida na anterior. As assembleias ou plenárias pedagógicas, esperamos, terão uma importância fundamental. Através delas é possível que se dê em nível profundo uma real participação da comunidade de pais e de representantes de movimentos populares na vida inteira das escolas.

Já disse e agora repito que a democratização da escola não pode ser feita como resultado de um ato voluntarista do secretário, decretado em seu gabinete.

6

O QUE É SER UM TRABALHADOR DO ENSINO NO BRASIL, HOJE?[24]

Sindicato: **Quem é Paulo Freire no atual contexto educacional brasileiro?**

Paulo Freire: Não me sentiria à vontade falando de mim mesmo e situando-me no atual contexto educacional brasileiro. A única afirmação que posso fazer sem cair na imodéstia lamentável ou na mais lamentável ainda falsa modéstia, uma forma "sem-vergonha" de ser imodesto, é a de que venho sendo um educador vivo, presente, no contexto educacional brasileiro. Isto me basta.

Sindicato: **O que é ser um trabalhar do ensino no Brasil de hoje?**

Paulo Freire: Não há um trabalhador do ensino, no Brasil ou em qualquer sociedade, como algo abstrato, universal. O trabalhador do ensino, enquanto tal, é um político, independentemente de se é, ou não, consciente disso. Daí que me pareça fundamental que todo trabalhador do ensino, todo educador ou educadora, tão rapidamente quanto possível,

---

24. Entrevista concedida para o Sindicato dos Trabalhadores de Ensino de Minas Gerais, em março de 1989.

assuma a natureza política de sua prática. Defina-se politicamente. Faça a sua opção e procure ser coerente com ela.

Dessa forma, o que é ser um trabalhador do ensino no Brasil hoje depende da sua posição político-ideológica, clara ou não. De se é progressista, com este ou aquele matiz, de se é conservador ou reacionário, por ingenuidade ou convicção.

Não é fácil perfilar o educador progressista ou o reacionário sem correr o risco de cair em simplismos. Situando-me entre os educadores e as educadoras progressistas do Brasil, hoje, diria que nos assumir assim significa, por exemplo, trabalhar lucidamente em favor da escola pública, em favor da *melhoria de seus padrões de ensino,* em *defesa da dignidade dos docentes,* de sua *formação permanente.* Significa lutar pela educação popular, pela participação crescente das classes populares nos conselhos de comunidade, de bairro, de escola. Significa incentivar a mobilização e a organização não apenas de sua própria categoria, mas dos trabalhadores em geral como condição fundamental da luta democrática com vistas à transformação necessária e urgente da sociedade brasileira.

Sindicato: **Como vai a escola pública?**

Paulo Freire: As forças e o poder reacionários deste país enfermaram a escola pública. A política educacional dos governos militares se orientou no sentido da privatização do ensino, a que correspondia um descaso indiscutível pelo ensino público, representado, também, na falta de respeito à figura da educadora e do educador.

A política de privatização do ensino obviamente afetaria, em cheio, os interesses das classes populares, uma vez mais pagando o conforto e as regalias das chamadas "favorecidas".

É interessante observar o movimento que uma mesma geração que se matricula num certo ano nas escolas de 1º grau no país pode fazer. Em primeiro lugar, consideramos o número assombroso de crianças em idade escolar que "fica" fora da escola. Na verdade, elas não ficam fora da escola, como se ficar ou entrar fosse uma questão de opção. São proibidos de entrar, como mais adiante muitas das que conseguem entrar são expulsas e delas se fala como se tivessem se evadido da escola. Não há evasão escolar. Há expulsão. Em segundo, consideremos o número das crianças populares que entram ou que não são proibidas de entrar na escola pública e o número destas que conseguem passar do primeiro ano para o segundo e deste para o terceiro do 1º grau.

Pensemos também no número dos jovens e das jovens das classes populares que fazem o chamado supletivo de forma precária em cursos noturnos, na sua maioria pagos.

Os meninos e as meninas de classe média da mesma geração percorrem o seu curso de 1º e 2º graus em escolas pagas, exigentes, e, ao chegar o momento de ingressarem na universidade, fazem revisão de conhecimento e capacitação em cursinhos, para se submeterem ao vestibular.

Neste exato momento, as que podem pagar e cursaram escolas privadas caras, vêm para as universidades gratuitas federais e estaduais. Os poucos jovens pobres que conseguiram, a duras penas, chegar ao fim dos cursos médios, não podendo competir com os outros, não têm outro meio onde se abrigar senão o das faculdades caras, quase sempre sem rigor nenhum.

A escola pública não anda bem, não porque faça parte de sua natureza não andar bem, como muita gente gostaria que fosse e insinua que é. A escola pública básica não anda bem, repitamos, por causa do descaso que as classes dominantes neste país têm por tudo o que cheira a povo. Por isso enfatizei na resposta anterior a necessidade de lutarmos por ela, os educadores e as educadoras progressistas.

Sindicato: Como você está vendo o processo de municipalização do ensino em todo o país? Aspectos: privatização do ensino, clientelismo político, dupla gerência de recursos humanos, qualidade do ensino, descentralização "às avessas".

Paulo Freire: Toda vez que penso em municipalização, o que me anima centralmente e me põe de imediato a favor do processo é exatamente o que pode haver nele (e por que devemos nos bater) de democrático, de descentralizador, de antiautoritário.

Para mim, argumentos às vezes corretos, válidos, perdem sua validade porque deveriam ser levantados, não contra ela, mas contra possíveis distorções dela, confundindo-a com desobrigação do Estado diante da educação. Às vezes se fala da municipalização como se ela tivesse uma certa natureza imutável, que necessariamente criasse e estimulasse, por exemplo, o "caciquismo" ao nível da luta política ou a visão e a prática antidialéticas do "focalismo" no nível da educação. Na verdade, a política clientelista, caciquista, autoritária não está esperando pela municipalização para existir. A visão focalista tampouco.

O argumento, por outro lado, de que as comunidades municipais não têm competência, quer dizer, não têm gente competente para gerir seus negócios no campo da educação, da cultura, da saúde etc., também não vale. É coisa óbvia que haja carência das áreas municipais, mas é óbvio também que, tendo de enfrentar suas dificuldades, elas as superarão e só as enfrentando aprenderão a marchar.

O que se imporia seria um esforço de colaboração efetiva do governo central e dos governos estaduais, bem como uma política de intercâmbio entre municipalidades.

Numa sociedade como a nossa, em que o autoritarismo corta as classes sociais (entre nós é tão autoritário o acadêmico arrogante que olha os demais de cima e de longe quanto o porteiro que toma conta da porta de entrada da sala dos professores numa noite de conclusão de cursos universitários), todo esforço em favor das práticas democráticas é importante.

Sindicato: Existe "algo" na escola formal vigente que pode ser aproveitado?

Paulo Freire: Sim. A seriação escolar, por exemplo. A integração vertical e horizontal dos conteúdos, a coeducação em todos os níveis.

Seria urgente, porém, superar o sentido propedêutico da seriação – o ensino do 1º grau preparando para o do 2º e o deste para o 3º.

Cada província de ensino deveria propor uma espécie de "plenitude" em si mesma, de tal modo que, quem fizesse o 1º grau, apenas, bem-feito, se sentisse capaz de mover-se com os conhecimentos dele recolhidos e não se sentir frustrado por se haver experimentado num tempo de preparação para algo que não ocorreu.

Sindicato: A transformação da sociedade passa pela escola? Até que ponto?

Paulo Freire: Tenho dito, desde faz muito tempo, que a educação não é a alavanca para a transformação da sociedade, porque poderia ser. O fato, porém, de não ser, porque poderia ser, não diminui a sua importância no processo. Esta importância cresce quando, no jogo democrático, partidos progressistas alcançam o governo e, com ele, uma fatia do poder. Neste caso, tudo o que for possível fazer de forma competente, para introduzir mudanças democráticas no aparato escolar, deve ser feito. Formação permanente das educadoras, sem manipulação ideológica, mas com clareza política, deixando iluminada a opção progressista da administração. Reformulação do currículo, participação popular na vida da escola, associações de pais, conselhos de escola etc.

Se a escola, de corte burguês, se preocupa apenas com o ensino autoritário dos conteúdos, ocultando, no processo, razões de ser de fatos ou falando de falsas razões deles, numa escola de governo progressista se torna imperioso o ensino dos conteúdos, a que se junte a leitura crítica e desocultante da realidade.

Finalmente, só numa compreensão dialética da relação escola-sociedade é possível não só entender, mas trabalhar o papel fundamental da escola na transformação da sociedade.

SINDICATO: Como vê a escola de tempo integral?

PAULO FREIRE: Há dias, noutra entrevista, recebi pergunta semelhante. Vou me dar o direito de, mais uma vez, repetir-me um pouco. Não me parece possível pensar a prática educativa, portanto a escola, sem pensar a questão do *tempo*, de como usar o *tempo* para aquisição de conhecimento, não pensar na relação educador-educandos, mas na experiência inteira, diária, da criança na escola. Em excelente dissertação de mestrado, a professora pernambucana Eliete Santiago, hoje secretária de Educação da cidade do Cabo, próxima ao Recife, analisou, recentemente, com lucidez, o uso do tempo, na escola, contra a criança popular.

A escola progressista séria não pode estragar o *tempo*, botar a perder o *tempo* de a criança conhecer. Mas, só a partir, me parece, de um limite mínimo de tempo para a prática escolar é possível pensar em como usá-lo de forma produtiva. Esse limite mínimo para mim é de quatro horas. Não vejo como trabalhar eficientemente com turnos de três horas.

Neste sentido, uma escola formalmente chamada de *tempo integral* pode desperdiçar o tempo, do ponto de vista aqui discutido. A designação *tempo integral* em si não faz milagre. É preciso saber o que fazer do tempo...

SINDICATO: Qual é o papel do educador consciente da realidade e que se sabe agente transmissor de ideologias?

PAULO FREIRE: Acho que o papel de um educador conscientemente progressista é testemunhar a seus alunos, constantemente, sua competência, amorosidade, sua clareza política, a coerência entre o que diz e o que faz, sua tolerância, isto é, sua capacidade de conviver com os diferentes para lutar contra os antagônicos. É estimular a dúvida, a crítica, a curiosidade, a pergunta, o gosto do risco, a aventura de criar.

SINDICATO: Dê-nos um enfoque das escolas de São Paulo e a perspectiva do PT na administração municipal para essas escolas?

PAULO FREIRE: Posso dizer alguma coisa sobre as escolas da Rede Municipal de São Paulo. São 654. Destas, 55 recebemos em estado deplorável. Tetos caindo, poças d'água enormes nas salas, fiação desnuda, fossas entupidas, ratos ameaçadores, apesar da reclamação que suas diretoras faziam desde começos do ano passado. Um descalabro, afinal.

Mas, se o estado calamitoso alcança 55, isto não significa, de modo nenhum, que as demais estejam todas em excelente forma. Todas elas exigem trabalho imediato de conservação para que não comecem a alcançar níveis de profundo estrago.

Recebemos a Rede escolar da cidade de São Paulo revelando as marcas de uma administração que não apenas descuidou de forma abusiva da coisa pública, mas intimidou e violentou as consciências de educadoras, de serventes, de todos. Erundina encontrou a prefeitura endividada, as obras suspensas, os empreiteiros sem receber dinheiro desde meados do ano passado e a direita a acusa de incompetente porque as obras estão paradas... Na Secretaria de Educação, ao lado da luta imediata para a recuperação das escolas desfeitas (e sem dinheiro), teríamos, fiéis à opção de nosso partido, de começar a pensar em reinventar a escola. Em mudar sua cara. Para isso, teremos que reformular o currículo, e nisto já estamos trabalhando. Por outro lado, temos também que repensar a administração, melhorar os meios de comunicação entre os vários setores, pondo-os todos a serviço da escola, que é o espaço fundamental da secretaria, em que a prática pedagógica se dá.

Estamos todos empenhados na luta por uma escola pública municipal competente, em que as crianças percebam – vivendo – que estudar é tão sério quanto prazeroso.

7

Os desafios da educação municipal diante de nossa realidade cruenta e injusta[25]

TERRA NUOVA: Como o senhor vê a situação do Brasil hoje – de um lado, o desenvolvimento econômico que coloca o país como uma grande potência, de outro, a miséria castigando de forma tão dura as maiorias populares?

PAULO FREIRE: Não creio que ninguém, com um mínimo de sensibilidade, neste país, não importa qual seja a sua posição política, possa conviver em paz com uma realidade tão cruel e injusta quanto essa.

Uma coisa, porém, é sentir-se mal, mas em seguida encontrar argumentos manhosos – "a preguiça do povo", "a incultura do povo", "Roma não se fez num dia" – para explicar a tragicidade da situação e defender hipóteses puramente assistencialistas de ação; a outra é tomar-se de uma "justa ira" e engajar-se em projetos políticos de transformação substantiva da realidade.

Minha sensibilidade me leva a arrepiar-me de mal-estar, quando vejo, sobretudo no Nordeste brasileiro, famílias inteiras comendo detritos em áreas de aterro, comendo lixo,

---

25. Entrevista concedida à revista italiana *Terra Nuova*, em 6/5/1989.

enquanto "lixo" de uma economia que se vangloria de ser a 8ª ou a 7ª do mundo. Minha sensibilidade ferida faz mais, contudo, do que deixar-me arrepiado e ofendido como gente: me deixa indignado e me empurra para a luta política no sentido da transformação radical desta sociedade injusta.

Minha sensibilidade machucada me deixa triste quando sei o número de meninos e de meninas populares em idade escolar, no Brasil, que são "proibidos" de entrar na escola; quando sei que, entre os que conseguem entrar, a maioria é *expulsa* e ainda se diz dela que se *evadiu* da escola. Minha sensibilidade açoitada me deixa horrorizado quando sei que o analfabetismo de jovens e adultos vem crescendo nestes últimos anos, quando percebo o descaso a que a escola pública foi relegada, quando constato que, numa cidade como São Paulo, há aproximadamente um milhão de meninos e meninas nas ruas. Mas, junto ao horror que uma realidade assim me provoca, a raiva necessária e a indispensável indignação me dão alento na luta democrática pela superação desse escândalo e dessa ofensa.

TERRA NUOVA: Sua trajetória como educador – como surge –, à época da ditadura, o exílio. Por que aceitou o convite para a Secretaria Municipal de Educação?

PAULO FREIRE: Ninguém começa a ser educador numa certa terça-feira às quatro horas da tarde. Ninguém nasce educador, ou marcado para ser educador. A gente se faz educador, a gente se forma, como educador, permanentemente, na prática e na reflexão sobre a prática.

É bem verdade que a gente tem, desde menino, certos gostos, certas preferências por coisas, ou formas de ser, ou de dizer, ou de fazer que, de vez em quando, ou quase sempre, coincidem com a natureza de certos *quefazeres*, como o educativo, por exemplo.

É por isso que, às vezes, em face de certos desses gostos, os mais velhos dizem de meninos ou de meninas que já nasceram médicos, educadoras ou artistas. Na verdade, porém, ninguém nasce feito.

Eu fui um menino cheio de certos anúncios pedagógicos, curiosidade, inquietação por saber, gosto de ouvir, vontade de falar, respeito à opinião do outro, disciplina, perseverança, reconhecimento de meus limites. Minha carreira de educador começou exatamente na minha experiência de educando, quando, bem ou mal, aqueles gostos foram estimulados, atendidos ou recusados. Muito jovem ainda, e pouco tempo depois de haver entrado no curso ginasial, comecei a "ensinar" Língua Portuguesa. E foi ensinando os conteúdos gramaticais e sintáticos aos alunos que comecei a me preparar para entender que, como professor, se o meu papel não era, de um lado, propor aos alunos que refizessem toda a história do conhecimento do conteúdo de que eu lhes falava, não era, de outro, funcionar como puro perfilador do conteúdo que eu ensinava. O fundamental seria desafiar os alunos a perceberem que aprender os conteúdos que eu lhes ensinava implicava que eles o *aprendessem* como *objetos de conhecimento*. A questão que se colocava não era a de *descrever* o conceito dos conteúdos, mas desvelá-los para que os alunos assumissem diante deles a *curiosidade radical* de quem busca e de quem quer conhecer. É bem verdade que, àquela época em que este conhecimento do ato de ensinar – a que corresponde uma compreensão dinâmica e crítica do que é *aprender* – começava a se dar, não me era possível, ainda, falar dele como falo agora.

Esta certeza gnosiológica, a de que *aprender* o objeto, o conteúdo, passa pela *apreensão* do objeto, pela *assunção* de sua razão de ser, me acompanha em todas as etapas de minha prática e de minha reflexão teórica sobre a prática. Na minha experiência de jovem professor, quase adolescente, de Português, no meu trabalho nos córregos e nos morros do Recife, no começo da minha juventude, como educador popular, na formulação dos princípios fundamentais do chamado Método Paulo Freire, designação de que não gosto, na minha atividade de professor universitário, no Brasil e fora do Brasil, e no esforço atual de formação permanente dos educadores e educadoras da Rede Municipal de Educação em que me engajo agora, à frente da Secretaria de Educação da cidade de São Paulo, ao lado da excelente equipe com que trabalho.

Para ser um pouco mais objetivo na resposta à sua pergunta em torno de minha trajetória de educador, talvez pudesse fazer referência a momentos e a pessoas que, direta e indiretamente, me marcaram.

As dificuldades que vivi na infância, se não trágica, difícil, e a forma como meus pais se comportaram na confrontação das dificuldades foram ambas – as dificuldades e a maneira como meus pais se moveram em face delas – importantes na minha formação como gente, a que se segue minha formação como educador, sem nenhuma dicotomia entre elas. A morte de meu pai – quando eu tinha 13 anos, o trauma de sua ausência –, a bondade de minha mãe, sua luta para que pudesse estudar. A figura de um excelente educador do Recife, Aluízio Araújo, pai de Ana Maria ou Nita, como costumo chamar minha segunda mulher e a quem devo o estudo gratuito em seu colégio, alguns professores cujo testemunho é lembrado hoje ainda por mim, a chegada à minha vida, quando recém-começava meu curso jurídico na Faculdade de Direito do Recife, de Elza, extraordinária mulher e educadora, cuja falta quase me tirou do mundo para onde voltei, trazido pelas mãos de outra não menos extraordinária mulher, Nita; dez anos de experiência político-pedagógica com trabalhadores de áreas urbanas e rurais de Pernambuco, meu trabalho acadêmico, leituras fundamentais, uma certa camaradagem com Cristo e com Marx, para espanto de certos cristãos e desconfiança de marxistas ingênuos. Tudo isto são sobretudo os ingredientes que permeiam; tudo isso tem a ver, necessariamente, com minha trajetória como educador. E, a tudo isso, com a importância não *menos grande* e o impacto que me causaria, a experiência rica, desafiante, do exílio. Exílio que resultou da compreensão teórica da educação como ato político, da educação como processo de conhecimento, da educação democrática fundamentando-se no respeito ao educando, à sua linguagem, à sua identidade cultural de classe, da explicação teórica da defesa da educação que desoculta, que desvela, que desafia; exílio que resultou, sobretudo, do colocar em prática uma tal compreensão da educação. Foi a prática, obviamente, que assustou nos anos 1960, como assusta hoje, as classes dominantes autoritárias e perversas. Foi a execução dessa prática de educação que me levou à prisão, ao afastamento da universidade e, finalmente, aos quase dezessete anos de exílio.

As oportunidades que tive de crescer, de aprender, de rever-me, no exílio, foram tais que, às vezes, Elza, com humor e sabedoria, me dizia: "Tu devias telegrafar ao general que responde pela Presidência do Brasil agradecendo o ensejo que te deram de continuar aprendendo." Ela tinha razão...

Nos quase dezessete anos de exílio, estive fixado em três sítios. Santiago do Chile; Cambridge, Massachusetts; e Genebra. Daí, como "andarilho do óbvio", corri o mundo. Dei cursos, seminários, participei de conferências, de congressos, assessorei governos revolucionários na África, na América Central, no Caribe, assessorei movimentos de libertação, corri riscos, ganhei amizades, amei, fui amado, aprendi, cresci. E enquanto tudo isso fiz e tudo isso "sofri", no sentido de a mim incorporar o que fiz e o que vivi, jamais deixei de ter o Brasil como *pré-ocupação*. O Brasil nunca foi para mim uma saudade remota, amarga.

O Brasil de minha pré-ocupação era exatamente o Brasil submetido ao golpe militar, pitorescamente chamado de "revolução de 64" pelos seus executores. Era o Brasil silenciado, com seus intelectuais progressistas expulsos, com sua classe trabalhadora manietada, com homens como dom Hélder Câmara, o profético arcebispo do Recife e Olinda, ameaçado e emudecido.

Todo tempo, porém, de exílio bem-vivido vira tempo de preparação para a volta. Assim, em junho de 1980 voltamos definitivamente para o Brasil, fixando-nos em São Paulo. Num primeiro momento, me dediquei ao que chamava *reaprender o Brasil*. Revisitei o país todo. De norte a sul, falei sobretudo a jovens curiosos do que houve, do que fizéramos antes de 1964. Sinto a obrigação de escrever ainda sobre isto. Não sei quando e se farei. Voltei à atividade docente.

Tornei-me professor na Pontifícia Universidade Católica de São Paulo e na Universidade Estadual de Campinas. Escrevi, mas sobretudo falei muito nestes anos.

Há algo importante que fiz antes de voltar. Na Europa, ainda me tornei membro-fundador do Partido dos Trabalhadores (PT), cuja administração municipal em São Paulo, hoje, me deu a oportunidade de ser secretário de Educação. Era a primeira vez que me filiava a um partido, com ficha, nome, endereço. Tudo certo. Tudo legal. É que, pela primeira vez na história política deste país, um partido nascia de baixo para cima. O Partido dos Trabalhadores nascia não recusando os chamados intelectuais por serem intelectuais, mas rejeitando os intelectuais elitistas e autoritários que se arvoram em donos da verdade da classe trabalhadora e da revolução. E, como jamais aceitei esse tipo de intelectual arrogante, me senti à vontade, desde o princípio, como militante modesto do PT.

E por que aceitei ser secretário de Educação da cidade de São Paulo?

Em primeiro lugar, porque sou secretário de uma administração do Partido dos Trabalhadores e, particularmente, da prefeita Luiza Erundina. Isto é, porque posso dizer, em programas de TV e aos jornais e rádios, que na Secretaria de Educação, "cartão" e injunções políticas não se sobrepõem ao direito de ninguém. Em segundo lugar porque, se não tivesse aceitado o convite honroso que fez Erundina, teria, por uma questão de coerência, de retirar todos os meus livros de impressão, deixar de escrever e silenciar até a morte. E este era um preço muito alto. Aceitar o convite é ser coerente com tudo o que disse e fiz, era o único caminho que eu tinha.

Aceitei, assim, a secretaria e estou contente porque agi dessa forma.

Terra Nuova: Fale um pouco sobre o método Paulo Freire – Conscientização ou alfabetização? Como você se posiciona em face das críticas que lhe fazem a este respeito?

Paulo Freire: Insistir em que toda *leitura da palavra* é sempre precedida de uma certa *leitura do mundo* talvez seja a maneira de começar a tratar a questão que você me coloca.

Partindo da leitura do mundo que o alfabetizando faz e com a qual vem aos cursos de alfabetização (leitura que é social e de classe), a leitura da palavra remete o leitor à leitura prévia do mundo, que é, no fundo, uma releitura.

A palavra, a frase, o discurso articulado não se dão no ar. São históricos e sociais. É possível, em cultura de memória preponderante ou exclusivamente oral, discutir, em projetos de educação popular, a criticidade maior ou menor contida na leitura do mundo que o grupo popular esteja fazendo num dado momento, sem fazer a leitura da palavra. O que não me parece possível é fazer a leitura da palavra sem relação com a leitura do mundo dos educandos. Por isso é que, para mim, todo processo de alfabetização de adultos implica o desenvolvimento crítico da leitura do mundo, que é um *quefazer* político conscientizador. O que estaria errado, e jamais sugeri que fosse feito, seria negar aos alfabetizados o direito que eles têm de alfabetizar-se porque, em nome da politização necessária, não houvesse tempo para a alfabetização *stricto sensu*.

Nem a leitura da palavra apenas, nem só a do mundo.

Terra Nuova: Quais suas diretrizes como secretário e como vê isso no contexto das administrações petistas?

Paulo Freire: Estou convencido, e é óbvio o que vou dizer, de que as administrações progressistas como as do PT não podem ficar distantes, frias, indiferentes à questão da educação popular. São administrações que têm de enfrentar a questão do prestígio da escola pública pela luta em favor de sua melhoria, que, por sua vez, passa pelo respeito profundo aos educadores e por sua formação permanente.

A questão do analfabetismo de jovens e adultos está ligada aos déficits quantitativo e qualitativo de nossa educação. Escolas em quantidade insuficiente para atender à demanda popular – oito milhões de crianças no Brasil fora da escola – e educação elitista, longe das expectativas das classes populares.

Cada ano que passa a tendência é aumentar o número de analfabetos jovens e adultos que provêm, de um lado, dos milhões proibidos de entrar na escola; de outro, dos que, reprovados na escola, são dela expulsos. Por isso é que, ao atacar a questão do analfabetismo de jovens e adultos, é imperioso:

a) que o façamos sem o caráter emergencial que às vezes se dá às campanhas de alfabetização; é preciso, pois, pensar em como inserir os alfabetizandos no sistema regular de ensino;
b) que lutemos no sentido de superar o déficit quantitativo de nossa escola e superar os índices de reprovação através de um ensino adequado e eficiente na escola básica.

Nada disso se faz da noite para o dia, mas se fará um dia.

TERRA NUOVA: Como você vê o papel das organizações não governamentais de cooperação da Europa em relação com as administrações petistas?

Paulo Freire: Vejo sempre bem qualquer organização de cooperação, europeia ou não, desde que as relações que se estabeleçam entre as organizações, de um lado, e nós, administrações petistas, do outro, sejam relações de mútuo respeito. Relações dialógicas em que possamos crescer juntos, aprender juntos. Verei, pelo contrário, mal, qualquer organização chamada "de cooperação" que, distorcidamente, porém, pretenda impor a nós suas opções em nome da ajuda que nos possa dar.

Na verdade, não há organizações de cooperação neutras. Por isso mesmo é que elas, também, têm de estar claras com relação às administrações com que procuram relação e das quais estudam projetos de cooperação.

Para conviver bem com qualquer organização exigimos pouco: que nos tratem com respeito.

8
A GESTÃO DA EDUCAÇÃO MUNICIPAL EM SÃO PAULO EM BUSCA DO SONHO DEMOCRÁTICO[26]

CLÁUDIA: A seu ver, quais as causas da falência do ensino público no Brasil?

PAULO FREIRE: Os *déficits* quantitativo e qualitativo do sistema escolar brasileiro nos vêm acompanhando ao longo de nossa história. O número de crianças em idade escolar fora da escola, a quantidade de meninos e meninas "expulsos" das escolas, fenômeno que pitorescamente se vem chamando de *evasão escolar*, a inadequacidade dos seus programas, o seu elitismo, a marca autoritária de que não se libertou ainda não ajudam em nada o nosso sonho democrático. Pelo contrário, são obstáculos a ele. Na verdade, não é possível continuar falando em democracia e, ao mesmo tempo, nada fazer pela defesa da escola pública. Da escola pública séria, competente, aberta, democrática, em que a necessária autoridade da mestra, da diretora, jamais se alongue em autoritarismo e a liberdade dos educandos jamais se torne licenciosidade. A estes *déficits*, o da quantidade e o da qualidade do nosso

---

26. Entrevista inédita, concedida em 3/7/1989.

sistema escolar, juntaria, como fator de estrago maior da escola pública brasileira, o descaso com que os governos militares recentes a trataram. A política educacional dos governos militares privilegiou a privatização da educação em detrimento da escola pública. Lutar por ela agora significa enfrentar, como se possa, os *déficits* que a seguem ao longo da nossa história; significa procurar superar, sem elitismo nem autoritarismo, significa investir na formação permanente de seus quadros, significa tratá-los com dignidade e respeito.

CLÁUDIA: Quais são os seus projetos para o reerguimento da escola pública do município, a curto, médio e longo prazos?

PAULO FREIRE: Sabemos, os que fazemos a Secretaria Municipal de Educação, que, primeiro, nem tudo na Rede Municipal está no chão para ser reerguido. Segundo, que, sozinhos, como equipe dirigente, nada faremos se não contarmos com as professoras, as diretoras, as coordenadoras pedagógicas, os educandos, seus pais, as supervisoras, as operacionais, todos, finalmente, que nas escolas e em torno delas as fazem vivas. Mudar a cara da escola, torná-la mais democrática, menos elitista, menos autoritária, cada vez mais competente é o empenho difícil, custoso, mas gratificante em que nos encontramos. Não é possível mudar a cara da escola para torná-la mais aberta sem procurar, de um lado, introduzir mudanças nas estruturas de administração da secretaria que viabilizem, pela descentralização das decisões, a própria abertura da escola; de outro, sem pensar em como equacionar a formação permanente das educadoras. A mudança da cara da escola que a faça popular sem ser populista passa pela transformação curricular, tomada e entendida essa expressão na sua significação mais ampla.

Já operamos a reforma administrativa da secretaria de que resulta a descentralização gradual de decisões; já nos encontramos em pleno processo de formação de equipes que se encarregarão da preparação permanente das educadoras; estamos trabalhando com cerca de oitenta cientistas e pensadores da USP, da PUC e da Unicamp, sem ônus para a SME, com vistas à transformação curricular; já começamos, por outro lado, a ouvir as bases – alunos, professoras – e ouviremos todos os que fazem a escola sobre a escola de seu sonho: transformamos as antigas delegacias de ensino em "Núcleos de Ação Educativa", já estamos estimulando a formação dos Conselhos de Escola, que darão e estão dando maior significação democrática a ela.

Não creio que pudéssemos ter feito mais do que fizemos, mesmo que queiramos fazer mais.

CLÁUDIA: Quais os principais "entraves" para a execução dos seus projetos?

PAULO FREIRE: Em primeiro lugar, o orçamento da secretaria, realizado pela administração anterior, que, obviamente, correspondia a prioridades que não têm nada a ver com as nossas. É penoso assumir a Secretaria de Educação de uma cidade como São Paulo com o número de unidades escolares deterioradas como encontramos. Este nosso país tem o gosto das inaugurações e a paixão do descaso pelas coisas depois de inauguradas. Uma de nossas lutas com as verbas curtas tem sido reparar os maltratos a que muitas das escolas há tanto tempo vêm sendo submetidas. E um juramento que venho fazendo todos os dias é não entregar a secretaria como recebi.

Creio, porém, que o obstáculo maior que enfrentamos e temos de enfrentar para realizar a mudança da cara da escola é o ideológico. Não é fácil remover de nós o gosto das posturas autoritárias.

9

A ALFABETIZAÇÃO DE JOVENS E ADULTOS EM SÃO PAULO[27]

Icae: Como o senhor descreveria o universo da população marginalizada, objeto do Ano Internacional da Alfabetização?

Paulo Freire: Em São Paulo, a população de adultos e jovens não alfabetizados se constitui, na sua maioria, de migrantes vindos dos estados mais pobres do Norte, Nordeste e também da zona rural do interior de São Paulo e Minas Gerais. São pessoas que vivem de modo geral de subemprego ou que se dedicam a profissões que não exigem habilitação específica (por exemplo, "auxiliares" na construção civil, faxineiras, empregadas domésticas). Assim sendo, seu nível de renda é muito baixo, insuficiente até para a satisfação de necessidades básicas, como alimentação e moradia.

Provavelmente, habitam em favelas, cortiços e nas "autoconstruções" da periferia de São Paulo. Grande parte de seu tempo é consumido no transporte e quase não usufruem dos serviços ou espaços de lazer que a cidade tem (que são, de modo geral, pagos e centralizados). Algumas exceções são: frequentar, aos domingos, a praça da Sé ou o Parque

---

27. Entrevista concedida à revista canadense *Convergence*, do International Council for Adult Education – Icae, em 9/8/1989.

Ibirapuera, ou, mais recentemente, o Parque do Carmo (Zona Leste). Grande parte da população analfabeta é constituída por mulheres, que desenvolvem a dupla jornada de trabalho.

ICAE: **Muita gente está criticando a Campanha Internacional da Alfabetização e pergunta: para que aprender a ler e a escrever quando não se tem casa e comida, que é a situação da maioria dos não alfabetizados?**

PAULO FREIRE: Creio que devemos avançar para uma visão mais global – e não setorizada – dos direitos sociais e das lutas dos movimentos populares. Os próprios movimentos populares, principalmente a partir das discussões em torno da Constituinte, começam a ter consciência mais clara de que os diversos problemas se interligam e que é importante lutar pela conquista real do *muitos* direitos sociais ainda *não saídos do papel*, na nossa sociedade. Cabe ainda ressaltar que, para nós, o trabalho de alfabetização, na medida em que possibilita uma leitura crítica da realidade, se constitui como um importante instrumento de resgate da cidadania e reforça o engajamento do cidadão nos movimentos sociais que lutam pela melhora da qualidade de vida e pela transformação social.

ICAE: **Em sua opinião, o que é possível ser feito nos limites de tempo do ano da campanha?**

PAULO FREIRE: Cremos ser possível criar um amplo debate junto aos diferentes setores da sociedade civil: escolas, universidades, sindicatos, e, principalmente, nos meios de comunicação de massa, envolvendo a população toda e com isso pressionar os órgãos governamentais responsáveis pela questão. Cremos ser possível, também, criar ou participar de eventos que façam um balanço e uma análise do que tem sido feito no Brasil e, principalmente, participar de eventos onde se levantem e apresentem propostas para a diminuição do problema. Em nome da Prefeitura Municipal de São Paulo, pretendemos, em 1990, dar início ao Movimento de Alfabetização de São Paulo (Mova), junto com os grupos populares que já desenvolvem trabalhos de alfabetização e junto com outros setores, como as igrejas e universidades que venham a se unir a esse esforço de criar 2 mil núcleos de alfabetização atendendo a mais de 60 mil pessoas. Assim sendo, definimos os seguintes objetivos gerais para o projeto de Movimento de Alfabetização do município de São Paulo:

1) Reforçar e ampliar o trabalho dos grupos populares que já trabalham com alfabetização de adultos na periferia da cidade;
2) Desenvolver um processo de alfabetização que possibilite aos educandos uma leitura crítica da realidade;
3) Contribuir para o desenvolvimento da consciência política dos educandos e dos educadores envolvidos;
4) Reforçar o incentivo à participação popular e à luta pelos direitos sociais do cidadão, ressaltando o direito básico à educação pública e popular.

ICAE: Como os alfabetizandos deveriam ser envolvidos na campanha?

PAULO FREIRE: Sendo ouvidos nas suas expectativas, apresentando propostas, avaliando as experiências existentes (oficiais ou não). Nesse sentido, é de fundamental importância que os diversos setores – universidades, sindicato e, principalmente, a imprensa – abram espaços, criem canais para que os alfabetizandos possam se expressar. Acho que deveria ser uma das principais preocupações e iniciativas durante o ano da campanha, visto que até hoje na maioria dos eventos sobre alfabetização têm participado apenas alfabetizadores e educadores. Acredito que está na hora de os alfabetizandos tomarem a palavra.

Icae: Que função o Icae pode ter no movimento de alfabetização?

Paulo Freire: Acredito que o Icae deve exercer sobretudo a função de estimular e incentivar ações amplas e unitárias nos países em torno da questão da alfabetização. Além disso, ele pode contribuir na sistematização e socialização das diversas iniciativas, contribuindo assim para um fecundo processo de intercâmbio entre os diversos países.

Icae: O que o senhor poderia dizer, pensando em um milhão de pessoas que não podem ler e escrever, no sentido da importância da alfabetização para motivá-los a se alfabetizarem? Em outras palavras: como o fato de ler e escrever pode contribuir para que eles tenham moradia, comida, trabalho?

Paulo Freire: O analfabeto, principalmente o que vive nas grandes cidades, sabe, mais do que ninguém, qual a importância de saber ler e escrever para a sua vida como um todo. No entanto, não podemos alimentar a ilusão de que o fato de saber ler e escrever, por si só, vá contribuir para alterar as condições de moradia, comida e mesmo de trabalho.

Essas condições só vão ser alteradas pelas lutas coletivas dos trabalhadores por mudanças estruturais da sociedade.

Para finalizar, acho que seria importante, durante todo o trabalho do Ano Internacional da Alfabetização, insistirmos e lutarmos para que este grande esforço tenha *continuidade* no tempo e na luta pela construção de uma educação pública e popular.

10
Paulo Freire[28]

"Não há sistemas educacionais neutros. Para mim, é impossível pensar em educação sem considerar a questão do poder", diz o secretário de Educação de São Paulo e autor do famoso *Pedagogia do oprimido*.

"Antes de ligar isso aí" – Paulo Freire me disse quando eu estava prestes a apertar o botão do gravador –, "quero conversar com você." – Pois não – respondi, enquanto tomava uma xícara de café em sua casa, em São Paulo. – "Fale-me sobre seu universo." – Olhei fixamente para ele, atordoado. Eu não esperava por essa, pensei. Comecei num lugar seguro, descrevendo vocês, nossos leitores. – "Está bem" – disse ele –, "agora, fale-me quem é você." – Eu me aventurei a ir mais fundo.

Quando peguei o avião para o Brasil, eu não imaginava nem de leve que Freire me "tocaria", mas ele o fez, literalmente e no sentido figurado. Previ apenas uma conversa animada com um homem respeitado em todo o mundo como um especialista em alfabetização. Quando Freire se

---
28. Entrevista concedida a Murray Cox, da revista *OMNI*, de Nova York, em 27/6/1990. Tradução de Marilene P. Michael.

entusiasmou, chegou para a beirada de sua cadeira, esticou o braço e tocou no meu joelho, bateu de leve em minha mão, chamou minha atenção.

E no sentido figurado? Isso é mais difícil de descrever. Quando cheguei em sua casa, olhei para o jardim, de dentro do táxi, e vi um homem delgado, de baixa estatura, vindo me receber. Ele parecia cansado, andava cautelosamente, deliberadamente, e mancava um pouco. Mas quando começou a falar, ficou claro que ele não era uma criatura frágil. Complementando sua afabilidade, talvez até alimentando-a, existe uma rara e poderosa indignação, sem ódio, amargura ou malevolência. Sente-se com Freire e você sentirá seu poder, um poder que emana do simples fato de ele ter vivido sempre como um militante de suas crenças. Em geral, não estamos acostumados com esse tipo de pessoa. Desculpem-me os que acham que um jornalista sempre deve se aproximar das pessoas de um modo distante, buscando os fatos rigorosos e frios. Freire rompe com essa atitude sem sentido.

Atualmente, Freire é um homem muito feliz. E ele diz por quê. Está feliz porque agora, com 69 anos, como secretário de Educação da cidade de São Paulo, tem a oportunidade de mudar a fisionomia do maior sistema escolar do Brasil.

Conhecido, a princípio, apenas em um pequeno círculo de radicais, Freire começou a ganhar atenção neste país no fim dos anos 1960, quando publicou *Pedagogia do oprimido*. Nesse livro, estabelece suas teorias sobre a educação e programas de alfabetização. Organizadores de comunidades, assistentes sociais, militantes da área de saúde e até ministros sorveram as palavras de Freire.

"Pedagogia" não é um manual cheio de receitas prontas, é um livro sobre como nos tornamos plenamente humanos, sobre quem devemos ser como seres humanos, que filósofos proclamam ser nossa vocação ontológica. E essa vocação não é viver passivamente em cortiços cheios de ratos do Primeiro Mundo, em favelas sem as menores condições de higiene do Terceiro Mundo ou em luxuosos condomínios absolutamente isolados de nossos irmãos mais pobres. Colocado em termos simples, os seres humanos são convocados para serem sujeitos de seu mundo. Só agindo sobre o material que nos foi dado, exatamente como um escultor cinzela o mármore, só transformando nosso mundo podemos verdadeiramente tornarmo-nos "sujeitos". Todavia, em sua maior parte, as pessoas são objetos-vítimas, oprimidas por governos e políticas sociais autoritárias, silenciosas, realmente mudas. O analfabetismo é um sintoma da opressão. Infelizmente, segundo Freire, a educação, quer em Nova Délhi, quer em Chicago, reforça a cultura do silêncio.

Nascido em 1921, no Recife, uma cidade pobre no Nordeste do Brasil, Freire conheceu de perto a pobreza e constatou como a fome afeta a capacidade de a criança aprender. Com 11 anos de idade, fez um estranho voto, isto é, estranho de um ponto de vista privilegiado. Ele mesmo o relata. Terminou seu doutorado em 1959, na Universidade do Recife, tornando-se professor de História e Filosofia da Educação na mesma universidade.

Durante esses anos, Paulo Freire desenvolveu seu programa de alfabetização. Nele, os participantes não só aprendem a ler e escrever palavras, mas também aprendem a questionar criticamente por que eles têm sido analfabetos, oprimidos, silenciosos. "Os estudantes", diz Freire, "ganham capacidade com o conhecimento que adquirem." Por outro lado, não adquirem capacidade com programas mecânicos que enfatizam as habilidades de leitura e o desenvolvimento de vocabulário.

Esses programas autoritários simplesmente treinam analfabetos para se tornarem trabalhadores complacentes, que satisfaçam as exigências do mercado. Os analfabetos tornam-se alfabetizados, mas continuam sendo os "miseráveis do mundo". Esse não é absolutamente o objeto de Freire.

Os Estados autoritários e os donos de terras agricultáveis não gostam quando os camponeses, que estão aprendendo a ler, tornam-se arrogantes, começam a falar em liberdade, usam palavras como "democracia", questionam a distribuição inadequada da propriedade e exigem sua participação no processo político. O que Freire ganhou com o sucesso de seu programa de alfabetização: em 1964, quando os agentes do poder foram ameaçados pela revolta das classes populares, uma junta militar tomou o poder e assumiu o controle do Brasil, e Freire foi detido e preso por causa de seu programa "revolucionário". Ele passou os quinze anos seguintes no exílio, voltando para sua terra natal em 1979, depois de declarada a anistia. Freire viveu no Chile e nos Estados Unidos, antes de se estabelecer em Genebra, onde trabalhou no departamento de educação do World Council of Churches (Conselho Mundial das Igrejas). Atravessou o mundo – Nicarágua, Austrália, São Tomé e Príncipe, Guiné-Bissau, Tanzânia, Portugal, Índia, Cabo Verde, México, Angola – ensinando, consultando e elaborando programas de alfabetização.

Há dois anos, a recém-eleita prefeita de São Paulo, marxista, convidou Freire para ser secretário de Educação. Essa é uma cidade surpreendente, a terceira maior do mundo. Sobrevoando São Paulo, pode-se ver, pela janela do avião, a cidade se estender até o horizonte. Do alto do Maksoud Plaza, olhei para o horizonte em todas as direções – norte, sul, leste, oeste –, é tudo cidade. Durante minha curta estadia subiu o preço das corridas de táxi e da taxa de embarque do aeroporto. Os salários são aumentados todos os meses para acompanhar o ritmo da inflação. Ao andar em qualquer quadra, você encontra todos os tipos de pessoas – europeus puros, africanos negros, índios bronzeados do Amazonas, gente muito rica, gente muito pobre. É nessa cidade que Freire está trabalhando para rever o *curriculum*, consertar os prédios danificados das escolas, achar dinheiro para pagar um salário justo para os professores, dar poderes para professores e pais e satisfazer a curiosidade das crianças.

"Muitos educadores dizem que as crianças abandonam a escola, mas isso é um subterfúgio, um conceito 'eufemístico' destinado a encobrir o fracasso do sistema. Essas crianças não deixam a escola. Elas são expulsas."

Conversei com Freire em sua casa, sentados diante de uma lareira circundada de uma série de quadros, do estilo Gertrude Stein. Muitos deles tinham títulos e assinatura de ex-alunos, trabalhadores e camponeses que tinham sido analfabetos.

Murray Cox

OMNI: O senhor se tornou secretário de Educação de São Paulo aos 67 anos, uma idade na qual a maioria das pessoas já pensa em ir diminuindo suas atividades. A decisão de aceitar esse cargo foi difícil para o senhor?

PAULO FREIRE: Eu não assumi essa secretaria com ingenuidade. Quando aceitei o convite feito pela prefeita Luiza Erundina do Partido dos Trabalhadores, eu sabia que estava diante de uma tarefa quase impossível: mudar a cara das escolas da Rede Municipal de Educação (RMEd) de São Paulo. Para mim, certamente teria sido mais fácil ficar aqui em minha casa e continuar a ler e a escrever, fazer seminários sobre educação e alfabetização. Durante toda a minha vida tenho escrito sobre educação. Durante toda a minha vida tenho criado programas de alfabetização e os pus em prática na América do Sul e na América Latina, na África, na Europa e na Austrália.

Mas eu sabia que se não aceitasse esse cargo, eu perderia o direito de continuar a escrever e a falar. Era uma questão de manter a coerência entre minhas palavras e minhas ações. Eu teria que impedir que meus livros fossem reeditados, teria que calar-me. Essa seria uma situação muito difícil de ser tolerada. Não posso viver sem escrever, sem falar, sem proclamar, sem denunciar. Eu não estaria conversando com você hoje se não tivesse aceitado o cargo de secretário de Educação. Eu decidi, eu escolhi, manter meu direito de falar.

OMNI: O senhor está satisfeito com o que conseguiu nesses anos?

PAULO FREIRE: Apesar dos obstáculos burocráticos e das dificuldades cotidianas, a oportunidade de pôr em prática pelo menos algumas de minhas ideias e sonhos de toda uma vida continua a fazer com que me sinta feliz. Tive liberdade para escolher as pessoas que iriam me ajudar, um grupo de homens e mulheres dedicados – intelectuais, educadores, trabalhadores –, com uma visão ampla sobre educação. Isso me agrada.

Omni: Quando o senhor começou efetivamente a desenvolver sua própria teoria de educação?

Paulo Freire: Trabalhei cerca de quinze anos desenvolvendo programas de alfabetização de adultos em áreas urbanas e rurais. Eu era coordenador do Projeto de Educação de Adultos do Movimento da Cultura Popular no Recife. Quando os militares tomaram o poder no Brasil, no golpe de Estado de 1964, eles me detiveram e me prenderam. Antes disso, nós formamos grupos que chamamos de círculos de cultura. Em vez de professores, tínhamos coordenadores; em vez de aulas, diálogo; em vez de alunos, participantes.

Eu queria criar um programa no qual os participantes fossem sujeitos e não receptores. Em determinada ocasião, mostramos um vaso com flores. A discussão era: o produto do trabalho do homem sobre o material da natureza. Uma mulher disse com emoção "Eu faço cultura. Eu sei fazê-la." Outra disse "Como flores, elas são natureza. Como decoração, elas são cultura." A alfabetização só tem sentido quando o alfabeto começa a refletir sobre sua posição no mundo, seu trabalho e sua habilidade para transformar o mundo. Isso é consciência. Eles descobrem que o mundo é deles e não o mundo de uma classe dominante.

Cinco pessoas totalmente analfabetas participaram de meu primeiro grupo. Elas eram fatalistas, apáticas. Durante as primeiras vinte horas de estudo, um participante escreveu "Estou surpreendido comigo mesmo". Em outro programa, um analfabeto disse "Quero ler e escrever para deixar de ser a sombra dos outros". Outro escreveu "Eu tenho a escola do mundo".

OMNI: Como é que o senhor ensina efetivamente as sílabas, as vogais, os elementos rudimentares da leitura?

PAULO FREIRE: Com o que eu chamo de palavras geradoras – favela, chuva, terreno, batuque, bicicleta. As palavras geradoras estão carregadas de emoção e sentido, expressando ansiedades, medos, necessidades, sonhos do grupo. Quinze ou dezoito palavras parecem ser suficientes para se ensinar os fonemas básicos de Português. Tomemos a palavra "tijolo". Depois de discutir todos os aspectos de um tijolo, apresentamos a palavra "tijolo". Depois ela é dividida em sílabas: ti-jo-lo. Depois disso apresentamos a família do fonema: ta-te-ti-to-tu, ja-je-ji-jo-ju, la-le-li-lo-lu. Depois de uma leitura para serem captados os sons vocais, o grupo começa a "formar" palavras: tatu, luta, loja, jato, e assim por diante. Alguns alunos pegam a vogal de uma sílaba, ligam-na a outra sílaba, acrescentam uma terceira e formam uma palavra. Um analfabeto, na primeira noite, disse: "Tu já lê". Num dos círculos de cultura, um participante escreveu no quadro-negro, no quinto dia: O POVO VAI RESOLVER OS PROBLEMAS DO BRASIL VOTANDO CONSCIENTE. Como se pode explicar que um homem analfabeto até alguns dias antes pudesse escrever palavras com fonemas complexos?

Vou lhe dar mais um exemplo. Numa pequena comunidade de pescadores, Monte Mario (África), os participantes tiveram como palavra geradora o termo "bonito", que também é o nome de um peixe. Como codificação eles tinham desenhado uma vila com casas, barcos de pesca e um homem levantando um bonito. De uma só vez, quatro deles se levantaram e se dirigiram para a parede onde o desenho estava pendurado. Eles olharam atentamente para ele, foram até a janela e disseram: "Isso é Monte Mario e nós não sabíamos." Era como se eles estivessem emergindo de seu mundo para entendê-lo pela primeira vez. Os educandos são capacitados pelo fato de saberem que são educandos. Não é a simples aquisição da habilidade de ler e escrever que os torna capazes. Um camponês, depois de algumas aulas de alfabetização, levantou-se e disse "Antes nós não sabíamos que sabíamos. Agora nós sabemos que sabemos. Porque hoje sabemos que nós sabemos, podemos saber cada vez mais."

OMNI: Quem foram seus mentores?

PAULO FREIRE: Cristo foi um dos maiores educadores e professores; ele me influenciou como pedagogo. Não estou refletindo sobre a dimensão transcendental de Cristo. Eu o estou vendo como um homem. Havia coerência entre suas palavras e ações. E Cristo amou. Bem, Cristo levou-me a Marx, mas eu nunca me neguei o direito de questionar a ambos. As palavras dos que você admira e ama não podem ser engolidas, aceitas inquestionavelmente. Marx me entusiasmou. Marx me deu os instrumentos para entender as contradições da sociedade. Marx me fez sentir livre para tornar-me indignado e permitiu-me entender a indignação de Cristo quando ele expulsou os cobradores de impostos do templo. As ideias de Sartre, Eric Fromm, Louis Althusser, Mao, Martin Luther King, Che Guevara influenciaram-me, assim como os livros de Frantz Fanon, particularmente "The Wretched of the Earth" (*Os condenados da Terra*).

Omni: Quais são alguns dos maiores problemas de São Paulo?

Paulo Freire: São Paulo é um exemplo fantástico de contradições sociais. É, ao mesmo tempo, uma cidade rica do Primeiro Mundo e uma cidade pobre do Terceiro Mundo. Na periferia, onde a maioria de nossas escolas estão localizadas, há muita miséria, dominação, exploração! Você perguntou sobre obstáculos? Qualquer educador que aceite a responsabilidade de dirigir um sistema escolar neste ou em qualquer outro país enfrenta enormes desigualdades. O Brasil está chegando ao fim do século XX com 8 milhões de crianças pobres, de 7 a 14 anos, fora da escola. E crianças menores, de 4 a 7 anos, que deveriam estar na pré-escola, também sem escolas para atendê-las.

Omni: Isso para não se falar das crianças que abandonaram a escola.

Paulo Freire: Ou aquelas que são expulsas. Milhares de crianças da classe trabalhadora são expulsas entre o primeiro e o segundo ano da escola primária, porque não aprendem a ler e a escrever. Muitas são expulsas depois, na quinta ou sexta séries, por fracassar em Matemática, História ou Geografia. Muitos educadores dizem que essas crianças abandonam a escola, mas isso é uma evasiva, um conceito "eufemístico" para encobrir a falha do sistema. As crianças não abandonam a escola. Elas são expulsas. Nós falhamos com elas, mas nunca, nunca falamos sobre nossas falhas. Ou perguntamos: Quando traremos essas crianças de volta para a escola? Essa é uma questão política. Para resolver nossos problemas educacionais, temos que tomar decisões políticas.

OMNI: Uma grande parte dos educadores nos Estados Unidos criticou a afirmação de que a educação está ligada à política.

PAULO FREIRE: Sim, sim, eu sei. Mas, da mesma forma que não há administrações municipais ou estaduais neutras, também não há sistemas educacionais neutros. É impossível, para mim, pensar sobre educação sem considerar a questão do poder, sem perguntar: em benefício de quem ou do que promovemos a educação? Nos Estados Unidos, é preciso negar-se a natureza política da educação para criar-se a aparência superficial de que a educação serve a todos. Porém, quanto mais você nega a dimensão política da educação, mais você pressupõe a condição moral em potencial de culpar as vítimas – os que abandonam a escola devem ser censurados. E eles, em sua maior parte, pertencem a grupos "minoritários".

Ironicamente, a "minoria" a que vocês se referem no contexto da educação dos Estados Unidos é, na verdade, a "maioria" que se encontra fora da esfera do domínio político e econômico. Talvez saiam tantas pessoas analfabetas de seus sistemas escolares porque elas estão resistindo, se recusando a ler o mundo do modo que lhes está sendo ensinado. Embora alguns educadores dos Estados Unidos estejam desejosos de descrever uma possível correlação entre as altas taxas de evasão e a baixa origem socioeconômica dos alunos, eles não conseguem estabelecer ligações políticas e ideológicas em qualquer de suas análises. Quando os que elaboram o *curriculum* deixam de incorporar nele os valores dos "grupos" minoritários, quando se recusam a aceitar e legitimar a linguagem dos alunos, sua atitude resulta na inflexibilidade, na insensibilidade e na rigidez de um *curriculum* criado para beneficiar os que o fizeram.

Omni: O senhor vem encontrando outros obstáculos?

Paulo Freire: Durante meu primeiro ano, eu me concentrei nos prédios das escolas. Nós temos o maior sistema escolar do Brasil – 654 escolas. Dessas, 390 necessitavam de grandes reparos imediatamente. Telhados estavam desabando. Havia fiações elétricas expostas, refluxo de esgotos, ratos ameaçadores, isso para não se falar que faltava até giz. Eu corria o risco de ter que fechar 55 escolas imediatamente. Fechei cinco, aproximadamente. Se 55 beiravam a calamidade, isso não significa que o resto delas estivesse em ótimas condições.

Às vezes eu acho que o Brasil é um país de inaugurações e celebrações. Depois que celebramos a inauguração de um novo prédio, esquecemo-nos dele imediatamente e em cinco anos ele está desmoronando. E lutamos o tempo todo contra uma burocracia colonial. É uma contradição absoluta: um país tentando se modernizar com uma burocracia colonial. É uma lástima. Pode levar até um mês, só para se conseguir a aprovação para se iniciar os consertos.

Necessitamos de 456 novas escolas para atender à demanda de salas de aula. No primeiro ano da minha administração, as matrículas aumentaram 6,39%, desde a pré-escola até o 2º grau. Temos usado espaços alternativos como salas de aula: prédios de associações, sindicatos, igrejas, centros comunitários. Também conseguimos iniciar 960 novas salas de aula para educação de jovens e adultos.

Omni: O senhor já teve tempo para começar a examinar o *curriculum*?

Paulo Freire: Antes mesmo de assumir este cargo, eu já tinha começado a trabalhar nisso. Convidei um dos melhores especialistas brasileiros em *curriculum*, uma professora da Universidade Católica, para ajudar a fazer um novo *curriculum*. Nós nos reunimos com físicos, matemáticos, biólogos, sociólogos, filósofos, professores de educação artística – cerca de cem profissionais. Discutimos teorias do conhecimento e educação, ética e educação, sexualidade e educação, Direitos Humanos e educação, classe social e educação, linguagem e educação, ideologia e educação. Nosso sonho é que essa equipe se reúna com os 30 mil professores da RME. Também estamos fazendo reuniões com diretores, supervisores, nutricionistas, líderes comunitários e pais. A Secretaria de Educação preparou um programa de televisão no qual eu me dirigi às escolas. Durante esse programa, pedi aos alunos que me dissessem o que gostariam que fosse mudado, para conhecer e compartilhar de suas aspirações. Recebemos 20 mil respostas.

Omni: A maioria dos professores não acha que o senhor é muito idealista quando fala de professores e alunos como participantes iguais num processo dialógico?

Paulo Freire: Onde o senhor começa a combater o conceito bancário da educação – abrir a cabeça, inserir os fatos? Como o senhor capacita professores e alunos? Eu não posso decretar hoje: "As escolas de São Paulo são democráticas." Nós começamos criando Conselhos em cada escola, responsáveis pela vida dessas escolas. Alguns Conselhos simplesmente se apoderaram da autoridade do diretor e eles mesmos se tornaram autoritários. Essa não é a solução. Em outros casos, diretores e Conselhos estão travando uma luta pelo poder – e nada é realizado. Mas alguns estão trabalhando com o diretor, criando uma atmosfera mais democrática, discutindo seus problemas, sejam referentes ao seu prédio, à disciplina, ou ao *curriculum*. Eu quero mandar fazer um videoteipe das sessões dos Conselhos bem-sucedidos – eles ainda são minoria – para mostrar aos outros o que acontece quando o poder é distribuído igualmente.

Omni: Então o senhor espera criar um ambiente disciplinado, mas criativo e curioso? O senhor falou sobre "a castração da curiosidade."

Paulo Freire: As crianças começam a vida como seres curiosos. Elas fazem perguntas constantemente. Depois elas vão para a escola e as escolas começam a matar lentamente sua capacidade de ser curiosa. Um maravilhoso capítulo da vida da criança, iniciado na infância, é encerrado. Seu fim começa assim que ela pisa na sala de aula, especialmente se a criança é considerada "minoria". Hoje em dia, a questão que enfrentamos é como se usar a curiosidade como um instrumento fundamental no processo de aprendizagem.

Omni: O Aspira, um grupo de advocacia hispânico de Nova York, relata que nas escolas dos Estados Unidos os hispano-americanos recebem a seguinte mensagem: "Sua cultura não é boa, sua língua fede; você tem que se amoldar à nossa cultura." E a Comissão dos Negros de Nova York tornou pública a afirmação de que "muitos estudantes negros, ao se confrontarem com um sistema educacional que desvaloriza sua cultura e que não acredita que eles possam ser bem-sucedidos, têm optado por abandonar o sistema". A taxa de evasão do ensino de 2º grau dos negros, dos nascidos no Alasca, dos índios americanos e dos hispano-americanos é de cerca de 35%. Essa é uma porcentagem alarmante.

Paulo Freire: Digo para mim mesmo: como isso pode ser possível em uma sociedade moderna como a de vocês? É uma tragédia, não? Essas taxas de evasão não serão um exemplo de uma imensa contradição na sua sociedade? Ninguém parece perceber que estamos trabalhando contra as crianças, contra a possibilidade de que elas venham a aprender e, aprendendo, acreditem em si mesmas. É interessante considerar-se a expulsão como um triunfo, não como um fracasso, do aluno. Se os alunos são reprimidos constantemente, se as escolas negam sua experiência cotidiana de vida, sua linguagem e cultura, eles resistem recusando-se a aprender a palavra do professor, o *curriculum*, a cultura mais ampla. Em certo sentido, eles estão reafirmando suas próprias palavras e percepções da vida.

Omni: Também temos uma crise de analfabetismo nos Estados Unidos; cerca de 60 milhões de americanos são analfabetos ou funcionalmente analfabetos. E os Estados Unidos estão em 49º lugar entre os 128 países das Nações Unidas em termos de alfabetização. O ex-ministro da Educação William J. Bennett disse, conforme está registrado, que só o inglês "assegurará que as escolas municipais (locais) tenham sucesso em ensinar Inglês aos alunos que não falam inglês, de modo que eles venham a ter acesso às oportunidades da sociedade americana".

Paulo Freire: Sim, sim. Mas se só o conhecimento do Inglês basta para garantir o futuro melhor às minorias linguísticas, como Bennett promete, por que a maioria dos americanos negros, cujos ancestrais vêm falando inglês há mais de duzentos anos, ainda se encontra relegada a guetos? Não sou americano e não sou eu que vou direcionar os problemas de vocês. Porém, eu posso falar sobre a escola com que sonho.

Como educadores, não devemos nunca esquecer que a classe popular tem um código linguístico e uma sintaxe diferentes da classe dominante. Tomemos o inglês dos negros. O código linguístico dos americanos negros reflete sua realidade, sua experiência viva na história: o sentido da alienação cotidiana, a luta para sobreviver às condições de vida abaixo do normal, a cultura da droga. Os educadores precisam entender como dialetos diferentes codificam visões diferentes do mundo.

Omni: Como educador, em que ponto o senhor começa a ensinar a linguagem padrão? Ou isso não é importante?

Paulo Freire: Sou continuamente mal compreendido em relação a esse assunto. Sou contra permitir-se que uma criança carente saia sem conhecer a linguagem padrão, o chamado Português "correto". Tenho sido acusado de negar às crianças o acesso aos padrões adequados e de ignorar erros gramaticais. Isso não é verdade. Mas eu tenho respeito pela cultura e pela linguagem popular. O chamado "erro", em linguagem, é apenas um breve momento na busca da linguagem correta. Todavia, cada vez que o professor destaca o erro, geralmente com tinta vermelha, ele passa a mensagem: você não sabe nada; você não sabe falar nem escrever. A criança consequentemente internaliza a mensagem, porque somos animais falantes. Só através da apropriação total da linguagem padrão dominante é que os estudantes se tornam capacitados e começam a entender a natureza opressiva de sua sociedade. Quando conhecem a linguagem padrão, eles podem tomar parte no diálogo da sociedade mais ampla – e desafiá-la.

OMNI: Algum evento, ou alguma série de eventos, influenciou o trabalho de toda sua vida de modo crucial?

PAULO FREIRE: Quando o "crash" do mercado de ações de 1929 começou a afetar a economia do Brasil, muitas vezes minha família não tinha comida suficiente. Eu me atrasei na escola. Antes disso, minha família estava entre a classe trabalhadora e a classe média. Eu tinha amigos que comiam menos que eu e usavam roupas mais gastas que as minhas. Eu também tinha amigos que comiam mais e se vestiam melhor que eu. Essa experiência, o fato de ver dos dois lados da cerca, me causou um profundo impacto. Descobri que havia algo basicamente errado na organização da sociedade. Ainda me lembro de perguntar como era possível que Deus quisesse que alguns fossem pobres e outros, ricos. Deus era bom, ensinara-me minha mãe, uma mulher com a rígida ética de uma católica devota. Então eu concluí que nem Deus, nem o destino, podiam ser responsáveis pelas divisões da sociedade, embora eu não pudesse encontrar nenhuma explicação satisfatória. Com 11 anos de idade eu prometi a mim mesmo fazer alguma coisa para diminuir a fome no mundo.

Um dia, meus irmãos e eu pegamos uma galinha do vizinho que estava em nosso quintal e a matamos. Minha mãe ouviu os cacarejos desesperados da galinha e veio correndo.

Eu esperava que ela fosse nos castigar, mandar-nos devolver a galinha para o vizinho e pedir-lhe desculpas. Mas ela pegou a galinha, foi para a cozinha e nós a comemos. Um belo almoço! Ela era muito realista. Esqueci o incidente e só voltei a lembrar-me disso depois que ela morreu. Porém, muitas vezes fico pensando no violento conflito que ela teve que enfrentar enquanto ficou ali parada olhando para a galinha já morta, depois para nós, decidindo se devia devolvê-la ou alimentar-nos.

Outro acontecimento importante foi o dia em que minha mãe, depois de muito procurar uma escola onde eu pudesse estudar sem pagar, disse: "Meu filho, encontrei um homem que vai abrir as portas de sua escola para você. Ele impôs uma condição: que você goste de estudar." Quando esse homem permitiu que eu entrasse em sua escola particular, uma das melhores do Recife, sem conhecer minha mãe, ele demonstrou o que significa amar o próximo e mostrou-me a importância de se ajudar os outros. Eu nunca acreditei na afirmação "Eu me fiz sozinho". O homem feito por si só não existe. Nas esquinas das ruas onde vive esse homem há muitas pessoas escondidas. Eu acabei lecionando nessa mesma escola. Depois que minha primeira mulher faleceu, eu me casei com a filha do homem que abriu suas portas para mim.

OMNI: O senhor sonha com um mundo diferente. Como ele é?

PAULO FREIRE: Meu sonho é uma sociedade na qual pronunciar a "palavra" é engajar-se na decisão para transformar o mundo. Hoje a maioria das pessoas é silenciosa. Por que elas têm que silenciar sua discussão, sua dissensão? Quando são chamados para ler, por que têm que ler só o discurso dominante? De minha infância ao meu exílio, de meu exílio até minha volta, eu procurei uma educação que defenda a liberdade e é contra a exploração das classes populares, a perversidade das estruturas sociais, o silêncio imposto ao pobre – sempre ajudado por uma educação autoritária. Eu tenho perseguido uma pedagogia da indignação. Porque meu compromisso é com um futuro que seja construído na mudança do presente, eu aprendi a me manter curioso.

OMNI: O senhor acha que estamos testemunhando o "fracasso do comunismo"?

PAULO FREIRE: Em momentos de grandes sublevações históricas, é difícil entender-se com clareza o que está acontecendo realmente. Para mim, as pessoas da Europa Ocidental estão rejeitando o autoritarismo. Elas não estão necessariamente trocando o projeto socialista pelo projeto capitalista. Estão rejeitando os extremos socialistas. As pessoas estão se mantendo unidas e dizendo "não" à negação da subjetividade. É uma reafirmação coletiva do ego, do meu ego, do seu ego, de nós. As pessoas estão dizendo "não" àqueles que as vêm privando de seu direito de pensar, de questionar, de serem sujeitos de sua própria história – de serem curiosas.

Realmente não estou interessado em vaticinar qual projeto político vencerá. Estive na Alemanha Oriental na década de 1970 e me neguei a aproveitar a oportunidade de visitar qualquer escola. *Pedagogia do oprimido* fora banida. Hoje tenho certeza de que eles o estão lendo. Dois meses atrás eu falei no Japão e um jovem da União Soviética aproximou-se e me disse: "Professor, é um prazer finalmente poder conhecê-lo. Atualmente não só estamos lendo seus livros, como também estamos usando suas ideias." As modificações iniciadas por Gorbachev significam que agora ele prefere o capitalismo?! Eu não acho isso. Mas Gorbachev sabe que um sistema político não pode ficar no poder para sempre. Sem liberdade é impossível arriscar-se. Sem arriscar-se é impossível criar-se. Os americanos têm preconceito em relação a qualquer projeto que se assemelhe ao marxismo ou ao socialismo, ainda que vagamente. Diante das mudanças que estão ocorrendo atualmente na Europa Oriental ou na União Soviética, os americanos proclamam: fracasso do comunismo, fracasso do socialismo. Talvez nesse processo eles encontrem em sua democracia algumas áreas onde a liberdade não existe. Sessenta milhões de pessoas funcionalmente analfabetas significam que alguma coisa está errada.

11

Paulo Freire contra seu próprio medo[29]

Paulo Freire: Para iniciar nossa reflexão e troca de ideias, quero apresentar um primeiro tema; esse tema é, especificamente, um convite. Estou falando do convite da prefeita Erundina para que eu aceitasse um cargo na Secretaria de Educação.

Posso lhes dizer que me senti um tanto quanto surpreso; por um lado, a experiência como secretário de Educação deveria ser algo muito agradável; por outro, confesso que me senti assustado, senti certo temor em relação a esse cargo. Comentei isso com minha esposa, pedi a ela que reunisse meus filhos e minhas filhas para que pudéssemos discutir com eles também meu posicionamento. E comentei com eles esta sensação dupla: sentia-me fascinado pelo convite e, às vezes, com medo dele.

Em certo momento, ao refletir, dei-me conta de que meu susto tinha relação com uma postura individual, diria individualista, medo de me expor, era o medo de colocar na esfera pública um nome e uma trajetória.

---

29. Participação de Paulo Freire e Luiza Erundina, então prefeita de São Paulo, em um dos Seminários Avançados de Educação realizado na Unicamp em 5/4/1989. Entrevista concedida a Ana Campeleoni e Carina Gutierrez, do periódico uruguaio *Raices*. Tradução de Ana Luiza Libânio.

Era certo temor de expor um perfil que eu mesmo havia construído. Talvez o medo de ter que interromper uma carreira de pensador e intelectual comprometido com certas prioridades, tanto na prática quanto na teoria.

Quando me dei conta disso, posicionei-me contra meu próprio medo.

Refleti da seguinte forma: caramba, se eu perder esse perfil, se eu comprometer essa trajetória... Teria sido bem merecido... Ou se não, eu teria que aprender melhor sobre poder, aprender melhor o que é a ideologia e todas as instâncias da vida social e política.

Pois bem... Quando considerei que ESSE tipo de desconfiança não correspondia a uma forma sensata de proceder, dei mais um passo na direção de uma resposta afirmativa para o convite, para trabalhar junto à Administração Pública DESSE governo eleito em novembro de 1988. Vejam como as coisas se completam: eu já estava refletindo acerca de como fazer para contrariar o individualismo, quero dizer, eu não estaria nem administraria sozinho. E mais: eu estava refletindo sobre a responsabilidade política de aceitar um cargo de secretário; ou seja, partindo de minha condição de homem político, militante de um determinado partido, com mais de 60 anos de idade e refazendo minha vida com a segunda esposa, entenda-me, um conjunto de elementos individuais, familiares e sociais de minha própria história se organizavam. Tentei refletir sobre uma possível continuidade entre minha prática de vida anterior com minha prática atual e para 1989.

Bem, dentro desse panorama, apresento agora alguns detalhes. O primeiro refere-se a um aspecto de minha postura individual e profissional: durante toda minha vida, fui contra posicionamentos elitistas na educação. Vejam que depois, nos seminários seguintes, poderemos voltar ao tema do elitismo na educação brasileira; voltaremos a tocar nesse assunto com elementos de meu cargo de secretário e com o cargo de cada um de vocês que, como profissionais, foram convidados pela administração pública.

Pois bem, meu posicionamento crítico a respeito da educação, para que ela fosse diferente, tivesse outra cara, quando sou convidado por essa administração popular que me diz: "aqui está, Paulo Freire, um pedagogo de poder, exercite-o dentro dos parâmetros dessa administração popular..."

Eu me perguntava se poderia dizer "NÃO" a esse convite.

Dizer não a esse convite seria negar-me a participar de um pedaço do poder, seria não contribuir para que o exercício desse poder aumentasse no Brasil o significado importante DESSE tipo de administração. Ou seja, eu teria todas as chances de concretizar meus posicionamentos em relação à educação, alimentando assim uma antiga luta minha.

Para dizer "não" e ficar tranquilo comigo mesmo, eu teria que tirar meus livros de circulação, teria que abandonar minha prática docente e ficar isolado, quieto, em casa.

Como gosto de mergulhar na coerência e fazê-la emergir em meus compromissos, eu deveria aceitar. Assumir com consciência de minhas limitações, conhecendo meu alcance e minha capacidade, sem medo de assumi-los, sabendo dos limites de minha capacidade. A isso dou o nome de humildade.

LUIZA ERUNDINA: Em alguns pontos, compartilho com você, Paulo, suas reflexões. Você se referia ao temor, ao medo, e eu me identificava com você ao assumir o cargo na gestão pública, convidada por um partido cujas propostas e exigências são bem definidas a partir das prioridades populares.

Ter que considerar a importância histórica de haver hoje administrações petistas no país pesou nessa decisão.

Enquanto você falava de sua reação, lembrei-me de um texto seu no qual falou sobre a ousadia e a covardia. Por um lado, está a vontade de enfrentar esse desafio que representa ESSA forma de administração; por outro, e justamente devido ao posicionamento que defendemos, sentia-me pequena diante de tão grande desafio. Inclusive pensei "quem sabe, talvez, uma outra pessoa"? Eu ficaria como assessora, mantendo-me em minha zona da Unicamp, ajudando e mobilizando.

Todo esse peso em uma difícil decisão: como você, consultei marido e filhas, quem eu sacrifico em termos de tempo e atenção. E consegui que eles entendessem que estavam assumindo comigo. Gosto de ouvir você falar, escutar que existe um grupo muito grande de pessoas que estão aqui e passarão pela mesma situação.

Eu gostaria de destacar um tema em sua fala. Você perguntou: "Será tudo isso uma ilusão?" É um tema sobre o qual voltaremos a falar.

As pessoas se perguntam isso, o que implica certas nuances, certas concepções da realidade, é um ponto necessário para a análise, para a conversa.

A fim de aprofundar nossa compreensão da revolução, retomaremos essa temática que você expôs. Ou seja, encaminhar nossa reflexão sobre "se vale a pena" nosso compromisso com ESSA administração é um bom começo para elaborar uma teoria melhor sobre o exercício do governo que se prepara, facilita a revolução dos procedimentos culturais, educativos.

Também compartilho com você, Paulo, essa desconfiança medrosa.

Fui convidada pela administração eleita em minha cidade, e não sendo concretamente uma petista nos anos anteriores a essa gestão, com frequência tenho esse medo, talvez maior em termos de responsabilidade assumida. Sinto-me aliviada quando te ouço e escuto seus comentários acerca de como assumiram os cargos, eu me reencontro. Convivo melhor com minhas tensões e preocupações acerca da responsabilidade assumida.

No começo, quando ganhamos as eleições, pensava que teríamos poder para realizar as coisas. Agora compreendo mais a fundo que não temos esse poder de "fazer as coisas", as burocracias existem, muitas vezes estamos com a palavra, vemos onde está a prioridade e não podemos gastar com a urgência do caso.

Outro tema, também muito comentado, as pessoas andam dizendo "agora o PT passa de oposição crítica para posição de poder."

E para dizer a verdade, não me agrada nada estar nessa posição.

PAULO FREIRE: Um parênteses em sua reflexão: sobre o último comentário, quando disse que agora o PT assume posição de poder. Vejam, meus amigos, essa expressão nos mostra uma concepção de governo, nos mostra uma ideia do que é oposição. Pergunto-me o seguinte: o fato de meus posicionamentos me colocarem em oposição a algo ou a alguém primeiro não me transforma, o fato de assumir uma responsabilidade em uma parte do poder não me transforma no poder, nem me nega a possibilidade de fazer oposição. Podemos fazer uma reflexão melhor, compreender melhor, compreender melhor a responsabilidade de fazer a crítica necessária, fazer, portanto, oposição a certos posicionamentos. Estamos vivendo um momento histórico em que se dá, mais do que em outros momentos, o conflito entre as posições sociais. Quero dizer o seguinte: quando o PT assumiu algumas prefeituras, essas prefeituras provocaram (em diferentes graus) uma agitação muito grande na imprensa. Essa agitação na imprensa, agora, mais do que nunca, é o que chamo "expressão dos conflitos entre os interesses de classe". Por exemplo, a imprensa de São Paulo assumiu hoje os interesses das classes dominantes contrárias às administrações populares, por isso eles caem em cima das administrações populares, que então passam a ser o poder. Vitrine, quer dizer, distração para os inoportunos das classes dominantes que (incapazes de fazer uma crítica e trabalhar em conjunto) sabem unicamente criticar sem fundamento. Pode-se formular o tema exposto da seguinte maneira: como posso melhorar minha capacidade política para ganhar mais espaço na luta na qual me engajei. Devo compreender isso. Não somente ficar com raiva, porque às vezes fico, mas sim alcançar um nível de sabedoria no qual essa obviedade não me espante: é autológico, é normal que as classes dominantes se distraiam com essas atitudes falsas, e que vendam essa imagem. Corresponde, em parte, à antiga imagem que as classes dominantes têm nos vendido. Falam do sacrifício do poder, do peso que pessoas desinteressadas assumem, sacrificando-se pelo bem comum. É contra essa simplificação que eu me oponho, ou seja, a política é muito mais complexa que o resumo que as classes dominantes elaboram sobre ela.

Luiza Erundina: Estou elaborando meus pensamentos, Paulo, sobre o ocorrido no período em que você assumiu e começou a trabalhar como secretário. Eu me perguntava se uma pessoa investida em tal cargo não ficaria pesada, como um rinoceronte burocratizado. Refletia sobre a qualidade de uma pessoa, superior a seu cargo e papel, se refletir no fato de aceitar um cargo e se dificultaria seu nível de expressão e de criação.

Paulo Freire: Respondendo a seu comentário, digo que muitos amigos, até alguns familiares expressaram esse medo. Temiam que a coisa degenerasse. Temiam algo que ocorre quando, por exemplo, a *Folha de S.Paulo* publica grandes manchetes dizendo que o secretário Freire é quase estúpido, que não conecta quatro frases seguidas. Temiam por esse detalhe que marca o nome Paulo Freire. Seu medo mostra consideração, revela afeto e me sinto comovido. Vou me esforçar ao máximo para seguir criando e exprimindo minhas opções de vida.

Luiza Erundina: Adiciono algo, Paulo? Ao que disse, quando me dou conta de que existem muitos amigos, muitos profissionais que estão apoiando para que as coisas terminem bem, entenda que minhas carências serão atendidas pelo apoio desse tipo de gente, pessoas que se arriscam para fazer as coisas acontecerem.

Paulo Freire: No entanto, onde a *Folha de S.Paulo* irritou foi no tema da ética da administração. Por exemplo, Magdalena, minha filha, é uma das grandes pedagogas deste país. Ela mora em São Paulo. Sendo assim, ela nos ajuda em alguns aspectos, não a contratarei. Não será funcionária nomeada pelo secretário Paulo Freire.

Luiza Erundina: Talvez, Paulo, por esse ângulo de sua reflexão, seria menos problemática a nomeação dessa pessoa, reconhecida como competente e necessária, seria uma nomeação feita pelo partido; ou seja, todos os organismos do partido seriam consultados, o currículo profissional seria encaminhado para apreciação, e se fosse aprovada por todos os organismos (através da direção) ela seria nomeada a determinado cargo. Não seria uma nomeação da administração, mas sim da direção do partido que foi eleito para administrar. Talvez, Paulo, seja um caminho menos problemático e bastante profissional para não criar dificuldades éticas para um secretário.

Paulo Freire: Ressalto que há alguns dias almocei com uma professora secretária de Educação. Ela disse que tinha grandes dificuldades nas seis escolas de seu município. Eu sorri, pensando nas seiscentas escolas de São Paulo. Para seguir com nossa reflexão, digo que por um lado há um déficit quantitativo muito grande, e por outro lado há um déficit qualitativo também grande. Esses déficits se apresentam em todas as escolas, seja no município que for. Avançando no tema desses dois déficits, é importante recordar que estamos diante de um problema político que tem seus aspectos técnicos a serem estudados. Por isso mesmo, a pessoa que assume uma secretaria não assume cargos por si mesma; quem assume com a pessoa é um conjunto partidário. É uma decisão política tomada em grupo. Por isso, às vezes, entendemos que uma pessoa que reconhecemos como séria, que reconhecemos como docente, assume cargos e aceita posições menos sérias e menos decentes que ela mesma. Recordo o caso do ministro Portela, aquele que um dia descobriu que *era* ministro.

É o caso em que uma situação e um conjunto de elementos político-partidários assumiram uma gestão e nomearam algumas pessoas, tais pessoas sendo honestas (sem serem revolucionárias) correram o risco de desconhecerem-se no desdobramento de seus atos. Ou seja, o fulano que aceita um cargo deve se lembrar (para permanecer sério e decente) de que deve estar rodeado no conjunto por grupos também sérios e também decentes.

No nosso caso, o PT, na administração, pretendendo de maneira honesta revolucionar as condições da educação junto com os grupos realmente competentes para essa transformação se viabilizar politicamente. O que dizia antes, sobre ser competente o suficiente para aumentar os espaços para concretizar ESSA proposta, DESTA administração. Será necessário ter perspicácia para juntar-se melhor e na política administrar o problema dos dois déficits que mencionei.

Lembro o exemplo de Leonel Brizola, que, sem pretender ser um revolucionário, desejava enfrentar os déficits da educação, rodeou-se de técnicos suficientemente competentes e viabilizou situações para enfrentar os déficits, mas, vale lembrar, essas inteligências técnicas são precedidas da decisão política de orientar dessa ou daquela maneira.

Então, se decidirem, digamos, enfrentar o déficit e encontrar forma de superá-lo, em relação à quantidade de espaço escolar para os estudantes populares, estarão necessariamente expondo (em médio prazo) a questão qualitativa; os pais e as mães das crianças que têm acesso às escolas estão mais exigentes; crianças com mais acesso e mais frequência ao processo educativo são crianças mais exigentes, todos necessitam de uma escola de qualidade melhor.

Luiza Erundina: Paulo, com relação ao que está dizendo, aceito que seja um tema geral, de nível nacional. O município de Campinas, que foi considerado um dos melhores do Brasil em termos de urbanização, oferece-nos a pauta sobre a situação desses aspectos: qualidade e quantidade de educação na escola. Meninos e meninas que tiveram acesso a uma escola, cujo período de assistência não é índice indicador. A permanência dessa criatura é o que nos indica se a qualidade e a quantidade concordam com a necessidade infantil. Pois se essa criatura entrou na escola e depois saiu sentindo-se culpada de meu fracasso, então essa combinação qualidade-quantidade não anda bem.

Esse desafio acontece em Campinas, na região 7, na zona mais trabalhadora, formada pela emigração sofrida, nessa região a evasão escolar alcança 92,5% (sic). Dados relacionados à matrícula de primeira a oitava série.

Paulo Freire: Eu diria que esse é um momento dramático da experiência educativa de uma classe social. Para tornar séria uma administração popular, é fundamental resolver essa inabilidade que sistematicamente criam para a classe trabalhadora. Certa ideologia liberal ultimamente concorda em instituir a chamada inabilidade sistemática. Ou seja, uma criança passa de ano automaticamente, do primeiro para o segundo ano, sem avaliar seu aprendizado. Essa criança mostra em casa sua vitória de ter passado de ano, mas no próximo período, do segundo ao terceiro, aparecem os problemas e massivamente repetem de ano.

Essa avaliação camuflada em um período aparece como incapacidade em outro. Esse tema deve ser enfrentado. Precisamos melhorar a capacitação para o ensino e a aprendizagem nos primeiros anos de vida escolar (nisso teremos a contribuição de Emília Ferrero) para que essas criaturas desenvolvam certa disciplina na educação, criem certo hábito escolar e cultura; assim, elas mesmas não abandonarão os estudos.

    Talvez já tenham ouvido sobre esse tema, já repeti isto muitas vezes, na cidade de São Paulo: conservação de edifícios. Às vezes, parece-me que esse é um país de inaugurações, inaugura-se com total ênfase, mas não se conserva; em minha secretaria, cerca de 60% dos edifícios escolares estão precisando de manutenção urgente. Isso é resultado do abuso e da má administração da propriedade pública. Há cerca de cinquenta escolas que teriam que ser reconstruídas, outras tantas onde as aulas estão suspensas por motivo de infestação por piolho. Houve escolas que inauguraram sem ter água nem luz, sem funcionários, apenas com diretores ou professores nomeados. Há quinze dias fui chamado por uma associação, queriam demolir um edifício, queriam arrancar uma ostentosa placa que anunciava "inaugurado em tal ano". Eu lhes disse o seguinte: devemos conservar esse tipo de placa, é um documento sobre um estilo de governo que inaugura fantasmas, e quando ocuparmos de fato os edifícios, colocaremos as antiplacas, anunciando a verdadeira inauguração, a verdadeira ocupação dos prédios por seus usuários reais. Não são prometidas inaugurações, somente tentam preservar e manter esses fantasmas que foram apenas inaugurados.

Luiza Erundina: Vou te contar, Paulo, em minha experiência, em alguns locais da Amazônia, nos quais anunciam (no papel) a inauguração de escolas, quando você chega lá, existe um salão com poucos móveis e esse salão é chamado escola.

A ela dirigem discursos, e é citada por políticos para entrarem nas estatísticas.

Paulo Freire: Outro desafio, dentro daquilo que denominei criação de incompetência técnica, que facilita as posturas políticas é o de superar disparates burocráticos. Por exemplo, chegou à minha mesa, para que eu assinasse como secretário, um despacho que soma mais de vinte assinaturas e selos, que se refere a duas justificativas para a ausência de uma professora no mês de setembro de 1988. Isso deve ser superado. Tenho insistido nos "grupos de ação", para os quais convido, por exemplo, três ou cinco pessoas para discutir e analisar uma ideia, dou a elas algumas semanas de prazo para que tragam essa ideia estudada e concretizada.

Desses grupos de ação, provavelmente resultarão programas muito bons e medidas boas. Administrar é, também, desenvolver a capacidade de melhorar e superar os problemas cotidianos da "tradição burocrática secular" em nosso país. Trata-se quase de um enigma que, para solucionar, conta-se com pessoas e energias presentes a todo momento. Por exemplo, existe uma expressão nordestina, "não se pode emprenhar pelos ouvidos", ou seja, julgar e tornar atitudes a partir (somente) de entreditos, falatórios etc.

Luiza Erundina: Aceito o que disse, Paulo, também em outra esfera. Estou pensando em um partido que, talvez por fertilidade, tenha numerosas tendências e numerosas linhas de ação. O importante será não nos emprenharmos pelos ouvidos.

Paulo Freire: Retomando, reflito sobre nossa relação com os membros do partido. Pedimos, recentemente, uma série de reuniões sistemáticas com toda a bancada do PT em nossa

Câmara Municipal. Já tivemos uma dessas reuniões, e farei com que elas se estendam às câmaras estatais e federais, para que nossas instâncias de poder nos conheçam (saibam quem somos e o que fazemos). Levando em consideração a ideia de que tanto o secretário quanto seus assessores são homens do partido.

Entendo a relação entre administração e partido da seguinte maneira: é importante que essa administração possa ver o partido, é importante que veja através da poeira. Ou seja, por não ver o partido, devido a essa poeira levantada, essa administração está longe demais de seu partido, ela está se adiantando muito em sua gestão, muito rápido, a ponto de esconder do povo suas origens partidárias.

Por outro lado, essa administração, do meu ponto de vista, não deve se pegar muito ao partido, a ponto de tê-lo como pagamento.

Isso significa que essa administração seria muito lenta e receberia apenas um empurrão do partido. Então, em vez de a administração, o partido seria governado. Eu não concordaria, a princípio, com esse último exemplo.

Para terminar por hoje, penso na próxima semana falarmos sobre nossa tentativa de mudar a "cara da escola".

12

Paulo Freire trabalha para implantar em São Paulo a escola pública e popular[30]

Estadão: Professor, para começarmos a nossa conversa, o que eu tinha imaginado vai nessa direção: sabemos que é muito difícil caminhar no fio da navalha da prática; quer dizer, você abandona a teoria e não se trata de ser a vidraça, não é bem isto; se trata da dificuldade de fazer as ideias virarem norma, virarem lei, virarem ação prática. Como fica isso para um educador que, por dever de ofício, lida com a teoria, e não com a prática? Como é que fica essa dificuldade para o senhor?

Paulo Freire: Eu não sei, mas possivelmente vou começar a minha resposta discordando já um pouco de ti, da tua formulação. E a discordância vai se situar exatamente quando tu dizes: "Paulo, afinal de contas, como é que tu, como educador, transas essa coisa difícil de, porque és educador, ter de lidar diretamente com a reflexão teórica e, agora, como administrador, ter de passar diretamente para a prática?" A minha resposta, como te dizia, começa discordando um pouco de ti. Como educador, lido mesmo é com a unidade

---

30. Edição da "desgravação" de entrevista concedida por Paulo Freire em 26/4/1990. Infelizmente, não foi possível aos organizadores identificar a assessora que faz uma intervenção no final da entrevista (*N. dos orgs.*).

dialética prática-teoria. E gostaria até de te dizer que nesta minha primeira resposta, ou tentativa de resposta, não vai nenhuma jogada de natureza puramente intelectual ou intelectualista. Por exemplo, quando digo até porque é educador, como um cara que pensa a prática educativa, eu lido exatamente com a unidade dialética prática-teoria. Acontece que, até antes de ser secretário de educação do município de São Paulo, eu lidava com a unidade prática-teoria a partir de um trabalho prático como professor, ou, anos atrás, de um trabalho prático e teórico como investigador, por exemplo, no campo da educação popular, do qual eu ia tomando distância constantemente para, em casa, no meu contextinho teórico, pensar melhor o que eu estava fazendo na prática. Isto agora até te digo num parêntesis: de tanto fazer isso, de tanto me exercitar em tomar distância da minha prática para entendê-la melhor, eu terminei aprendendo a tomar distância até da prática dos outros; quer dizer, terminei por aprender a entender a inteligência teórica embutida no *quefazer* dos outros. Eu me lembro, por exemplo, nos tempos de exílio, que quando eu chegava à Índia, à África, à América Latina e à América Central, ouvia grupos de educadores nacionais falando sobre suas práticas, me lembro de como realmente foi ficando fácil para mim desembutir a teoria da prática deles.

Agora, para voltar ao centro da tua pergunta, o que se dá hoje é que não estou simplesmente tomando distância da minha experiência e observando como eles percebem o mundo; eu hoje tenho que estar teorizando e praticando, com equipes, de que me cerco e me cerquei bem. Hoje, estou tendo de lidar com o cotidiano da escola municipal, da escola pública, com o esforço de "mudar a cara desta escola".

Ora, e tu, como homem de História, como estudioso da História, tu imaginarás os ingredientes da História, o que há de herança cultural e histórica na nossa prática de hoje, quer sejamos educadores ou políticos, e como pais educadores também, quer sejamos administradores, economistas, isso e aquilo outro, o que significa, por exemplo, a tradição autoritária na nossa formação histórica, que é responsável por uma série de procedimentos e de compreensões em que a liberdade é anulada ou em que a autoridade é negada, porque parece autoritária. O que significa propor a uma realidade *molhada* dessa tradição a mudança da cara da escola, no sentido de fazê-la mais crítica, mais aberta, mais curiosa, mais indagadora, mais rigorosa do ponto de vista científico. Isso, sim, é que está constituindo, não só para mim, mas para nós todos aqui, um imenso problema. Eu não diria que é um problema que nos vai deixar tristes, de maneira nenhuma, mas é um problema enorme, que é o que exige de nós inventar maneiras sem cair na "prevaletice" (não sei se cabe na linguagem), e também não cair no imobilismo. Tentar ver se com o período curto em que a gente dispõe, se pelo menos a gente anuncia, ao denunciar, uma História de que a gente não é o inventor realmente, pois essa turma pensa que nós somos uma dúzia de gente fantástica, que ninguém é igual a nós. Não, nós somos educadores como centenas de outros no Brasil. O que nós queremos saber é se pelo menos a gente pode testemunhar ao Brasil de agora que é possível mudar. Isso passa pela compreensão dialética de relação prática-teoria.

Estadão: Perfeito. Professor, me explique um pouco melhor: se entendi bem, o senhor falou em "uma realidade molhada", é isso?

Paulo Freire: *Molhada*, a situação é essa mesmo. Eu sou muito metafórico.

Estadão: Eu gosto dela, dessa expressão, por isso perguntei se tinha ouvido direito.

Paulo Freire: E até trata-se de "catucar" um pouco a curiosidade. Eu te diria que esta inclusive é uma das marcas que a minha convivência longe, na mocidade, na juventude, com a classe trabalhadora, me deu. Eu trabalhei muito, no Nordeste, com os camponeses também, e, como tu sabes, os camponeses, não só os brasileiros, pelo fato mesmo de terem um vocabulário pequeno, pela negação a eles da sua escolaridade (isso todos conhecem), têm um vocabulário, de modo geral, curto, que eles têm que quadruplicar, para expressar a sua apreciação do mundo, o seu vocabulário. E o meio de quadruplicar esse vocabulário é a metáfora, que os faz poetas também.

Estadão: É evidente... (*risos*).

Paulo Freire: Como convivi muito com eles, em todos os meus livros sou muito metafórico, mas a minha metáfora é sofisticada. Por exemplo, dificilmente um camponês te diria: "A minha realidade está molhada disso ou daquilo outro." Mas foi nesse sentido que eu usei.

Estadão: Perfeito. Professor, depois de mais de um ano na secretaria, o senhor ainda ameaça "brigar" com os professores que corrigem alunos? Como vai indo essa guerra com uma atitude nova na relação professor-aluno? Eu estou curioso sobre seus planos depois de o senhor ter um ano de domínio da máquina. Dá para imaginar planos em termos de relação pedagógica? Como é isso?

Paulo Freire: Desculpe por ter que fazer uma correção de novo e discordar. Creio que foste levado a formular esta pergunta desta forma por causa de uma manchete distorcida de um jornal paulista.

Estadão: É... a *Folha* (risos).

Paulo Freire: Exato. Acontece o seguinte: naquela entrevista eu não disse que ia brigar para que os educadores deixassem de corrigir os alunos. Em primeiro lugar, te diria, porque eu acho que sou um cara relativamente inteligente e eu não poderia fazer essa afirmação. Por que não poderia? Porque é inviável vida sem correção, sem autocorreção. O fenômeno vital é, por natureza, carente de correção e diretividade. Por isso mesmo é que é chamada "pedagogia da não diretividade", é uma utopia, no sentido ruim desta palavra. Não há vida sem direção e não há vida sem correção, porque não há não direção sem correção, sem retificação. Ora, puxa, a educação é um fenômeno da existência humana, um fenômeno histórico, social etc. Eu não poderia pensar que as educadoras devessem parar de corrigir, mas o que eu disse, e agora eu aproveito esta conversa com vocês para elucidar de novo isso, me referindo ao problema de linguagem, ao problema da sintaxe, da estrutura do pensamento dos meninos que eu chamei e continuo chamando, para espanto de meia dúzia de gente, de populares, era para não "massacrar" essas crianças... Aliás, aproveito também para dizer que não vejo por que não os devo chamar de meninos populares. São exatamente os meninos das classes trabalhadoras, das classes chamadas por eles de "menos favorecidas", por elas, por essa maioria que não entende que eu chamo meninos de meninos populares.

O que eu discutia era o dever nosso de educadores e educadoras de respeitar; respeitar a identidade cultural, social e histórica do educando, o que implica partir da educação desse educando, partir do mundo do educando e, portanto, da percepção do mundo que o educando tem, porque você não pode pensar em percepção de mundo e explicitação da percepção sem pensar em linguagem. Quer dizer, o fenômeno da linguagem é uma coisa bem mais ampla do que se pensa, às vezes a linguagem é entendida como mecanismos instrumentais de pura conversa. Não, a linguagem é mais do que isso. E eu dizia naquela primeira grande entrevista que era preciso ensinar realmente aos meninos, procurar-lhes o chamado padrão culto da língua portuguesa. Mas para ensinar o chamado padrão culto da língua portuguesa era preciso, primeiro, respeitar o chamado inculto, que é o dos meninos populares; portanto, respeitar a sintaxe, a forma de pensar do menino popular, e respeitar essa linguagem significa respeitar a boniteza que essa linguagem tem, porque a boniteza não é só essa; eu acho que a gente também pode falar bonito e deve, é até obrigação. Eu sempre digo que eu faço tudo para não enfear o mundo mais do que às vezes ele já está. E a linguagem gostosa, bonita, a linguagem redonda é uma forma de *bonitozar* o mundo, se eu posso dizer. E foi no contexto dessa conversa que eu falei na sintaxe muito comum dos meninos das áreas populares, no "a gente cheguemos". Puxa, em primeiro lugar, o "a gente cheguemos" é bonito também; em segundo lugar, o menino que diz "a gente cheguemos" porque o pai diz "a gente cheguemos", o avô diz "a gente cheguemos", os vizinhos que são de casa dizem "a gente cheguemos", esse menino, afinal de contas, aprende assim, é assim que ele fala! É assim que ele está sendo.

Ora, a professora tem o dever, dever de ensinar o menino para que ele aprenda que a gente ou diz "a gente chegou" ou "nós chegamos", mas que a compreensão dessa sintaxe não deve, em primeiro lugar, chocar e assustar o menino. E aí eu chamava a atenção para o perigo disso, de pôr lápis vermelho embaixo de um eventual "a gente cheguemos" e um zero arredondado e enfeitando o trabalho do menino. Com isso, o que a gente faz? É dificultar o processo de aprendizagem do menino, é minimizá-lo, é diminui-lo. Era isso que eu dizia.

Estadão: Eu entendo bem que há uma oportunidade de o senhor corrigir.

Paulo Freire: Corrigir é necessário, é absolutamente necessário.

Estadão: Mas o senhor tem planos em relação a esse processo? Quer dizer, que ideias o senhor está pensando para convencer os professores a praticarem esse respeito à sintaxe?

Paulo Freire: Vou te dizer, tu estás inclusive aqui, coincidentemente, porque veio para despachar comigo e a professora Ana Maria Saul, a quem eu entreguei a responsabilidade com as equipes que ela foi montando e com a minha paixão por isso também; a quem eu entreguei a responsabilidade de trabalhar essa *mudança da cara da escola*, porque quando você pensar em mudar a cara da escola, você necessariamente tem que pensar na formação permanente do professorado. Neste sentido, nós, até mesmo antes de assumir a secretaria, começamos a entrar em contato com os linguistas da Universidade de Campinas e da Universidade de São Paulo, da PUC, filósofos, matemáticos, físicos, enfim, uma equipe destas três universidades que tinha no seu grosso oitenta cientistas e que começou a se reunir conosco no início do ano passado, sem ganhar dinheiro. Eles vinham aqui como voluntários, porque acreditavam no *sonho* da gente. Em seguida, eu comecei a me encontrar com os reitores dessas universidades, e a prefeita, antes de mim, fez um convênio guarda-chuva entre a prefeitura e a USP – guarda-chuva porque amplo e porque possibilitava que após esse primeiro acordo assinado pela prefeita e pelo reitor, os secretários juntos pudessem entrar sob a cobertura do guarda-chuva. Porque o profissional deve ganhar dinheiro pelo seu trabalho. Fizemos convênios especiais com as três universidades e montamos as equipes com as quais a Ana Maria trabalha. Então, recentemente, eu assistia, não a semana inteira, mas um dia ou uma manhã inteira, os defluxos de língua portuguesa, porque este problema também era posto, o curso se centrava sobretudo numa compreensão da linguagem. Esse curso foi dado por professores linguistas da Unicamp e da USP. E o curso foi dado na USP. A esperança da professora Ana Maria e das equipes dessas universidades é que nós cheguemos ao fim do nosso mandato tendo oferecido formação permanente nessa compreensão dinâmica e não restrita, isso que adstringia a formação a meros cursos de férias, sendo ditados por alguns professores bons, evidentemente, mas que depois iam para casa etc.; isso, não! Ela acha que nós poderíamos concluir a nossa administração tendo posto em vida o processo permanente de formação.

Estadão: Um dos seus melhores trabalhos sempre se refere a técnicas de alfabetização, e a Prefeitura vem empreendendo diferentes maneiras de alfabetizar as crianças. Eu penso em termos de uma vida útil de um profissional da prefeitura que ao longo de trinta anos passa, no mínimo, por oito secretários de Educação – porque trinta dividido por quatro dá oito; portanto, são oito diversas perspectivas do ato de ensinar. Fazendo uma recapitulação rapidíssima, com a professora Guiomar Namo de Mello houve uma experiência que depois foi cessada, ao longo da administração Jânio Quadros, de uma adoção do método da Emília Ferreiro, voluntário: o professor podia optar ou não. Ao longo da administração anterior, esse voluntariado se manteve meio que disfarçado. Como está hoje, professor? Segundo, como é que o senhor vê, dentro desse assunto, uma professora, do primeiro ano, que, de repente, é treinada para que adote o método tal e depois tal. Como é que o senhor vê isso, primeiro a questão do método, como está?

PAULO FREIRE: Ao te dizer isso eu não tenho dúvida nenhuma de que falo a verdade, radicalmente em nome de toda essa equipe fantástica que trabalha comigo. Eu te diria o seguinte, começaria até te chamando a atenção para um dado de importância jornalística que é o seguinte: quando fizemos, no começo deste ano, o levantamento final da avaliação do nosso primeiro ano de administração, descobrimos, constatamos que nós tínhamos conseguido o melhor índice de aprovação da década. Quer dizer, apesar de todas as dificuldades que nós tivemos de enfrentar, conseguimos, em termos globais, o melhor índice de aprovação, o que vale dizer, o menos elevado de reprovação, portanto, de "expulsão" dos meninos. Segundo, conseguimos diminuir e melhorar em torno de 5% o índice de aprovação da primeira para a segunda série. Depois a gente pode te dar esses dados exatos. Agora, eu acho que é um ponto importante o que tenho a dizer a você, porque vai me levando ao centro da pergunta: eu faço questão de dizer que isso é um processo. Eu não sou um processualista no sentido mecânico que você pode dar a essa palavra, mas eu gosto de entender a ação do processo e não compartimentada e não imobilizada. Eu sempre costumo dizer que o PT inventou a rede escolar no município de São Paulo. O PT chegou à história dessa rede num certo momento da sua trajetória e, obviamente, cabia como legitimidade ao PT recém-chegado à história tentar deixar a sua marca. Puxa, por isso ele existe. O PT é o PT, e não o PDS, o PC do B ou sei lá o que for, porque ele é o PT. Então é claro que ele tem uma formação, que ele tem uma opção, que ele tem uma marca. Segundo, não se pode estudar inclusive esse resultado, o melhor índice da década, fora da compreensão processual disso, o que vale dizer: a gestão da professora Guiomar foi fundamental para isso. O que aconteceu no meu entender? A gestão da professora Guiomar foi imediatamente continuada por uma outra gestão, em que os índices de aprovação caíram, caíram e estão aí. A professora Guiomar assumiu quando a administração anterior tinha índices horríveis, a campeã da década, e a professora Guiomar elevou esses índices, introduziu a Emilia Ferreiro e a gente não expulsou, porque nós temos gosto científico também e reconhecemos que é inviável hoje falar em alfabetização de crianças sem estudar Emília Ferreiro, sem estudar Vygotsky, sem estudar Piaget. Eu agora diria, sem nenhuma vergonha de perder a humildade: eu acho que estudar Paulo Freire é indispensável ainda para entender isso, estudar a Madalena Freire. Ela não tem culpa de ser minha filha, mas é porque é bacana mesmo. Mas o que acontece? A professora Guiomar sai, entra o outro governo e nós entramos e pegamos a Rede com uma certa saudade do trabalho da professora Guiomar. Veja bem, não tem estudos quanto a isso, a não ser os dados, mas eu acho que isso é explicável dessa forma. E, no momento em que nós, sem obrigar, da mesma forma como a professora Guiomar fez, temos aqui uma total liberdade de opção metodológica, lembrando a minha primeira mulher, a Elza, que costumava dizer isto. Nós temos que estimular a criatividade, a inventividade, a possibilidade do risco do educador e do educando, e por isso mesmo não podemos ter "pacotes" para domesticar nem a educadora nem o educando. Ora, no momento em que a gente propõe de novo a compreensão que está contida nas pesquisas da Emília, no momento em que a gente diz que é preciso partir do mundo da pesquisa, da expressividade da criança, o respeito à linguagem do menino, que também está na Emília. E, antes de Emília, me perdoe, está lá no livro que eu estudei nos anos 1950! Não do ponto de vista psicológico da Emília... mas já estava dito isso antes. No momento em que as professoras se sentem capazes de jogar com a sua criatividade, era de se esperar isso, a melhora no desempenho das crianças. E eu não sei, pode ser até que quando chegarmos ao fim deste ano tenhamos uma surpresa horrível, que percamos o que isso aponta. Mas é importante acreditar que nós vamos melhorar ainda mais exatamente pelo testemunho de criatividade, de liberdade. Eu acho o seguinte, nós estamos apostando na liberdade. Agora, evidentemente que tem muita gente que se sentiu inclusive preterida na sua idoneidade e nós lamentamos. Já houve até quem dissesse que sou um sujeito nazifascista! Enfim, é assim que a gente está vendo, que a gente está querendo fazer na escola pública de São Paulo. E eu te diria também o seguinte: aqui, só não há liberdade para uma educadora chegar a mim ou à professora Ana Maria e dizer o seguinte: Eu estou convencida de que temos que alfabetizar os meninos começando por "m", "l", "r", "g" etc. e então, vamos pôr o ABC. Aí não dá. Cientificamente já se provou que não dá. Eu até diria que o ser humano aprende a falar dizendo frases e não letras.

O que a gente está querendo estimular é exatamente a busca. Eu queria só dizer uma coisa para terminar de falar sobre essa postura. Quando a gente diz que aqui é válida a busca, é estimulada a busca, a gente não está de maneira nenhuma defendendo teses espontaneístas em que tudo é possível, espontaneísmo que leva a uma objeção diante do mundo, dizendo: "Vamos deixar como está para ver como fica." Não! Nós temos objetivos, nós temos princípios, nós temos a reflexão dos limites, nós temos o respeito à liberdade, mas temos a autoridade que precisamos exercitar. Quer dizer, a criatividade não é contra o princípio do limite.

Estadão: Professor, só mais uma pergunta ainda na questão dos planos. Nós todos sabemos que o futuro é o vídeo, o meio eletrônico, o recurso dos vídeos educativos é um fato do qual a gente não pode negar a realidade.

Paulo Freire: Concordo com você.

Estadão: Mas para isso, em julho passado, depois de estar meio sumido do noticiário, se falou muito num centro de multimeios que a Prefeitura estaria implementando. Como vai indo a ideia?

Paulo Freire: Eu queria dizer só duas coisinhas sobre isso. Em primeiro lugar, sempre digo que procuro ser, ou procuro estar sendo, um homem do meu tempo, mesmo quando eu discordo de coisas do meu tempo. Por exemplo, até quando eu, olhando para um espetáculo de rock, digo para mim mesmo: isso é uma maneira de obstaculizar a comunicação, o barulho, mas mesmo assim eu tenho imenso respeito pela juventude que não está fazendo isso por acaso, que não está fazendo isso para atrapalhar a vida de ninguém, porque ela está é encarnando também o seu tempo. Mas eu tenho o direito também de dizer a essa juventude: eu prefiro o Chico Alves e quero que respeitem o meu gosto, pois eu sou um homem do meu tempo. Por isso mesmo, como educador, eu não posso compreender um educador que se pensando progressista fica contra a televisão, fica contra o rádio, fica contra o cassete, fica contra o videocassete, fica contra o computador. De jeito nenhum.

Olha, eu vou te dizer, o meu primeiro *sonho* era poder ter um canal, um circuito fechado de televisão para trabalhar diariamente com a Rede e com os meninos dessa Rede. Acabou o *sonho*, porque quando comecei a fazer os primeiros estudos vi que, economicamente, não dava para fazer isso. Cheguei a ter contato com suecos, com alemães para ver se arranjava dinheiro, mas não deu.

O segundo *sonho* que não está posto de lado, mas eu começo a descobrir que não vai dar também, é montar um circuito de videocassete. Mais fácil, muito mais fácil, seria contar com uma equipe especializada na parte técnica para fazer o vídeo com uma equipe de educadores, que somos nós mesmos, que daríamos os materiais pedagógicos e eles traduziriam isso em linguagem de vídeo. Depois, municiar a Rede toda com vídeos, com televisão, e fazer visitas semanais, quinzenais, aos meninos, aos professores, levando toda essa temática a ser discutida e debatida. Eu não sei se a gente vai poder sair deixando pelo menos um começo disso, mas eu te disse só para mostrar como nós respondemos a esse anseio do tempo de hoje. Agora, além disso, o centro de multimeios, humildemente, está indo, caminhando, e amanhã vai haver já um começo.

ESTADÃO: Professor, uma curiosidade: qual é a sua opinião sobre os Cieps?

PAULO FREIRE: Sobre esse assunto, eu fui perguntado muitas vezes durante a campanha presidencial, ano passado, no país todo. Eu vou te dar uma resposta em tese, em teoria. Não adianta você dizer: Ah, mas não deu certo ali. Isso é a parte adjetiva ou adverbial, mas eu acho que a ideia central dos Cieps é excelente! E é uma ideia que inclusive se encontra – já com alguns matizes um pouco diferentes, mas apontando para isso – nas iniciativas de Anísio Teixeira, que foi um grande educador neste país.

ESTADÃO: Um artigo do professor Lauro de Oliveira Lima toca no assunto.

PAULO FREIRE: Eu não li o artigo do Lauro, mas o Anísio foi, inclusive, dizendo o que vou dizer, não diminui em nada o talento e a genialidade desse outro brasileiro que é o Darcy Ribeiro. Quero que respeitem esse homem, mas o Anísio foi uma espécie de mestre também do Darcy, uma espécie de mestre para mim, uma espécie de mestre de muitos de nós nesse país, e não dá para dizer que Anísio já era, não dá para dizer "Anísio já era!" É preciso que esse pessoal moço entenda – e estou dizendo isso a você como historiador –

eles precisam entender a história como história, precisam entender a história como processo, como um *quefazer*, como práticas, como possibilidade.

Estadão: Qual o papel do Anísio Teixeira na educação brasileira?

Paulo Freire: Foi enorme! Eu não tenho dúvida alguma! Evidentemente que eu tinha e ainda tenho muitas posições diferentes das do grande mestre Anísio, mas é preciso primeiro compreender Anísio, inclusive, no que ele significou de propostas progressistas neste país. Anísio Teixeira, desde os anos 1930, brigava pela escola pública neste país! E esse é um tema central da esquerda séria do Brasil. Um dos livros dele, que precisa ser lido e relido, diz no seu título: educação não é privilégio! Agora, evidentemente que você pegar a perspectiva da Nova Escola, que é outra coisa também de que se fala às vezes com uma generalidade enorme neste país, em primeiro lugar como se a Nova Escola fosse uma escola, como se a Nova Escola não tivesse uma história de mais de duzentos anos fora do Brasil, e depois dentro do Brasil, é inconcebível. O que houve no Brasil de Nova Escola, que ainda existe, pois a Nova Escola não morreu no mundo, de jeito nenhum, é que ela vai se "vestindo" de acordo com os momentos históricos em que vai vivendo. Mas a contribuição que ela vem dando em seus diferentes movimentos muitas vezes representaram avanços, bons comportamentos, radicalidades. Isso tudo não morreu na história.

Estadão: Professor, quero aproveitar para lhe fazer uma pergunta: como o senhor vê o pensamento liberal em educação?

Sobre o pensamento liberal em educação, que é um pouco um produto de toda a massa de pensamento da Nova Escola...

Paulo Freire: Eu acho o seguinte: eu não reduziria o pensamento de Anísio ao puro liberalismo, de jeito nenhum eu reduziria. Eu acho muito difícil você reduzir o pensamento de um pensador a um determinado tronco de pensamento, num certo momento histórico. Em primeiro lugar, isso não existe, o que existe são ondas que às vezes o próprio cara que está ali metido não percebe que já mudou, já está em outra onda diferente. Em segundo lugar, por exemplo, eu não aceito uma postura estritamente liberal porque eu "adoro" a liberdade. Quer dizer, agora a questão é se discutir como é que tu te posicionas diante da liberdade, como é que tu vês a tensão entre ela e a autoridade e a liberdade de quem, para fazer o quê, contra quem e contra quê. Eu acho que, nisso, um homem progressista, numa posição não liberalista, mas de amor à liberdade, se distancia, se diferencia de um intelectual puramente liberal, que tem uma compreensão do Estado, necessariamente, diferente da nossa. Mas o que quero te dizer...

Estadão: Quer dizer que o Estado é o problema?

Paulo Freire: Eu acho que é. Agora, o que eu gostaria de te dizer com clareza é o seguinte: sem pretender ser eclético, o que eu nunca aceitei é a negação de um pensador porque discordo de até 90% do que ele diz e sobre o que ele pensa. Isso não aceito. Quer dizer que eu rejeito e não aceito ninguém em bloco. Nesse ponto eu sou meio rebelde.

Estadão: Agora, existe sim uma diferença entre um liberal dentro de uma sociedade como a nossa, hoje, e um socialista.

O senhor falava de liberdade e o liberal usa uma frase, que eu particularmente não aceito, que diz assim: "a minha liberdade acaba quando começa a do outro", que é a posição do indivíduo. Nós, dentro de uma organização socialista, imaginamos que a minha liberdade acaba quando acaba a do outro. Se a do outro acabar, não existe liberdade individual. A liberdade é um conceito coletivo. Portanto, a minha liberdade acaba se acabar a de alguém, porque nós somos um conjunto da humanidade.

PAULO FREIRE: No fundo não há uma perspectiva idêntica a essa sua. É a mesma coisa que um dia disse (isto agora é até fora do contexto, talvez), num curso que eu dei em Santiago, o Vandré (Geraldo Vandré) estava presente e eu disse a seguinte afirmação, apontando para uma moça: "Eu não sou se tu não és." E ele fez uma canção: "Yo no soy, si tú no eres."[31] É isso que eu dizia. A minha liberdade não acaba quando a do outro começa; pelo contrário, termina quando a do outro termina. Essa é a compreensão social da liberdade que não nega, porém, a dimensão individual dessa liberdade.

ESTADÃO: Eu não vou conseguir mudar uma linha sobre isso no texto... (*risos*)... isso o editor corta!

PAULO FREIRE: Ele vai dizer: Esse é louco!... (*risos*).

ESTADÃO: Nisso nem o leitor tem interesse (*risos*); é muito pouco, o custo do jornal é muito caro só para isso (*risos*). Mas, professor, voltando um pouco aí no duro papel de secretário,

---

31. Trata-se de um verso da música "Desacordonar", de Geraldo Vandré (*N. dos orgs.*)

como é que está a violência nas escolas, professor, a destruição das escolas, a periferia sempre com um quadro duro?

Paulo Freire: Olha, até que a gente tem um dado para te dar, de que o Mario Sergio Cortella me falou hoje de manhã, e há uns quinze dias eu tinha recebido também uma coisa semelhante. A gente vem observando agora que cresceu o índice de violência. Veja bem, mas nós não estamos querendo te dizer essas coisas, de maneira nenhuma, com uma cientificidade, são coisas empíricas; mas, cresceu também o número de procura das merendas das escolas, cresceu o outro dado que você me deu hoje. Cresceu o número de crianças, de jovens adolescentes que não ficavam ao redor da escola e que agora ficam e que supostamente era o carregador da feira, o empacotador do supermercado, que ou não têm mais campo de ação em função da situação econômica ou enfrentam a concorrência de adultos desempregados.

Estadão: E há algum projeto para acomodar essa nova situação?

Paulo Freire: Eu não sei se poderia falar de um projeto assim, mas nós temos nos preocupado com esse problema desde o começo. Há entre nós um advogado que é assessor, não é procurador, o Jairo Fonseca, que tem não apenas conhecimento disso, mas ele tem uma certa paixão por isso, sem o que não dá para trabalhar. E ele já fez seminários, em fins de semana, com diretores de escolas, professores, pais de alunos, zeladores etc. para discutir a questão da violência física, do ataque às escolas.

Estadão: Isso tem diminuído ou aumentado?

Paulo Freire: Em certas áreas tem diminuído, em certas escolas. Há um caso aqui que é formidável, que me falaram outro dia e que revela um dado importante que é óbvio: na medida em que a escola conseguir criar condições propícias – é preciso dizer conseguir criar condições propícias porque nem sempre é possível – para que ela se abra à comunidade e a comunidade a tome como sua, se assuma na própria escola, ela passa a ser um pedaço da comunidade e então ela é defendida. Eu fiz questão de te dizer *na medida em que a escola possa criar ou existam essas condições* para não parecer que com isso eu esteja criticando diretores, escolas e professoras, o que seria injusto da minha parte. Nem sempre tem sido possível. Cabe aos professores, às professoras e a nós criar essas condições sem as quais é difícil a relação comunidade-escola. Quer dizer, na medida em que a escola possa transformar-se em centro da vida da sociedade local, em que haja festas de casamento e outras, tudo pode mudar. A gente tem medo, há um possessivismo na vida social brasileira enorme: a possessão do homem pela mulher, da mulher pelo homem, do diretor pelos funcionários, da escola pela direção, a gente pensa que é dono das coisas, é um negócio terrível. Então a diretora tem medo às vezes que se abra um pouco mais a escola, que a escola possa ser estragada e um secretário depois de mim vá reclamar dela. Nós estamos convencidos de que está aí um dos caminhos para superar a relação.

Estadão: A educação do diretor?

Paulo Freire: Não, eu não te diria que seja a educação do diretor, mas a criação de condições para que o diretor possa se arriscar mais, porque também ele não pode ser leviano, de jeito nenhum.

Estadão: E hoje não são?

Paulo Freire: Não, não são, pelo contrário. Eu até te diria que há uma responsabilidade enorme por parte das diretoras das nossas escolas para defender um bem público e defender a vida de seus alunos e de suas professoras, mas eles e elas se arriscam pouco...

Estadão: Professor, aproveitando essa situação que estamos falando aqui, vamos para a primeira das perguntas difíceis. Vão começar as perguntas terríveis. Primeira delas: o salário dos professores. Como é que o senhor vê a questão, como é que o senhor está entendendo, inclusive, o ciclo recessivo? O que se poderia dizer aos professores?

Paulo Freire: Eu acho que eu não erraria se eu dissesse a você que do ponto de vista da equipe que hoje tem a responsabilidade maior, ou seja, a Secretaria de Educação, nós todos, sem exceção nenhuma, gostaríamos imensamente que os salários de todos e todas que trabalham nas escolas fossem três vezes maiores do que eles são. A prefeita deu agora a todo o funcionalismo 10,9% de aumento.

E a disponibilidade da administração, quer dizer, no caso aí a gente tem que dizer, porque quem põe em prática essa disponibilidade não é a Secretaria de Educação. A secretaria tem o dever de "brigar" e isso a gente faz, quer dizer, a gente luta para que o salário dos educadores, não importando qual seja o posto que eles tenham, seja um salário que vá ficando cada vez menos imoral, quer dizer, a gente gostaria que a coisa crescesse. Agora, a gente tem que pensar também é que com o número de funcionários que há na prefeitura, com a realidade da arrecadação para gastar em todos os âmbitos dos serviços municipais, não está sendo fácil aumentar, como desejamos, os salários dos servidores.

Estadão: Professor, o senhor poderia adiantar, tem alguma esperança de que esse quadro se reverta, em termos quase técnicos? Que o senhor gostaria que melhorasse, claro, isso é óbvio, mas em termos de quadro.

Paulo Freire: Eu acho que nós temos o direito de pensar que é possível melhorar esse quadro antes mesmo da nossa saída. Eu não seria capaz de te avançar de quanto, mas eu te diria simplesmente, até submetendo a você depois o critério da vigilância de natureza prático-política. É assim que a gente governa em tudo, quer dizer, eu não falo nada sem ouvir os assessores, sem discutir com eles. Eu sou o secretário que talvez menos mandou em nível pessoal, a gente governa aqui coletivamente, mas o que eu queira te dizer é o seguinte: a orientação da gente antes de sair é deixar, mas não deixar no papel, é estar vivendo a reformulação da jornada de trabalho do educador, porque nós estamos convencidos de que não é possível mudar "a cara da escola" sem oferecer ao educador melhores condições.

Estadão: Por que o senhor estaria pensando nesta reformulação, professor?

Paulo Freire: É isso que eu também quero submeter a vocês. Eu não sei.

Estadão: Eu coloco em termos de ideias.

Paulo Freire: A gente queria pensar num ponto de partida, discutir muito isso com o governo todo, a jornada única de trinta horas. Nós estamos num processo político de discussão do estatuto, e qualquer informação que não seja fechada *a priori* por nós pode provocar efeito contrário. Mas em linhas gerais é a criação de jornada única, de aumento da jornada de professor com consequente melhoria de pagamento para que ele se dedique mais e exclusivamente, de preferência, à Rede Municipal de São Paulo. Que não saia correndo de um emprego para outro.

Isso é só uma discussão inicial, esse dado de trinta horas, porque tanto pode ser de quarenta como pode ser de 25, mas é uma mudança na jornada que faz com que o professor, do ponto de vista pedagógico e profissional, tenha dedicação exclusiva ao município. Para isso ele precisa ser remunerado adequadamente, ter melhores condições de trabalho para que ele/ela execute toda a orientação pedagógica e curricular.

O professor tem que discutir o seu dia, o seu cotidiano, com os seus colegas, dentro da escola, entende? Inclusive porque ele recebe Cr$ 15.000,00 para dar vinte horas na Prefeitura e ele também dá aula no Estado; em vez de receber Cr$ 15.000,00 no Estado pelo mesmo trabalho, lá ele recebe Cr$ 9.000,00 pelas mesmas vinte horas. Isso faz com que o professor sofra um prejuízo pessoal, prejudica ambas as Redes. Nós não queremos que ele esteja só conosco, mas que ele dê uma dedicação maior ao seu trabalho profissional. É isso que o estatuto do magistério quer. Você sabe que em São Paulo não tem estatuto do magistério? Isso que o professor fala você pode aceitar como certeza. Essa será uma das situações que esta administração vai deixar: um estatuto do magistério apresentado à turma para votação, discutido junto à Rede de educadores e entidades sindicais, processo este que já está em execução.

ESTADÃO: Professor, vamos a outras preguntas difíceis: é o tema, a questão da bibliografia do concurso. A *Folha de S.Paulo*, o meu jornal e os jornais em geral avançaram uma série de críticas porque adiantavam que das 21 obras, se não me falha a memória, pelo menos dezessete estavam afinadas com o seu pensamento e a grande crítica era de que haveria dois trabalhos seus e um trabalho de sua filha. Como o senhor vê, primeiro, essas críticas e, principalmente, o aspecto que alguns jornais apontaram do conteúdo ético desse processo?

PAULO FREIRE: Eu até começo dizendo o seguinte: eu sou um cara muito preocupado com ética por "n" razões, entre elas a de que para mim é inviável você existir sem ética. Em segundo lugar, e por isso também, é impossível você fazer política sem ética, educação sem política, educação e política sem poder, e poder sem ética. Então, não dá para eu me despreocupar da eticidade que eu vejo muito próxima, inclusive, da esteticidade. Eu acho que a ética está ligada ao estético, quer dizer, há uma boniteza na vergonha, entendeu? Eu tenho horror ao puritanismo, mas adoro a pureza. E isso é que é ética. Confesso, eu não fiquei espantado quando vi que na bibliografia havia dois livros meus.

Eu não me senti espantado quando vi bons livrinhos. É realmente fundamental a importância do ato de ler. Eu vou pedir a você e aos leitores desculpa para ser inumilde, para perder a humildade. Você imagina que faz um mês, mais ou menos, que recebi a comunicação da Associação Internacional de Leitura dizendo que eu fui escolhido para receber o prêmio de citação meritória (coisa que, assim, fica até meio difícil da gente traduzir), em Estocolmo, no mês de julho, pela contribuição que eu dei e que continuo dando à questão ou aos problemas da leitura. Sabe por que isso? Precisamente por causa desse livrinho. Esse livro foi traduzido para o inglês e para outras línguas vernáculas.

Estadão: Como é que se chama o livro, professor?

Paulo Freire: Ele se chama *A importância do ato de ler*. Quando esse livrinho foi traduzido, várias universidades norte-americanas me chamaram para dar seminários e as associações de professores de língua inglesa, que hoje estudam com muita seriedade, nos Estados Unidos, a mim, assim como professores de língua inglesa, discutindo por causa desse livrinho, que é deste tamaninho. O dos Estados Unidos é grande porque está cheio de entrevistas que eu dei. Esse livrinho é citado aqui num concurso e se diz que ele perde a ética. Dizem: "secretário, esse livrinho não deveria ser lido". Mas por quê? Será mesmo? Será que eu perdi a noção do limite da seriedade e da eticidade? Será que eu virei sem-vergonha? Será que é pecado que esse livrinho seja lido porque eu sou secretário hoje? É gozado que eu nunca tinha sido citado em concursos anteriores e nunca ninguém reclamou. Houve concursos diferentes, não apenas na cidade de São Paulo, em que meus estudos jamais foram sugeridos.

Estadão: Milhares de outros livros foram utilizados em diversos concursos... e ninguém comenta...

Paulo Freire: Claro. Ainda tem outro aspecto. Não sei, só estou tocando nisso por respeito a você que está, olho no olho, defronte de mim, me fazendo essa pergunta, porque senão eu nunca iria dizer nada sobre isso, porque é uma forma minha de ser. Quem me atacar esperando para ver se eu me zango vai perder seu tempo, porque eu não respondo, e não é por desrespeito a quem ataca, não, é por gosto de viver. Às vezes nem leio, não conheço nem as pessoas, mas respeito aqui quem fez a pergunta, diante de mim, e eu estou respondendo. E aí vou perder a humildade. Será que um danado de um autor brasileiro, vivendo neste país (só vivi dezesseis anos fora deste país porque eu fui proibido de viver nele, não é porque quis ir embora, é porque os militares não deixaram que eu ficasse, por isso vivi dezesseis anos fora daqui!), que tem os seus erros, que tem as suas ilusões, que tem seus equívocos, que tem as suas fraquezas, suas debilidades – porque eu tenho tudo isso, mas também tenho livros traduzidos em dezoito línguas –, mas será que os professores de dezoito universos linguísticos, que cobrem o mundo, podem ler os meus livros e os brasileiros não podem, porque eu sou secretário? Será que eu preciso primeiro pedir demissão à Erundina para depois as professoras lerem *A importância do ato de ler*? Nós estamos indo com a polícia à Rede impor às professoras que me leiam? Será que estou indo fazer sabatina para saber o que escrevi na página dez da *Pedagogia do oprimido*? Nada disso está ocorrendo! Agora, eu acho que devem ler meu livro mesmo, disso eu não tenho dúvida, devem me ler, mesmo que seja para discordar de mim, mesmo que seja para me criticar, negar o que eu digo; tudo isso é um direito que as professoras desta cidade e deste país têm. Mas devem ler. Eu acho que não ler certos livros que eu escrevi está errado, mas nós não estamos impondo essas leituras. Por outro lado, você já imaginou se eu estivesse esperando um concurso aqui para vender o meu livro e que pôr um livro meu na bibliografia era a maneira que eu tivesse de vender o livro? Eu desistia de escrever! Tinha mais até: editores não me publicariam porque não poderiam estar esperando concursos. Quer dizer, os meus livros são vendidos não porque eu sou secretário, nem eu sou secretário só por causa dos meus livros.

Estadão: O senhor acha, por exemplo, que uma bibliografia de um concurso público como esse deveria suportar todos os autores?

Paulo Freire: Ah, eu acho, sim!

Estadão: Me parece que essa bibliografia tem livros que são contrários à sua proposta, professor Paulo.

Paulo Freire: Entende? Agora, é claro que você não pode "pegar" muito na bibliografia de concurso. Eu espero, eu acho que não se deveria. Você já imaginou? A bibliografia pedagógica, neste país, razoável, boa, ruim, ótima etc., é enorme. Você também não pode fazer uma proposta de bibliografia com cem livros, você tem que fazer uma síntese. A impressão que eu tenho (não estou com a bibliografia, não me lembro) é a de que os livros que estão aí apontam mais ou menos diferentes posições dentro do pensamento pedagógico brasileiro.

O que não há é o livro ruim indicado através de concursos. Não há nenhum ruim, só contrários a uma posição que coincida com a da secretaria, que inclusive são coincidências. Mas não há livros ruins, na bibliografia. É estranho os professores e os alfabetizadores não lerem livros do Professor Paulo Freire *sobre* educação. Essa ideia de que tem livro do secretário é uma questão metafísica.

Estadão: Então lá, de nenhuma forma, em nenhum tipo (isso faço questão de perguntar novamente para que fique bem claro), não há nenhuma forma de imposição. É como o senhor disse: não há uma sabatina sobre a página dez.

ASSESSORIA:[32] Deixa eu complicar... Dizer que os livros do professor não deveriam estar na bibliografia para professores e alfabetizadores seria o equivalente a que você tivesse Shakespeare dirigindo o Departamento de Literatura da Universidade de Cambridge (ele nem chegou a trabalhar lá), mas não pudesse ter as obras dele lá na biblioteca da universidade, que elas não pudessem ser compradas e nem usadas num concurso de seleção porque ele era diretor do departamento. Trata-se de livros que são valorizados em várias universidades, inclusive na pós-graduação, no que há de mais avançado na área de educação humanista... Uma bibliografia para concurso de professores de escola pública do município de São Paulo sem nenhum livro do professor Paulo Freire seria uma bibliografia falha ou anticientífica. É por isso que não se tirariam os livros do professor Paulo Freire da bibliografia, porque todos os que trabalham na secretaria e que trabalham na Fundação Carlos Chagas, responsável pelos concursos, quem selecionou a bibliografia, são pessoas que lidam com Ciência. Então, seria uma omissão no nível científico não ter os livros dele. Isso é uma coisa concreta: o pior é alguém levantar uma crítica ética da secretaria, é você ser criticado por ter uma falha de natureza científico--pedagógica, é você não incluir um material fundamental utilizado em todo o mundo numa discussão para professores de outras partes do mundo para que eles sejam privados também dessa análise. Nós valorizamos o professor da nossa

---

32. Nesse momento, a entrevista tem a intervenção de uma assessora do secretário Paulo Freire.

Rede, e é porque o respeitamos que existem ali livros do maior educador que a gente tem no país, independentemente de o professor Paulo Freire estar aqui.

PAULO FREIRE: Para concluir, não há uma sabatina. Não há. Olha, você sabe de uma coisa? Eu entregaria essa secretaria na hora em que a imprensa chegasse aqui e me levasse, num dia de quinta-feira, para (alguém) fazendo uma sabatina para punir a professora e a diretora que não estão de acordo. Não é nem se leram o livro, é se não estão de acordo comigo. De jeito nenhum, isso aí é o oposto, é antagônico a mim. Porque, afinal de contas, eu tinha a impressão de que eu era um cara mais conhecido no meu país, porque dificilmente um negócio como esse se dirá de mim em Nova York, dificilmente um negócio desse será dito sobre mim em Moscou, em Tóquio. E se diz em São Paulo. Isso é uma coisa que me deixa estranho. Eu não sou omisso, não é nem por mérito.

Tudo isso é lamentável, mas esteja certo de que eu e toda a equipe da secretaria trabalhamos, incansavelmente, para "mudar a cara da escola municipal da cidade de São Paulo".

Muito obrigado.

13
História como possibilidade[33]

Elói Lohmann: Como é possível a Pedagogia do Oprimido hoje, considerando que a realidade atual brasileira é totalmente diversa da do início da década de 1960?

Paulo Freire: Me parece óbvio que a pergunta se refere não ao livro *Pedagogia do oprimido*, mas a uma certa compreensão da educação que se compromete com a necessária emancipação das classes oprimidas.

Há aspectos a serem considerados numa reflexão sobre o tema. Poderíamos discutir, por exemplo, a Pedagogia do Oprimido pondo-se em prática no interior do sistema escolar brasileiro, da escola de 1º grau, da de 2º ou 3º graus, pensar em torno dos obstáculos materiais, orçamento, condições físicas das escolas, como pensar sobre os não menos materiais obstáculos, de ordem ideológica, com os quais nos confrontamos ao tentar pôr em prática uma educação em favor da emancipação das gentes. Poderíamos ainda discutir o mesmo esforço em favor de uma tal prática educativa fora do sistema escolar, no campo da educação informal, e/ou também analisar as barreiras que se levantaram ou que se opõem a uma forma de compromisso popular.

---
33. Entrevista concedida a Elói Lohmann, do *Jornal da Fundoeste* – Fundação para o desenvolvimento do oeste do estado do Paraná, de 30/5/1989.

Creio que uma afirmação de ordem geral poderá ser feita: a Pedagogia do Oprimido, não o livro que escrevi, mas a compreensão da educação em favor da emancipação permanente dos seres humanos, considerados como classe ou como indivíduos, se põe como um *quefazer* histórico em consonância com a também histórica natureza humana, inclusive, finita, limitada.

É precisamente porque é histórica, dando-se na história e sendo vivida por seres históricos, que, ao fazê-la, de certa forma se refazem, que as formas de pôr em prática a Pedagogia do Oprimido como a do opressor variam no tempo e no espaço.

Há um aspecto que considero fundamental, que diz respeito à prática de uma Pedagogia do Oprimido. Refiro-me à necessidade que têm as lideranças político-pedagógicas progressistas de detectar os níveis em que se vem dando a luta de classes nesta ou naquela sociedade. São estes níveis que explicam o "atual estado" em que se encontra a educação aqui ou ali.

Para terminar, tomaria um obstáculo fortíssimo a qualquer esforço de educação democrática em favor das classes populares, nos anos 1960 como hoje, ao qual, porém, daremos resposta diferente agora. Refiro-me à ideologia autoritária e elitista que nos marca e sufoca.

Enquanto o elitismo autoritário ou o autoritarismo elitista são próprios do educador reacionário, eles se tornam a negação do educador progressista. Em 1960, como agora, se impunha e se impõe aos educadores progressistas que diminuam a distância entre o "discurso avançado" e a prática tradicional e autoritária.

Elói Lohmann: Como o senhor vê a sua trajetória e a da própria educação, do Recife ao mundo e agora a São Paulo?

Paulo Freire: Nenhum educador faz sua caminhada indiferente ou apesar das ideias pedagógicas de seu tempo ou de seu espaço. Pelo contrário, faz sua caminhada desafiado por essas ideias que combate ou que defende. Nega-se, afirma-se, cresce, imobiliza-se, envelhece assim ou é sempre novo. Essas ideias, por outro lado, não são as fazedoras do mundo histórico e cultural, material, do educador. Elas expressam as lutas sociais, os avanços e os recuos que se dão na história, mas, também, se fazem força atuante de mudança do mundo. Há uma relação dialética entre o mundo material que gera as ideias que podem interferir no mundo que as gera.

Evidentemente, não poderia eu escapar a isso. Mais do que a dramaticidade, a tragicidade do Nordeste em que nasci e cresci, os níveis profundos de exploração das classes populares, a malvadez das classes dominantes, a perversidade das estruturas sociais, o silêncio imposto às classes populares, a que se juntava como reforço uma educação livresca e autoritária, tudo isso me indicou um caminho a seguir, como educador e, portanto, como político – o da busca de uma educação denunciante da opressão e anunciante da liberdade, o de uma pedagogia da indignação. Do Recife ao exílio, do exílio ao Brasil de novo, em todo esse tempo de andarilhagem, este vem sendo o meu compromisso. E porque este é o compromisso com um futuro se construindo no presente que se transforma, aprendi na caminhada que é condição fundamental, para continuar caminhando, estar sempre aberto à aprendizagem. É assim, curioso e aberto ao novo, que venho aprendendo mais do que esperava como secretário de Educação da cidade de São Paulo há cinco meses. Reconhecendo o já conhecido e conhecendo o não suspeitado, minha vida vem sendo nesses meses um suceder de dias em que quase nada me passa despercebido. No fundo, um tempo penoso e intensamente gostoso, como é todo tempo de conhecer e de gestar, de fazer e de refazer.

Elói Lohmann: O senhor sempre assessorou projetos revolucionários de educação, no entanto esteve e está pouco tempo no poder. Como se processa essa relação, da sua proposta pedagógica e agora o senhor como poder? A Secretaria de Educação de São Paulo é um órgão de razoáveis proporções como máquina administrativa. Como se verifica esse processo de uma nova dinâmica político-pedagógica em contrapartida a um estamento altamente burocratizado?

Paulo Freire: Me parece importante começar a tentativa de resposta a essa pergunta relativizando uma afirmação que você faz: a de eu me achar agora no poder. Rigorosamente, estou no governo municipal de São Paulo, à frente de sua Secretaria de Educação, o que, na verdade, me dá um pouco de poder, mas não *o* poder. Isso não significa, de maneira alguma, que tenha agora o mesmo poder que tinha antes. Tenho mais do que tinha antes, mas bastante menos do que ingenuamente se pensa que tenho.

Na verdade, somos um governo progressista que não pode fazer tudo com que sonha.

De qualquer maneira, não vejo contradição no fato de, hoje, como secretário de Educação municipal, tentar realizar algumas das propostas ou pôr em prática algumas das ideias por que me venho batendo há tanto tempo. No governo municipal, aproveito o poder que dele decorre para realizar, no mínimo, parte do velho sonho que me anima. O sonho de mudar a cara da escola. O sonho de democratizá-la, de superar o seu elitismo autoritário, o que só pode ser feito democraticamente. Imagine você se eu pretendesse superar o autoritarismo da escola autoritariamente...

Uma das coisas gostosas no jogo democrático é que não basta você estar convencido do acerto de suas ideias e do acerto de sua prática. Você precisa demonstrá-lo e convencer os demais. Diria até que, em muitos casos, você precisa *converter*.

Além de não ser uma contradição procurar concretizar velhas aspirações político-pedagógicas à frente da Secretaria Municipal de Educação, é gostosa essa forma de briga.

É claro que não é fácil. Há obstáculos de toda ordem retardando a ação transformadora. O amontoado de papéis tomando o nosso tempo, os mecanismos administrativos emperrando a marcha dos projetos, os prazos para isto, para aquilo, um deus nos acuda. De fato, a burocracia que está aí prejudica até mesmo as classes dominantes, mas, afinal, enquanto dominantes, terminam por ajustar a máquina burocrática a seus interesses. O difícil é pôr esta burocracia a serviço dos sonhos progressistas de um governo popular e não populista.

Elói Lohmann: O que difere, na prática, a proposta do PT em relação às demais propostas pedagógicas?

Paulo Freire: Não gostaria de fazer nenhuma comparação entre a nossa maneira de encarar a administração da educação da coisa pública em geral e a de outros partidos. Gostaria, sim, de sublinhar alguns pontos que são caros para nós, numa administração petista. Um deles é o que entendemos por *participação*. Para nós, a participação não pode ser reduzida a uma pura colaboração que setores populacionais devessem e pudessem dar à administração pública. Participação ou colaboração, por exemplo, através dos chamados *mutirões*, por meio dos quais se reparam escolas, creches, ou se limpam ruas ou praças. A participação para nós, sem negar este tipo de colaboração, vai mais além. Implica, por parte das classes populares, um "estar presente na História e não simplesmente nela estar representadas". Implica a participação política das classes populares através de suas representações ao nível das opções, das decisões, e não só do fazer o já programado. Por isso é que uma compreensão autoritária da participação a reduz, obviamente, a uma presença concedida das classes populares a certos momentos da administração. Para nós, também, é que os conselhos de escola têm uma real importância como verdadeira instância de poder na criação de uma escola diferente. Participação popular para nós não é um *slogan*, mas a expressão, e ao mesmo tempo, o caminho de realização democrática da cidade.

Na medida em que nos afirmamos na prática democrática da participação, estamos nos afastando, cada vez mais, de um lado, das práticas elitistas, antidemocráticas, e de outro, das não menos antidemocráticas práticas basistas. Bem sei que não é fácil encarar projetos ou viver a participação popular como programa de governo e como ideal político. Não é fácil, sobretudo, pelas tradições autoritárias que precisamos superar, o que não se pode fazer no puro discurso contraditado por práticas autoritárias.

14
PEDAGOGIA DE PAULO FREIRE CHEGA A MAIS DE CEM ESCOLAS[34]

SECRETÁRIO, QUE CHEGOU A PEDIR DEMISSÃO, AMPLIA SEU MÉTODO NA REDE MUNICIPAL DE ENSINO.

Das 650 escolas municipais de São Paulo que retomaram aulas ontem, cem apresentaram a seus alunos uma nova e poderosa figura do currículo escolar. Trata-se do projeto de interdisciplinaridade, um conjunto de teorias que a Secretaria Municipal de Educação começou a implantar na Rede em fevereiro. Agora, são 110 os estabelecimentos de ensino que funcionam com base nesse sistema pedagógico, que, na verdade, é um caminho para fazer chegar aos alunos os fundamentos dos estudos de Paulo Freire, o secretário municipal de Educação. Para os assessores da secretaria, a ampliação da interdisciplinaridade na Rede significa que Freire cumpre a promessa de mudar o perfil da escola municipal. "O secretário está mudando a cara da escola, para torná-la interessante e alegre" – opina Ana Maria Saul, diretora de Orientação Técnica da Secretaria. Apesar do tom triunfante com que o gabinete de Freire costuma falar de seus projetos, a gestão

---
34. Entrevista concedida a Joaquim de Carvalho, em 24/7/1989.

tem sido marcada por polêmicas. Uma delas, gerada no interior de seu próprio partido, o PT, resultou num pedido de demissão do secretário (ler entrevista abaixo). Até o projeto que agora se estende criou controvérsias.

Nas dez escolas que inauguraram a interdisciplinaridade, em fevereiro, o projeto já provocou discussões calorosas entre professores e a equipe de técnicos encarregada pela Secretaria de Educação de, a cada semana, fiscalizar e orientar a prática docente. Nos primeiros meses, os pedagogos dos Núcleos de Ação Educacional (NAEs, nova denominação para delegacia de ensino) assistiam às aulas, faziam anotações e, depois, diziam aos professores o que estava coerente com o projeto e o que não estava.

"Disse uma vez à equipe que no dia em que me impusessem qualquer coisa fecharia minha agenda e voltaria a lecionar pelo método tradicional" – recorda Jane Garcia, 26 anos, professora da 3ª série do 1º grau da Cândido Portinari, escola de 2.800 alunos do bairro de Perus, no extremo oeste da cidade. "Fiquei insegura, parecia uma lavagem cerebral" – afirma. Jane acredita, no entanto, que o projeto tem muitos pontos positivos. "Aprendi a ouvir os alunos, que hoje melhoraram o hábito de ler e escrever" – conta.

A interdisciplinaridade consiste em unir todas as aulas em torno de temas comuns, chamados de "geradores". Na escola de Perus, por exemplo, o tema com o qual tentaram trabalhar no primeiro semestre todos os professores – da educação física à matemática – foi o da moradia. Agora, neste segundo semestre, o "gerador" será transporte. Mas a novidade na Rede não se limita à interdisciplinaridade. A equipe dos NAEs procura também mudar a prática didática. Segundo suas teorias, o ensino deve estar centrado no conhecimento do aluno e não do professor.

"Isso é muito complicado" – reclama uma das professoras, que, embora não se alinhem com a proposta, são obrigadas a trabalhar nesse método. No primeiro semestre da 7ª série, não foi adotado nenhum livro na disciplina de português – nem de gramática. Segundo a aluna Daniela de Andrade, o professor deu uma tarefa: pesquisar e escrever sobre um trecho da ferrovia desativada de Perus ao bairro de Primavera. Para cumprir essa lição, o professor propôs aos alunos que participassem de uma caminhada para reivindicar da Rede Ferroviária Federal a reativação da via férrea.

"Acho que agora está mais fácil aprender" – afirmou Daniela. Para Sandra Rosa Marcone, de 14 anos, os professores passaram a explicar mais pontos. "Agora eles falam mais" – diz. A diretora, Aparecida dos Anjos Pessoa, que tem 31 anos de magistério, não aceitará recuo caso o projeto fracasse, mas admitiu que houve problemas para sua implantação. "Alguns professores passaram por sua conta ao método tradicional, mas nós fizemos voltar ao projeto." Segundo Aparecida, a minoria dos professores descontentes não pode dar aula à sua maneira, porque a interdisciplinaridade exige trabalho em equipe.

"Não viemos para arrebentar a cidade"

Há cerca de um mês, o professor Paulo Freire, secretário municipal de Educação, entrou no gabinete da prefeita Luiza Erundina e disse: "Não dá mais, vou voltar para casa." Freire tentava encerrar assim a mais séria crise de sua gestão. Autor da *Pedagogia do oprimido*, livro que já vendeu dois milhões de cópias em todo o mundo, ele pretendia retomar o projeto de redigir quatro novas obras – entre elas, uma em que narrará sua passagem pela secretaria. Na semana passada, antes de embarcar ao Japão para uma viagem de trabalho, ele concedeu entrevista ao repórter Joaquim de Carvalho, no almoxarifado da Secretaria de Educação, onde há um grande estoque de carteiras, material didático, artigos esportivos e alimentos, para explicar por que mudou de ideia.

Estado: Por que o senhor voltou atrás na decisão de deixar a secretaria?

Paulo Freire: No momento em que assumi a ruptura, a decisão se espalhou. Algumas diretoras de escola telefonaram para mim. Não digo que foram todas as diretoras. Sei que não está todo mundo comigo. Mas muita gente ligou. Foram lá em casa. Houve serenata. Alguns me escreveram. Houve até faixa na frente da minha casa.

Estado: O senhor quer dizer que houve pressão para que ficasse?

Paulo Freire: Foi uma pressão bem comportada, decente, cortês, que me dizia: "Paulo, fica." Uma pressão que não me maltratava, me deixava livre. Pensei muito, discuti com minha mulher e fui conversar com a prefeita, que ficou muito contente com minha decisão.

Estado: E por que o senhor havia decidido deixar a administração?

Paulo Freire: As coisas que me feriram têm a ver com essa questão de ética. Não pude resistir às críticas não apenas de funcionários que estão nomeados em caráter de confiança, mas também de militantes do meu partido. Não pude suportar receber textos em que era chamado de nazifascista. Eu devia ter sido até mais rigoroso. Recebi textos – e eu estou fazendo um grande favor de chamar isso de textos – que diziam ser o secretário incompetente. "Ou muda o secretário ou o secretário muda", dizia um desses documentos. Dizia também que uma das virtudes do secretário é contar histórias engraçadas do seu exílio.

Estado: O senhor demitiu funcionários?

Paulo Freire: Demiti três. Dois deles voltaram à Rede Municipal de Ensino. Um não voltou porque não pertencia à Rede.

Estado: A que se deve esse comportamento de seus ex-auxiliares e de militantes? Houve tentativa de desestabilização?

Paulo Freire: Pode ser que haja interesse em desestabilizar. Mas, como uma pessoa preocupada com a questão da relação autoridade-liberdade dentro deste momento histórico, me inclino muito mais a entender coisas desse tipo como expressão desta dramática ambiguidade em que nos achamos. Toda manifestação de autoridade vira autoritária para esse tipo de autoritarismo. E toda expressão autêntica de liberdade deve ser, para esse tipo de autoritarismo, licenciosa. Essa ambiguidade vem atrapalhando a própria marcha de democratização entre nós.

Estado: De quem é essa ambiguidade?

Paulo Freire: Tem muita gente aí, militante de esquerda, que está convencida de que, no momento em que um companheiro assume um posto do qual decorre um mínimo de autoridade, deixa de ser companheiro, deixa de ser militante. Para eles, passa a ser "essa" gente do governo!

Estado: **O que o senhor fez para gerar descontentamento entre esse grupo?**

Paulo Freire: Mudança séria exige muito de todos nós do ponto de vista ético, do ponto de vista da competência científica, política, pedagógica etc. Fizemos, por exemplo, um ato no primeiro ou segundo dia de gestão.

Estado: **Que ato?**

Paulo Freire: Foi uma portaria que assinei chamando todo o pessoal que estava fora da Rede.

Estado: **Que pessoal?**

Paulo Freire: Professores, diretores, coordenadores.

Estado: **Eram quantas pessoas?**

Paulo Freire: Cerca de 2.500.

Estado: **Onde estavam?**

Paulo Freire: Em gabinetes de vereadores, em locais como Hospital do Câncer, em escolas conveniadas. Era justo que alguns desses funcionários estivessem à disposição de outros órgãos. Mas era preciso que, num primeiro momento, a gente trouxesse todos eles para a secretaria. Às vezes, tenho a impressão de que pensavam que a gente era um grupo de doidos, vândalos, destruidores, que assumiu a prefeitura com porrete e martelo na mão para quebrar tudo. Não. Somos muito civilizados, muito direitinhos, pensadores. Não viemos aqui para arrebentar a cidade.

Estado: O senhor recebeu pressões de políticos para não remover os professores?

Paulo Freire: Vamos admitir que você seja um grande amigo meu e, no dia seguinte à portaria, uma amiga sua o procura e diz: "Olha, sou professora lotada na periferia, mas há quatro anos consegui transferência e estou hoje no gabinete de A ou de B. Mas o secretário baixou uma portaria e me devolveu para a escola da periferia. Dá um jeito para ver se ele desmancha a ordem." Aí você me liga e diz: "Paulo, meu velho amigo, você dá um jeitinho..."

Estado: O senhor deve permanecer como secretário até o final do mandato da prefeita?

Paulo Freire: Não sei, não sei. Sei que vou ficar com essa gente bacana com quem trabalho tentando fazer alguma coisa a mais do que a gente já fez. Pode ser que esse meu algum tempo seja um ano, sejam os dois anos e meio de mandato que faltam à prefeita, podem ser seis meses. O que eu quero dizer é que há uma disposição minha de ficar.

Estado: O sindicato dos professores diz que o senhor não participa das negociações salariais.

Paulo Freire: Não participo diretamente. Não acho necessário. Meu dever é lutar para que isto ocorra, e não luto, necessariamente, no diálogo com a comissão que se preocupa com isso. Luto no nível do secretariado e na minha conversa direta com a prefeita.

Estado: Não seria um encargo do secretário discutir com o sindicato?

Paulo Freire: Meus assessores estão lá e me contam tudo. Reunir-me com os sindicalistas não está no meu corpo substantivo de deveres. A secretaria tem esse dever, não o secretário.

Estado: Qual será sua maior obra na secretaria?

Paulo Freire: Todas as realizações são grandes para mim. Quer ver uma coisa maior para um cara que foi para a cadeia porque quis alfabetizar seu povo do que entrar num lugar como esse (almoxarifado da secretaria) e ver estas cadeiras? Haverá coisa maior do que ver os índices de queda da reprovação escolar? Haverá coisa melhor do que um educador ver algumas de suas ideias concretizadas?

Estado: O senhor é vaidoso?

Paulo Freire: A vaidade, como reconhecimento de seu valor pessoal, é importante. E, nesse sentido, sou vaidoso e isso me motiva a maiores realizações. A vaidade só é má quando resulta na arrogância, na vaidade pecaminosa.

Luiza Erundina, então prefeita de São Paulo, convida Paulo Freire para assumir a Secretaria Municipal de Educação (SME) de maneira a assegurar a educação pública de qualidade. Na imagem, de 1º/1/1989, Freire assina termo de nomeação ao lado de Erundina, José Eduardo Cardozo, Aldaíza Sposati, entre outros secretários.

Prefeitura do Município de São Paulo

TÍTULO DE NOMEAÇÃO

Portaria N.º 08, de 1º de janeiro de 1989

LUIZA ERUNDINA DE SOUSA, Prefeita do Município de São Paulo, usando das atribuições que lhe são conferidas por lei,

RESOLVE:

Nomear, a partir de 1º janeiro de 1989, o senhor PAULO REGLUS NEVES FREIRE para exercer o cargo de Secretário Municipal da Educação, de livre provimento em comissão, constante da Lei nº 10.430, de 29 de fevereiro de 1988.

PREFEITURA DO MUNICÍPIO DE SÃO PAULO, aos 1º de janeiro de 1989, 435º da fundação de São Paulo.

LUIZA ERUNDINA DE SOUSA
Prefeita

SGM/AT
RFGR/tmt

Termo de nomeação de Paulo Freire na SME. As afinidades entre o projeto revolucionário de Freire e a gestão plural de Erundina possibilitaram experiências importantes, que abrangeram a formação ético-político-crítica de alunos(as) e educadores(as).

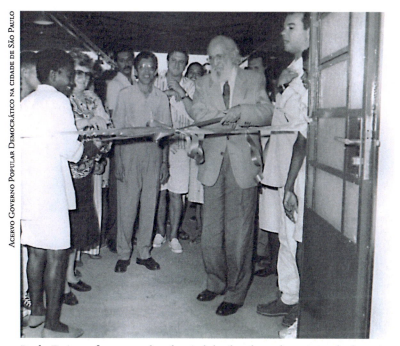

Paulo Freire enfrentou o elevado nível de abandono da maior rede de ensino público do país, após a abertura política, transformando escolas em centros de criatividade, onde seria possível ensinar e aprender com alegria. Na imagem, Freire reinaugura escola após reforma.

Paulo Freire foi pioneiro em experimentar a possibilidade educativa das novas tecnologias no Brasil. Em 1990, o Projeto Gênese da Informática, desenvolvido com a Unicamp, inseriu computadores em escolas e capacitou a primeira turma de professores municipais em informática educativa. Na imagem, secretário e prefeita inauguram sala de computação em uma das escolas do município.

Luiza Erundina foi a primeira mulher a assumir a prefeitura de São Paulo. Na imagem (da esquerda para a direita), entre outros, Eduardo Suplicy, Nita Freire, o vice-prefeito Luiz Eduardo Greenhalgh, Erundina e Freire; ao lado da bandeira nacional, fotografia do cartunista Henfil.

A cooperação de Freire com o governo de Erundina, para a construção e o desenvolvimento de políticas públicas em favor da educação de qualidade, deu-se sob espírito de fraternidade e sonhos partilhados. Estabeleceu-se entre eles uma profunda amizade. Juntos, implementaram a maior experiência prática do pensamento freireano, o Movimento de Alfabetização de Jovens e Adultos (MOVA) – que ainda hoje está em atividade.

Por deliberação de Paulo Freire, as Delegacias de Ensino foram remodeladas para que perdessem a carga policialesca e dessem lugar aos Núcleos de Ação Educativa (NAEs), espaços pedagógicos de participação política e democrática dos envolvidos no ato de educar. Na foto, Paulo Freire está entre a educadora Ana Maria Araújo Freire (Nita Freire), sua esposa, e Luiza Erundina, após reunião dos NAEs.

Em meados de 1990, Freire comunicou seu desejo de deixar a SME, embora disposto a contribuir em "uma outra esquina de luta". Houve mobilização dos profissionais do município, incluindo secretários e a própria prefeita, para que ele continuasse no cargo. Na imagem, faixa no Conjunto Nacional, na Avenida Paulista, trajeto usual de Freire entre o trabalho e a casa.

Em maio de 1991, após consolidar políticas públicas progressistas de educação na cidade de São Paulo, Freire pediu sua dispensa do cargo para se dedicar à família e à escrita. Na imagem, a portaria de exoneração que formalizou seu pedido.

15
Paulo Freire e suas propostas[35]

Jornal das Escolas: O senhor é um educador com larga produção bibliográfica na sua área; disse que teria, finalmente, a oportunidade de pôr em prática suas ideias. Acha que conseguiu? Quais as principais dificuldades? Quais foram as dificuldades impossíveis de transpor e por quê?

Paulo Freire: Assumir a Secretaria de Educação da cidade de São Paulo, ao lado do grande desafio e responsabilidade que isto representa, é para mim, sem dúvida, o momento de buscar pôr em prática um conjunto de propostas com que há muito venho sonhando, escrevendo e discutindo. Considero, no entanto, que as ideias que tenho apresentado e defendido, tanto em minhas obras como em minha atuação como professor no Brasil e no exterior, são compartilhadas também por educadores progressistas que desejam uma escola pública democrática, responsável, séria.

Por isto tenho me referido à necessidade de mudar a "cara da escola" nesta administração, porque tenho certeza de que

---

35. Entrevista publicada pelo *Jornal das Escolas*, órgão oficial do Núcleo de Ação Educativa 10, de São Miguel, em outubro de 1989. A entrevista havia sido respondida originalmente para o jornal *Folha de S.Paulo*, em 15/8/1989. Paulo Freire, de próprio punho, anotou na folha de perguntas encaminhadas pelo referido jornal: "A *Folha* não publicou esta entrevista. Ao contrário, publicou toda uma página de ataques a mim sem nenhuma referência à entrevista."

essa escola que expulsa alunos (e isto tem sido chamado de evasão escolar), que reproduz as marcas de autoritarismo deste país nas relações dos educadores com os alunos, que tem bloqueado a entrada dos pais e da comunidade na escola, não tem uma "cara" de que se possa gostar e manter.

No entanto, é preciso que o senhor compreenda que a mudança da "cara" da escola não se pode fazer de um dia para o outro ou tão depressa como eu desejaria que fosse. Isso porque a minha opção de como fazer a mudança da escola implica ouvir todos os que fazem a escola (pais, educadores, alunos, funcionários), bem como a comunidade em que esta se situa, e os especialistas nas diferentes áreas de conhecimento.

E isso não é simples e exclusivo trabalho técnico ou administrativo. Considero que, desde os primeiros momentos de minha gestão, iniciei com a minha equipe de trabalho uma grande ação para que isso possa ocorrer. Essa não é, porém, uma conquista que se possa completar em seis meses de administração.

As maiores dificuldades para avançar no rumo da melhoria do trabalho pedagógico da escola, nesses primeiros meses, estiveram no fato de que tive que concentrar mais esforços do que aqueles que normalmente seriam necessários para equacionar os reparos de uma rede física totalmente sucateada, com um orçamento extremamente exíguo deixado pela administração anterior.

Da precariedade geral em que se encontravam as escolas, 49 unidades estavam em condições tão graves que tiveram que ser parcialmente fechadas para reforma, para não pôr em risco a vida de estudantes, professores e funcionários.

Encontrei ainda, na Rede, um déficit de 30 mil carteiras, o que fazia com que os meninos e as meninas tivessem que assistir às aulas em pé ou sentados no chão. Isso é incrível quando se pensa que estamos na cidade de São Paulo e revela, sobretudo, um desrespeito das administrações anteriores pela educação e pela coisa pública. Acrescento ainda um obstáculo que se localiza no emperramento da própria máquina administrativa. Em certos casos, até se consegue o recurso necessário para determinadas ações, mas a burocracia é tão lenta e complicada que, na verdade, acaba sendo uma grande barreira, que parece ter sido inventada para que as coisas não se façam, não andem.

Quero insistir, no entanto, que a escola que se quer não é uma questão de decretar no *Diário Oficial*, mesmo porque isto, além de ser uma postura autoritária, em nada garante que a escola será melhor. Mudar a escola na direção que esta administração deseja implica um trabalho profundo e sério com os educadores, que tem a ver com a questão ideológica, com o assumir compromisso, com a qualificação dos profissionais, e este caminho é, no meu entender, a dificuldade maior a transpor. Não considero, porém, que esta seja uma dificuldade intransponível.

Jornal das Escolas: Quais as mudanças estruturais mais importantes introduzidas no modelo pedagógico das escolas municipais? Acha que foram suficientes?

Paulo Freire: As mudanças estruturais mais importantes, até agora, introduzidas na escola, incidiram sobre a autonomia da instituição. Com o restabelecimento do Regimento Comum das Escolas, aprovado pelo Conselho Estadual de

Educação em 1985 e cassado pela administração passada, os conselhos eleitos ao final de março deste ano passam a funcionar com caráter deliberativo. Cabe aos mesmos, principalmente, a aprovação do plano escolar e a elaboração do plano de ação orçamentária da escola. No sentido, ainda, de ampliar a participação nas decisões e ações, a Secretaria Municipal de Educação, com o apoio da União Municipal dos Estudantes Secundaristas, iniciou a formação e discussão dos grêmios estudantis nas escolas. No entanto, o avanço maior no nível da autonomia foi permitir no seio da escola a gestação de projetos pedagógicos próprios que, com o apoio da administração, possam acelerar a mudança da escola. Considero que tais mudanças, apesar do avanço representado, são apenas o início do que imagino que deve ser a mudança da escola.

Jornal das Escolas: **O senhor é adepto da formação permanente do professor. Quais os programas de treinamento e atualização dos professores que já foram concretizados?**

Paulo Freire: Nesta administração, um dos programas prioritários, em que estou profundamente empenhado, é o de formação permanente dos educadores, por entender que eles necessitam de uma prática político-pedagógica séria e competente, que responda à nova fisionomia da escola que se busca construir.

Seis são os princípios básicos do programa de formação de educadores desta secretaria:

1. O educador é sujeito de sua prática, cumprindo a ele criá-la e recriá-la;

2. A formação do educador deve instrumentalizá-lo para que ele crie e recrie a sua prática através da reflexão sobre o seu cotidiano;
3. A formação do educador deve ser constante, sistematizada, porque a prática se faz e se refaz;
4. A prática pedagógica requer a compreensão da própria gênese do conhecimento, ou seja, de como se dá o processo de conhecer;
5. O programa de formação de educadores é condição para o processo de reorientação curricular da escola;
6. O programa de formação de educadores terá como eixos básicos:
    - A fisionomia da escola que se quer, enquanto horizonte da nova proposta pedagógica;
    - A necessidade de suprir elementos de formação básica aos educadores nas diferentes áreas do conhecimento humano;
    - A apropriação, pelos educadores, dos avanços científicos do conhecimento humano que possam contribuir para a qualidade da escola que se quer.

Esse programa assume múltiplas e variadas formas. Será privilegiada a formação que se faz no âmbito da própria escola, com pequenos grupos de educadores ou com grupos ampliados, resultantes do agrupamento das escolas próximas. Esse trabalho consiste no acompanhamento da ação – reflexão – dos educadores que atuam nas escolas; envolvem a explicitação e análise da prática pedagógica, o levantamento de temas de análise da prática que requerem fundamentação teórica e a reanálise da prática pedagógica, considerando a reflexão sobre a prática e a reflexão teórica.

Várias ações já foram concretizadas. Destaco o trabalho sistemático dos grupos de formação com educadores da Educação Infantil e com coordenadores, diretores e professores que trabalham com alfabetização. Já foram desenvolvidas ações de formação com coordenadores pedagógicos no sistema. Tive o empenho de me encontrar pessoalmente com educadores (diretores, coordenadores pedagógico e com todos os professores de grandes áreas da cidade – Zona Sul e Zona Norte) para explicitação da política pedagógica desta gestão.

Jornal das Escolas: O senhor se propôs a buscar nas universidades o apoio, sem oneração do município, dos professores ao projeto educacional da prefeitura. Quais as adesões já conseguidas e qual a colaboração específica que estão prestando?

Paulo Freire: Logo no início desta gestão, comecei a trabalhar com equipes de professores universitários de diferentes áreas do conhecimento, que convidei para discutir as propostas de mudança da escola.

Entendo que a universidade tem uma responsabilidade social a cumprir junto aos demais graus de ensino e uma contribuição fundamental a dar no que diz respeito à compreensão do conhecimento, às perspectivas de avanço nas diferentes dimensões do conhecimento, bem como nas questões de formação dos profissionais que atuam nas Redes de Ensino.

Considero, também, que a aproximação da universidade com a escola permite que a própria universidade se aproprie de um conhecimento da realidade que a fará repensar o seu ensino e a sua pesquisa.

Em síntese, considero que este intercâmbio é saudável tanto à universidade quanto à Rede de Ensino Municipal. O encontro com os reitores da PUC-SP, USP e Unicamp foi extremamente profícuo. Ao lado de uma calorosa acolhida e de uma afinidade quanto às intenções de intercâmbio, pudemos contar com os profissionais destas universidades que trabalharam, até o momento, junto às equipes da secretaria, especificamente na Comissão de Reorientação Curricular, participando na preparação do Movimento de Reorientação Curricular que será desencadeado junto às escolas nos próximos dias 21 e 22 de agosto.

Os professores das universidades desenvolveram, também durante o primeiro semestre, importantes seminários. Citando o tema de alguns deles: Linguagem, educação e formação de professores; Interdisciplinaridade e educação; A dimensão ética no processo de reorientação curricular. Esses Seminários foram registrados e serão cuidadosamente analisados, uma vez que auxiliam na construção da tela crítica necessária que auxiliará o trabalho de mudança da escola. Para que esse trabalho prossiga e se amplie, a Secretaria Municipal de Educação já assinou um acordo específico com a USP, no último dia 8, e proximamente assinará, também, termos de cooperação técnica no mesmo teor daquele firmado com a USP, com a PUC-SP e a Unicamp.

JORNAL DAS ESCOLAS: O senhor sempre priorizou a "relação dialógica" no ensino, que é a incorporação da visão de mundo do aluno, como parte do processo educativo. Como a participação do aluno foi concretizada?

Paulo Freire: A priorização da "relação dialógica" no ensino, que permite o respeito à cultura do aluno, à valorização do conhecimento que o educando traz, enfim, um trabalho a partir da visão do mundo do educando, é sem dúvida um dos eixos fundamentais sobre o qual deve se apoiar a prática pedagógica de professoras e professores. Essa proposta é muito séria e muito profunda, porque a participação do aluno não deve ser entendida de forma simplista. O que proponho é um trabalho pedagógico que, a partir do conhecimento que o aluno traz – que é uma expressão da classe social à qual os educandos pertencem –, haja uma superação do mesmo, não no sentido de anular esse conhecimento ou de sobrepor um conhecimento ao outro. O que se propõe é que o conhecimento com o qual se trabalha na escola seja relevante e significativo para a formação do educando.

Isto não deve e não pode ser feito através do depositar informações para os alunos. Por isso, repudio a "pedagogia bancária" e proponho e defendo uma pedagogia crítico-dialógica, uma pedagogia da pergunta. A escola pública que desejo é a escola onde tem lugar de destaque a apreensão crítica do conhecimento significativo através da relação dialógica. É a escola que estimula o aluno a perguntar, a criticar, a criar; onde se propõe a construção do conhecimento coletivo, articulando o saber popular e o saber crítico, científico, mediados pelas experiências de mundo.

Quero dizer que trabalhar dessa forma não é a prática da escola brasileira, hoje. Por isso, é preciso um grande investimento na formação permanente dos educadores para que se possa reverter a situação existente e se conseguir um trabalho onde a relação dialógica aconteça de verdade, isto é, da forma como a compreendo. Tenho procurado discutir esses aspectos nas reuniões que tenho feito com as equipes que trabalham diretamente com os professores, bem como nas comunicações que tenho feito a respeito da política educacional desta Secretaria, nesta gestão.

Não há condição de dizer que essa proposta já foi concretizada, porém asseguro que as ações desta secretaria estão e estarão voltadas para que essa perspectiva venha concretizando-se como uma característica fundamental da mudança da escola.

JORNAL DAS ESCOLAS: O senhor disse, há alguns anos (dez/82), que a escola tem que refletir as necessidades e expectativas da população em relação à escola e que os professores são intérpretes dessas expectativas. O que foi concretizado para que a população pudesse dizer o que quer da escola?

PAULO FREIRE: Continuo afirmando que a população tem necessidades e expectativas em relação à escola. As escolas e as equipes que trabalham nas diferentes instâncias da Secretaria Municipal de Educação de São Paulo precisam conhecer essas necessidades e expectativas e considerá-las no processo que deve levar à mudança da escola.

Duas ações principais têm sido desenvolvidas por esta secretaria para que se possa conhecer o que a população quer da escola, bem como as críticas que tem em relação à mesma. Uma delas foi a instalação, em todas as unidades, dos Conselhos de Escola, com caráter deliberativo. Esses Conselhos devem ser atuantes e participar efetivamente das decisões e realizações da escola.

A outra ação é a realização de Plenárias Pedagógicas. Essas são grandes encontros que ocorrem aos sábados entre dirigentes da secretaria das mais diferentes instâncias e a comunidade. No primeiro semestre, ocorreram duas dessas plenárias; uma que reuniu populares da Zona Leste e outra, que discutiu com populares da área mais central da cidade. Além desses dois grandes encontros, registrados em vídeo, tenho aceitado com prazer convites para discutir com comunidades diversas, por solicitação de escolas, dos Núcleos de Ação Educativa ou mesmo por iniciativa e organização da própria população.

Jornal das Escolas: Logo após a sua posse, o senhor disse que não havia vagas suficientes nas escolas municipais, nem condições para construir escolas na medida do necessário. Teve, então, a ideia de transformar espaços vazios em salas de aula (salões de igreja, por exemplo). Quantas vagas conseguiu com essa medida e quais os espaços conquistados? Qual a avaliação preliminar da experiência?

Paulo Freire: A necessidade de vagas para atender às crianças que estão fora da escola, em São Paulo, é tão grande que precisaríamos de 546 novos prédios para atendimento dessa demanda.

Nesta gestão houve um aumento de 6,39% no conjunto geral de matrículas na Rede em seus cursos regulares de Educação Infantil, 1º e 2º graus e Supletivo de 1º e 2º graus.

De um lado, houve um compromisso em uma ação efetiva desta secretaria em ocupar as classes ociosas das escolas, principalmente aquelas do período noturno. Por outro lado, foram criadas dezessete classes comunitárias de Educação Infantil que funcionam em equipamentos sociais diversos da sociedade civil, tais como: salões de sindicatos, igreja, sociedade de amigos de bairro. Quero destacar que esta secretaria está assumindo, a partir deste mês, 9.600 classes de Educação de Adultos, o que significa atendimento em equipamentos sociais outros que não os prédios escolares existentes. Aceito essa solução como transitória e a única viável, no momento, para a ampliação do atendimento. Assumo, porém, o compromisso com uma atenção a essas classes que terão todo o apoio administrativo e pedagógico, de modo a garantir um trabalho educativo de boa qualidade junto aos educandos. Dessa forma, preliminarmente, considero a experiência positiva.

JORNAL DAS ESCOLAS: Em janeiro, o senhor se reuniu com o secretário Chopin Tavares de Lima e manifestou interesse em trabalhar em conjunto com a Secretaria Estadual de Educação. Qual foi o resultado concreto dessa reunião?

PAULO FREIRE: Considero que o trabalho conjunto com a Secretaria de Educação do Estado é importante, pois tanto a Secretaria de Educação do Município como a do Estado são responsáveis pela educação das crianças, jovens e adultos de São Paulo, e, nesse sentido, é desejável que conjuguem esforços para responder mais adequadamente a esse compromisso.

Em janeiro visitei o secretário Chopin Tavares de Lima e, desse encontro, resultou um empréstimo de um conjunto de 3.600 carteiras do Estado para as escolas municipais, bem como a possibilidade de utilização de alguns prédios da Rede do Estado que estavam com capacidade ociosa, para abrigar alguns alunos das escolas municipais que não puderam ocupar os prédios que foram interditados. No entanto, não foi concretizada, ainda, a construção de prédios escolares que o

Estado deveria construir para o Município em troca de terrenos que a Prefeitura já havia repassado ao Estado. Continuarei fazendo gestões junto à Secretaria de Educação do Estado, no sentido do cumprimento dos compromissos já estabelecidos, bem como de uma ação conjunta a favor especialmente dos alunos que pertencem às classes populares desta cidade.

Jornal das Escolas: O senhor considera que conseguiu recuperar os salários dos professores e funcionários da Secretaria Municipal de Educação? Acha que eles estão satisfeitos?

Paulo Freire: Os salários tiveram um crescimento real nos quatro primeiros meses da administração (até abril/89). Isso representou 300% de aumento em relação ao piso salarial de dezembro/88. Não foi possível nos meses de maio a julho manter o mesmo ritmo dos aumentos, dado que a receita foi insuficiente, considerando o volume de obras necessárias para o reparo das escolas. Neste mês, no entanto, o piso salarial que será proposto aos professores será elevado de NCr$ 337,00 para NCr$ 701,26. Isso significa que, neste momento, São Paulo tem o maior piso nacional de salário para o magistério. De setembro em diante, o reajuste será feito mensalmente, de acordo com o índice do Dieese. Sabemos que no Brasil, hoje, com exceção de uma pequena parcela da população, os trabalhadores como um todo têm salários insatisfatórios, corroídos pela inflação decorrente da política econômica do país que privilegia exclusivamente a classe dominante.

Jornal das Escolas: O que o senhor acha que mudou na Secretaria Municipal de Educação, em relação à gestão anterior?

Paulo Freire: Considero que o que já mudou na Secretaria Municipal de Educação, em relação à gestão anterior, é, sobretudo, a perspectiva democrática que se imprime na política pedagógica desta gestão. O combate ao elitismo, ao autoritarismo, ao clientelismo são metas principais no horizonte desta administração. No entanto, penso que melhor poderão responder a essa questão os educadores e funcionários. Sugiro que perguntem a eles.

Jornal das Escolas: Quais são os seus planos para os próximos seis meses? O que considera prioritário?

Paulo Freire: Para os próximos seis meses, tenho como metas:

- Dar continuidade à administração por colegiados, procurando tornar realidade as ideias de representatividade e participação;
- Ampliar o trabalho da Secretaria Municipal de Educação junto aos Núcleos Regionais de Planejamento e intensificar as Plenárias Pedagógicas, possibilitando maior participação da população organizada nas decisões educacionais;
- Desencadear junto às escolas o trabalho de reorientação curricular, promovendo discussões organizadas de todos os educadores da Rede já nos dias 21 e 22 de agosto;
- Ampliar a autonomia da escola possibilitando a descentralização do orçamento para as escolas, ampliando o adiantamento direto de verbas que possam ser gerenciadas pelas próprias escolas;

- Estimular a autonomia pedagógica das escolas, permitindo que as mesmas elaborem seus planos de trabalho e apresentem projetos que venham a melhorar a qualidade da escola;
- Implantar em dez escolas, com garantia de expansão para todas as demais, até o final da gestão, um trabalho interdisciplinar, o apoio dos Núcleos de Ação Educativa das equipes da Diretoria de Orientação Técnica da Secretaria e com a assessoria dos professores das universidades;
- Estabelecer escolhas de prioridades no atendimento à demanda e alocar recursos orçamentários, humanos e materiais necessários;
- Desenvolver os programas de formação permanente de pessoal, com múltiplas modalidades, priorizando a formação permanente de alfabetização e de professores de Educação Infantil e 5as séries; oportunizar aos educadores da Rede, em geral, a frequência a programas que atualizem a formação básica, porém balizados pelas diretrizes desta secretaria;
- Promover concurso para operacionais e professores dos níveis I e II;
- Prosseguir com as obras de construção de oito escolas novas;
- Prosseguir com a reforma de 39 escolas iniciadas no primeiro semestre;
- Prover as escolas com conjuntos de carteiras necessárias e demais materiais básicos para o trabalho escolar;
- Promover o desenvolvimento e o acompanhamento dos Conselhos de Escola e dos Grêmios Livres;

- Prosseguir com a participação em trabalhos de intersecretarias, garantindo uma ação integrada das ações das diferentes secretarias;
- Preparar uma ação organizada visando a deflagrar em 1990 o Projeto Mova-São Paulo, que se constituirá em uma grande ação com o objetivo de diminuir significativamente o número de adultos analfabetos na cidade de São Paulo.

Em síntese, há muitos planos que, em consonância, estarão voltados para a mudança da escola e para a formação permanente dos educadores.

16

Como anda a educação em São Paulo[36]

Talvez eu pudesse dizer às pessoas que vão nos ler que não é só a educação em São Paulo, mas que a educação no Brasil vai muito mal.

Ao dizer isso, é claro que se encontram diferentes áreas em que se têm importantes pontos positivos. Não sou por uma generalização que, no fundo, seria ingênua. Nos diferentes graus de educação, se encontram, tanto no campo da escola privada quando no da escola pública, muita coisa boa. Mas, em tese, a educação no Brasil anda mal.

Vale fazer uma reflexão mais ampla e geral em torno da educação no Brasil, e, fazendo-a, e nos detendo de norte a sul do país e olhando a escola pública brasileira, vê-se como o Estado brasileiro vem desservindo a grande massa da população, como ela está absolutamente precária.

Mas, quando se constata isso, constata-se também que a precariedade é do sistema que está aí, quer dizer, é das estruturas perversas, malvadas. Há certa perversidade, certa malvadez no sistema sócio-político-econômico brasileiro, que permite fazer uma listagem de coisas absurdas. Quando se

---

36. Entrevista concedida a M. Estela, da C.A. Sant'Anna, e Patrizia Bergamaschi, do jornal paroquial *Fátima Paulista*, em 9/3/1991.

pensa no número de crianças que o Brasil tem hoje nas ruas, sem casa, sem teto, sem viver bem, que tem que viver (ou sobreviver), criando e desenvolvendo fingimentos e manchas para escapar à fúria dos adultos, da polícia... O que se mata por dia neste país é uma coisa absurda.

Se pensarmos nesses dados, vemos que é uma sociedade enferma, deformada e malvada. Podemos, também, pensar em outro dado: no número de meninos e meninas, irmãos nossos, por este país afora, que estão proibidos de ir à escola... Eu não uso a expressão que todo mundo emprega "estão fora da escola", porque (fora da) ameniza um pouco a malvadez do dado estatístico; é como se disséssemos: estão fora porque querem, se quisessem até poderiam estar na escola... mas, não! Eles estão realmente proibidos de ir para a escola! O número de crianças de 7 a 14 anos (para não pensar nas crianças de 3 a 7 anos) que não estão na escola é coisa calamitosa. Se desdobrarmos essa reflexão, descobrimos que, nos centros urbanos brasileiros, por causa do esforço, da organização das classes trabalhadoras, das lutas populares, o Estado, de anos para cá, viu-se obrigado a ampliar sua capacidade de resposta à demanda social pela escola.

Percebe-se, também, que, por causa disso, uma quantidade "x" de meninos e meninas das áreas populares conseguiu arrebentar a proibição. O Estado, então, respondendo a essa pressão, criou escolas, ampliou o sistema escolar e esses meninos entraram na escola. Mas, o que se observa em seguida? Uma quantidade enorme desses meninos é reprovada sumária e sistematicamente da 1ª para a 2ª série; a criança é proibida de ficar na escola porque não se alfabetizou por "n" razões que operam conjuntamente.

De um lado, a incompetência das professoras malformadas. As escolas de formação de professores, no Brasil, estão profundamente atrasadas em termos de ciência, de pedagogia, de clareza política. As meninas saem de lá sem terem aprendido, exatamente, o mistério do ato de alfabetizar. O que é a linguagem? Quais as raízes mais profundas que a linguagem tem? O que significa alfabetizar? O que é ler? O que é escrever?

Junto a esse dado, o da ignorância científica, está o preconceito de classe que a professora tem. O aspecto ideológico está aí. Uma ideologia autoritária, discriminadora do menino popular, do corpo do menino popular, do cheiro do seu corpo. O menino cheira mal, o menino mora num mocambo, o menino está solto, o menino não é educado, não tem jeito, não tem um bom comportamento. Pior ainda: o menino não sabe nada! Quando, na verdade, sabemos que a criança sabe muita coisa: para saber basta estar vivo. Essa discriminação, ou essa ideologia, que discrimina a classe popular, obviamente, se fundamenta numa superioridade das classes dominantes e seu discurso, sua linguagem, sua sintaxe. A boniteza, a certeza, a exatidão da linguagem está na linguagem da gente. Não quer dizer que não se pode corrigir; eu nunca disse isso. Como pensador, como existente, estou convencido de que o fenômeno vital implica correção e autocorreção permanentemente.

O que ocorre como consequência disso é um enorme número de reprovações. Há aqueles que conseguem escapar, mas que, quando chegam à 6ª série, são reprovados. Essas reprovações terminam por expulsar os meninos e as meninas da escola. Os especialistas chamam isso de evasão, como se os meninos se evadissem porque quisessem.

De um lado a incapacidade que o sistema tem de atender à demanda social; do outro, excesso de capacidade de classe. No fundo, o fracasso da escola é o êxito de uma concepção retrógada de classe social, porque, evidentemente, uma classe social dominante, hegemônica, lúcida, não poderia satisfazer uma tão malvadez que termina por obstacularizar o próprio processo do país.

Como brasileiro – digo com certa dor –, estamos um pouco longe de ver a educação no Brasil como uma prioridade, por causa da tradição pelo descaso com a escola, pelo público, que é muito forte.

Vamos precisar de um bom número de anos, criando uma nova prática, que é a prática do respeito à seriedade, da relação mais próxima, entre o discurso e a ação.

É preciso ver, também, o outro lado da coisa, o lado da qualidade da educação. Essa finalidade não pode existir com professores mal pagos e malformados e que, na continuidade de sua prática, não se engajem em nenhum processo permanente de formação.

Não gostaria de passar, entretanto, uma imagem pessimista. Ao contrário, eu acho que é possível mudar.

As mudanças têm de ser um ato de vontade, tanto das lideranças governamentais, como das lideranças pedagógicas, com o envolvimento do povo. Por isso, eu digo, simbolicamente, que a escola muda é no meio da rua, para simbolizar o encontro dos movimentos de dentro e de fora.

Temos que ter uma escola pública que se começa a fazer popular à medida que se experimenta no risco democrático de ter voz, ter palavra com a comunidade educativa. Todos são educadores. É preciso que todas as dimensões que compõem a totalidade da prática pedagógica sejam chamadas para uma real participação, que significa uma voz com relação à própria organização da política educacional que se vive dentro da escola.

Sabemos que a tradição brasileira é uma tradição autoritária. Nós somos uma sociedade muito autoritária: confundimos autoridade com autoritarismo, liberdade com licenciosidade. Às vezes, temos medo de exercer a autoridade para não sermos autoritários e caímos então na licenciosidade, que é a negação também da liberdade.

O que temos que fazer é usar a autoridade. Sem autoridade, a liberdade não se constitui. Tampouco nenhuma liberdade cresce fora de limites. Mas nenhuma autoridade que estabeleça limites à liberdade pode deixar de estabelecer limites a si também.

Uma das coisas que estamos fazendo relativamente bem, hoje, é viver essa relação que é sempre tensa entre autoridade e liberdade.

Uma das coisas mais importantes que nós, educadores, teríamos que fazer é nos meter de corpo e alma nessa briga em favor da liberdade, portanto, em favor do crescimento de uma liberdade crítica, de uma liberdade que, negando o autoritarismo, também negue a licenciosidade.

17

Encontro com Paulo Freire[37]

Daniel Fresnot: Paulo, você está preparando um novo livro?

Paulo Freire: Três livros, na realidade. Agora vou voltar a trabalhar neles. Já achei as primeiras páginas escritas, porque eu tinha deixado isso na biblioteca quase de forma absurda, mas agora já reorganizei e vou voltar a escrever.

Beatriz Cannabrava: São livros técnicos?

Paulo Freire: Bem, eu nunca escrevi um livro técnico, depende de como a gente entende. Todo o meu trabalho tem sido político-pedagógico, com alguns aspectos técnicos. Estou escrevendo um que se chamará *Cartas a Cristina*, e que é um velho projeto que eu nunca concluí. É um livro assim, um tanto plural, uma espécie de arco-íris temático em função das próprias cartas. É um pouco da história da minha própria vida, tem a experiência do exílio e termina com a Secretaria de Educação. Talvez seja esse o mais volumoso de todos.

Há um outro livro do qual já escrevi umas sessenta páginas. É um ensaio que vai te interessar muito (ao Paulo), sobre Amílcar Cabral, o grande libertador, e eu aproveito

---

37. Entrevista concedida a Beatriz Cannabrava, Paulo Cannabrava Filho e Daniel Fresnot, do jornal *O Bairro das Perdizes*, São Paulo, na edição de 29/6 a 5/7/1991.

para discutir algumas coisas históricas, como a questão da revolução hoje, o que será isso.[38] E um terceiro que não é um livro mas terá prioridade, é uma nova introdução à *Pedagogia do oprimido*,[39] que está no vigésimo primeiro ou segundo ano, ganhou a maioridade. Quero dizer que os editores estão muito excitados com essa nova edição.

DANIEL FRESNOT: Temos uma outra pergunta: como foi a sua experiência como secretário de Educação da Prefeitura de São Paulo?

PAULO FREIRE: Olha, eu te diria que a minha experiência como secretário de Educação foi um momento de vida que eu considero indispensável. Quer dizer, se eu não tivesse sido secretário de educação, tenho a impressão de que como educador, como pensador da educação, como político, me teria faltado alguma coisa. Nesse sentido, eu agradeço enormemente o convite que a Erundina, essa mulher extraordinária, me fez. E não me arrependo de ter dito sim quando ela me convidou, porque tornou possível ver de perto, tocar, mexer na prática educativa como processo. Por outro lado, como secretário foi possível também ver uma coisa que nós, brasileiros, sabemos, mas que é sempre doloroso ver: o descaso pela coisa pública. Isso foi horrível. Quando eu me lembro que no segundo dia depois de assumir a secretaria fui visitar escolas do município que

---

38. Paulo Freire nunca concretizou esse seu projeto (N. dos orgs.).
39. Esta pretendida introdução à *Pedagogia do oprimido* acabou se transformando num outro livro, *Pedagogia da Esperança: um reencontro com a Pedagogia do oprimido* (N. dos orgs.).

estavam ruins, eu pensei que eram apenas escolas com um problema ou outro, mas o que descobri foram 390 escolas deterioradas, sucateadas, numa rede que tinha 655 unidades. Quer dizer que 60% estavam deterioradas e algumas foram interditadas pelos riscos que ofereciam à vida dos meninos e dos professores. E as diretoras com quem eu conversava me falavam: mas faz anos que eu peço isso, elas me contavam que pediam para consertar a escola. Havia algumas arrombadas, outras não se pode nem falar em goteiras, havia escolas que eram um buraco caindo água, outras com problemas elétricos etc.

PAULO CANNABRAVA: E com os professores também estragados...

PAULO FREIRE: Mas, evidente. Os professores, inclusive, não acreditavam, não tinham sequer coragem de protestar, reclamar. Quer dizer, um ou outro professor fez protestos, mas o prefeito anterior proibiu que até passassem por perto da secretaria. Nós somos brasileiros e sabemos os gostos incontroláveis de Jânio Quadros com relação ao autoritarismo, ao caciquismo etc. Ao mesmo tempo em que a gente cuidava de como atender, eu me lembro das idas e vindas ao gabinete da prefeita em busca de recursos. A maioria das escolas estava precisando não de um pequeno reparo, tirar uma goteira aqui, outra ali, mas de uma reforma fundamental, uma reforma básica, às vezes até mudar uma cobertura inteira. E nós fizemos. No último relatório que recebi, dois dias antes de deixar a secretaria, comunicava-se que das 390 unidades, apenas seis estavam por ser refeitas.

PAULO CANNABRAVA: Você conseguiu remover algumas das distorções da administração pública?

Paulo Freire: Claro, nós conseguimos com Erundina. Um exemplo: em dois anos e meio de administração da Erundina, não houve uma greve na Rede Escolar Municipal. É porque se pôs a polícia? Não, ao contrário, nunca houve mais liberdade para criticar e para fazer do que hoje no governo da Erundina.[40] Trinta mil professores, seiscentas e cinquenta e tantas diretoras, nós temos um quadro enorme de servidores na Rede Municipal e não tivemos uma greve em dois anos e meio. Houve um momento em que havia 150 mil professores do Estado em greve e nós só tivemos um dia de advertência. Por quê? Porque apesar de ainda pagarmos mal, conseguimos saltos extraordinários nos níveis salariais. Agora você imagina como era isso. Eu me lembro que quando a gente assumiu, o salário da professora, em dezembro de 1988, era de 73 cruzados.

Essa coisa de você melhorar os padrões de qualidade da escola passa por esse respeito pela questão ética e pela questão política e de justiça com respeito à educadora, mas passa também pela formação permanente, pela formação científica da educadora. Isso tudo é um tecido só, isso tudo está entranhado, como cobrar de uma professora que ela se atualize se o seu salário não dá sequer para comprar o jornal? Quanto mais para ler livros. A formação permanente da educadora é um dever da administração.

Nós fizemos grupos de formação de professores de alfabetização e um dos óbices que a gente tem na escolaridade brasileira está exatamente entre o primeiro e o segundo

---

40. Essa declaração de Paulo Freire é um dos maiores exemplos de sua humildade: remete a Erundina um mérito que é seu (*N. dos orgs.*).

ano, quando milhões de meninos brasileiros são reprovados porque não aprenderam a se alfabetizar. E as estatísticas sobre esses meninos dão os números, mas não dizem onde foram buscar os números. Esses meninos não têm nada a ver com teus filhos ou netos ou os meus netos. Os nossos meninos, da nossa classe social, se alfabetizam. Mas os meninos populares são reprovados e, em seguida, expulsos da escola. Os especialistas ainda falam em evasão escolar. Não há evasão coisa nenhuma, há expulsão, a escola expulsa o menino do povo.

Eu, como secretário, mas muito mais como educador, fiz vários seminários sobre os problemas fundamentais da administração e da política educacional. Tudo junto, esse esforço de mudar, de refazer a escola, é que nos deu, no primeiro ano de administração, o melhor lugar na década, quando foram apurados os dados. O segundo ano aprofundou a melhora. Isso em nível de resultados pedagógicos na Rede Escolar.

PAULO CANNABRAVA: Quer dizer que a criança que entrou no primeiro ano passou de série?

PAULO FREIRE: Exatamente. E não foi por magnanimidade, nós não aceitamos isso de aprovar sistematicamente. Isso resultou, primeiro, de uma melhor compreensão científica do que é alfabetizar. E, segundo, de uma melhor compreensão política do processo de ensino. Agora, para isso nós fizemos uma coisa que nunca tinha sido feita. Eu obtive, assim que assumi a secretaria, a colaboração de oitenta cientistas da Universidade de Campinas, da USP e da PUC, de graça. Entre físicos, matemáticos, historiadores, filósofos, educadores, sexólogos e metodologistas. Me reuni com eles em grupos de especialidades até que um dia tivemos um primeiro encontro com todos. Desse primeiro encontro surgiu uma equipe central que até hoje existe, e aí então eu visitei os reitores e firmei convênio com as três universidades para nos ajudar na formação permanente dos educadores da secretaria.

PAULO CANNABRAVA: Por que deixou a secretaria?

PAULO FREIRE: Exatamente porque eu estava com uma saudade enorme de meus livros, de minhas escritas. Eu gostaria de deixar muito claro ao leitor que eu me acho muito jovem do ponto de vista de meus sonhos. Tenho vários projetos de livros, vou voltar a escrever. E tem o Jornal *O Bairro das Perdizes*, com o qual quero colaborar.

DANIEL FRESNOT: A esse respeito, uma última pergunta. Qual é a sua relação com o nosso Bairro das Perdizes, onde você mora há muitos anos?

PAULO FREIRE: Eu moro aqui desde que cheguei do exílio e te digo o seguinte: eu quero enorme bem a isso aqui. Acho que depois do Recife, só isso aqui mesmo.

Eu gosto de olhar a cidade daqui com a sua aparência de pacata, porque não é pacata. Quando vem um estrangeiro, eu mostro a vista deste terraço. Eu adoro este lugar e minha mulher, Nita, também. Hoje estou muito contente com o surgimento do seu *Jornal nas Perdizes,* que se alonga até aqui em cima, no Sumaré. E um dos sonhos meus que nunca realizei foi escrever em jornal. Possivelmente, só escrevi uns três artigos num jornal de Pernambuco. Gostaria, agora, de ser um colaborar mais ou menos assíduo. A minha mulher, que é uma boa historiadora da educação, está interessada em escrever também. Eu acho que pode interessar, embora neste bairro já haja um bando de intelectuais, professores, escritores. Então, se o jornal quiser eu vou ser jornalista ou, pelo menos, articulista (*risos*).

PAULO CANNABRAVA: Você já é do Conselho de Redação e vai decidir se vou continuar escrevendo, se o Daniel vai escrever... (*risos*).

PARTE III

Depoimentos sobre dificuldades encontradas na Secretaria Municipal de Educação de São Paulo

18

OS DÉFICITS DA EDUCAÇÃO BRASILEIRA[41]

NÃO ME PARECE POSSÍVEL A nenhum educador ou educadora que assuma a responsabilidade de coordenar os trabalhos de uma Secretaria de Educação, não importa de que cidade ou estado, escapar ao desafio dos déficits que a educação brasileira experimenta. De um lado, o quantitativo; do outro, o qualitativo. A insuficiência de escolas para atender à procura de crianças em idade escolar, que ficam fora delas, ou a inadequacidade do currículo, entendido o conceito no máximo de sua abrangência. É importante salientar também que uma política educacional crítica não pode entender mecanicamente a relação entre esses déficits – o da quantidade e o da qualidade –, mas compreendê-los, dinamicamente, contraditoriamente. É impossível atacar um desses déficits sem despertar a consciência do outro. No caso de se ampliar a capacidade de entendimento das escolas em face da demanda, cedo ou tarde haverá pressão no sentido da mudança do perfil da escola. E se houver a tentativa de democratização da escola, do ponto de vista de sua vida inteira, das relações professores-alunos, direção-professores etc. e de suas relações com a comunidade em que se acha, se a cara da escola muda, cresce, necessariamente, a procura por ela.

---

41. Depoimento concedido por Paulo Freire à revista *Leia*, de São Paulo, em 19/2/1989.

Se não apenas construímos mais salas de aula, mas também as mantemos bem-cuidadas, zeladas, limpas, alegres, bonitas, cedo ou tarde a própria boniteza do espaço requer outra boniteza: a do ensino competente, a da alegria de aprender, a da imaginação criadora tendo liberdade de exercitar-se, e da aventura de criar.

É fundamental, creio, afirmar uma obviedade: os déficits referidos da educação entre nós castigam sobretudo as famílias populares. Entre os oito milhões de crianças sem escola no Brasil não há meninos ou meninas das famílias que comem, vestem e sonham. E mesmo quando, do ponto de vista da qualidade, a escola brasileira atende plenamente às crianças chamadas "bem-nascidas", são crianças populares – as que conseguem chegar à escola e nela ficar – as que mais sofrem com a desqualidade da educação.

Tomamos aqui e agora, nessa conversa, um momento apenas e muito importante, da prática educativa, o da avaliação, o da aferição de saber. Os critérios de avaliação do saber dos meninos e meninas que a escola usa, intelectualistas, formais, livrescos, necessariamente ajudam as crianças das classes sociais chamadas favorecidas, enquanto desajudam os meninos e meninas populares. E na avaliação do saber das crianças, quer quando recém-chegadas à escola, quer durante o tempo em que nela estão, a escola, de modo geral, não considera o "saber de experiência feito" que as crianças trazem consigo. Mais uma vez, a desvantagem é das crianças populares. É que as experiências das crianças das classes médias, de que resulta seu vocabulário, sua prosódia, sua sintaxe, afinal, sua competência linguística, coincide com o que a escola considera o bom e o certo. A experiência dos meninos populares se dá, preponderantemente, não no domínio das palavras escritas, mas no da carência das coisas, no dos fatos, no da ação direta.

Democratizando mais seus critérios de avaliação do saber, a escola deveria preocupar-se com preencher certas lacunas de experiência das crianças, ajudando-as a superar obstáculos em seu processo de conhecer. É óbvio, por exemplo, que crianças a quem falta a convivência com palavras escritas ou que com elas têm pequena relação, nas ruas e em casa, crianças cujos pais não leem livros nem jornais, tenham mais dificuldades em passar da linguagem oral à escrita. Isso não significa, porém, que a carência de tantas coisas com que vivem crie nelas uma "natureza" diferente, que determine sua impotência absoluta.

Um sonho que tenho, entre um sem-número de outros, é "semear" palavras em áreas populares cuja experiência social não seja escrita, quer dizer, áreas de memória preponderantemente oral. Os grafiteiros que fazem tanta coisa bonita nesta cidade bem que poderiam ajudar na realização dessa sã loucura, e os homens da indústria e do comércio poderiam financiar.

No Chile, quando lá vivi no meu tempo de exílio, os "semeadores de palavras" em áreas de reforma agrária foram os próprios camponeses alfabetizandos, que as "plantavam" nos troncos das árvores, às vezes no chão dos caminhos.

Gostaria de acompanhar uma população infantil envolvida num projeto assim e observar seus passos na experiência da alfabetização.

Mas voltemos ao começo da nossa conversa. Ao assumir a Secretaria de Educação da cidade de São Paulo, não poderia deixar de estar atento aos déficits de que estamos falando. De qualquer maneira, antes mesmo de pensar na construção das salas ou de unidades escolares à altura da demanda – caso despuséssemos, para este ano, de dotações orçamentárias ou recursos extraordinários –, teríamos de enfrentar o desafio enorme, como o que a administração anterior nos brindou. Cerca de cinquenta escolas em estado deplorável – tetos caindo, pisos afundando, instalações elétricas provocando risco de vida; quinze mil conjuntos de carteiras escolares arrebentadas, um sem-número de escolas sem uma carteira escolar sequer. É impossível pedir aos alunos de escolas tão maltratadas assim, e não por culpa de suas diretoras, de suas professoras, de seus zeladores ou deles, que as zelam. Nenhuma das diretoras de todas estas escolas quase devastadas deixou de solicitar várias vezes a quem de direito o reparo das mesmas. Pretendo a partir de março próximo realizar comícios ou assembleias pedagógico-políticas nas áreas populares em que mostrarei em vídeo o estado em que recebemos essas escolas, convidando o povo para uma participação efetiva no cuidado da coisa pública.

Por todo este ano pretendemos sobretudo restaurar as unidades arrasadas, fazendo o possível para manter cuidada a Rede toda.

Ao mesmo tempo, porém, começamos a trabalhar seriamente com vistas à reformulação do currículo de nossas escolas, cuja coordenação entreguei à professora Ana Maria Saul, da PUC (Pontifícia Universidade Católica), uma das mais competentes especialistas brasileiras em Teoria do Currículo.

Pretendemos, na verdade, mudar a "cara" de nossa escola. Não pensamos que somos os únicos ou os mais competentes, mas sabemos que somos capazes e que temos decisão política para fazê-lo. Sonhamos com uma escola pública capaz, que se vá constituindo aos poucos num espaço de criatividade. Uma escola democrática em que se pratique uma pedagogia da pergunta, em que se ensine e se aprenda com seriedade, mas em que a seriedade jamais vire sisudez. Uma escola em que, ao se ensinarem necessariamente os conteúdos, se ensine também a pensar certo.

Evidentemente, para nós, a reformulação do currículo não pode ser algo feito, elaborado, pensado por uma dúzia de iluminados, cujos resultados finais são encaminhados em forma de "pacote" para serem executados de acordo ainda com as instruções e guias igualmente elaborados pelos iluminados. A reformulação do currículo é sempre um processo político-pedagógico e, para nós, substantivamente democrático.

Considerando o que há na prática educativa de gnosiológico, de político, de científico, de artístico, de ético, de social, de comunicação, começamos a constituir durante janeiro e fevereiro grupos de especialistas, sem ônus para a secretaria, com professores e professoras universitárias do mais alto nível, com quem vimos aprofundando interdisciplinarmente uma compreensão crítica da prática educativa. Físicos, matemáticos, biólogos, psicólogos, linguistas, sociólogos, teóricos da política, arte-educadores, filósofos, juristas envolvidos em programas de Direitos Humanos e, mais recentemente, uma equipe de educadores e psicólogos que trabalham a problemática da sexualidade. No fim deste mês, teremos a primeira reunião com todas essas equipes, quando faremos uma avaliação do trabalho até agora realizado.

No começo de março estaremos, através das diferentes instâncias da secretaria, estabelecendo diálogo franco, aberto, com diretoras, coordenadoras, supervisoras, professoras, zeladores, merendeiras, alunos, famílias, lideranças populares. Esperamos com esses encontros ajudar a formação e a solidificação dos conselhos de escola.

Numa perspectiva realmente progressista, democrática e não autoritária, não se muda a "cara da escola" por portaria. Não se decreta que, de hoje em diante, a escola será competente, séria e alegre. Não se democratiza a escola autoritariamente. A administração precisa deixar claro que pode errar. Só não pode é mentir.

Outra coisa que a administração tem de fazer em decorrência de seu respeito ao corpo docente, e à tarefa que ele tem, é pensar, organizar e executar programas de formação permanente, trabalhando até agora. Formação permanente que se funde, sobretudo, na reflexão sobre a prática. Será pensando a sua prática, por exemplo, de alfabetizadora, com equipe cientificamente preparada, será confrontando os problemas que vêm emergindo na sua prática diária, que a educadora irá superar suas dificuldades.

É claro que nada disso se faz da noite para o dia e sem luta. Tudo isso demanda um grande esforço, competência, condições materiais e uma impaciente paciência.

Às vezes, não posso deixar de rir, quando certas críticas dizem que não penso "nada de concreto". Haverá muitas coisas mais concretas do que lutar para reparar cinquenta escolas esfaceladas? Haverá algo mais concreto do que pensar teoricamente a reformulação do currículo? Será que é vago e abstrato visitar tanto quanto possível as escolas da Rede, e discutir seus problemas concretos com diretoras, professoras, alunos, zeladores?

Finalizando essa conversa, gostaria de dizer aos educadores e às educadoras com quem tenho agora a alegria de trabalhar que continuo disposto a aprender, e que é porque me abro sempre à aprendizagem que posso ensinar também.

Aprendamos ensinando-nos.

19
A PROPÓSITO DA LEALDADE ENTRE COMPANHEIROS[42]

NA QUALIDADE DE SECRETÁRIO MUNICIPAL de Educação, recebi um telegrama no dia 5/5/1989 – assinado por diretores de escola punidos pela administração anterior – repudiando uma portaria de designação de supervisores – por mim expedida – e que, presumidamente, colaboraram com a repressão janista.

Estranhei o telegrama, não por seu conteúdo – que pode ser correto –, mas porque entre os signatários encontram-se alguns companheiros de partido, sendo que um ocupa cargo de confiança em nossa administração.

Minha estranheza se origina da compreensão de que um companheiro alerta antes de denunciar; não repudia sem ter discutido previamente e nem se posiciona publicamente contra outro companheiro sem manifestar-lhe suas discordâncias e reparos lealmente.

Lealdade! É essa a palavra – traduzida em atos – que cimenta a noção de companheirismo partidário e impede

---

42. Carta de Paulo Freire, de 8/5/1989, a propósito da lealdade entre companheiros do Partido dos Trabalhadores e diretores de escolas. Após designar supervisores para a Rede, por intermédio de uma portaria, Paulo Freire recebeu um telegrama de repúdio de alguns integrantes do PT, insatisfeitos com as nomeações de alguns companheiros (*N. dos orgs.*).

fraturas desnecessárias no corpo coletivo; um partido não precisa ser monolítico nas tendências e posições internas, mas deve sê-lo, sem dúvida, na atitude ética.

Nenhum companheiro está isento de conduzir-se a partir dessa ética; partilhá-la é um privilégio que nos diferencia de outros partidos e nos permite indicar uma forma diferente e séria de fazer política. No entanto, essa mesma ética exige que a denúncia dos possíveis erros que cada um de nós possa eventualmente cometer encontre respaldo na discussão radical e respeitosa sobre eles.

Não fui alertado de antemão sobre as circunstâncias que envolviam as designações aludidas no telegrama; nossa secretaria tem mais de 38 mil servidores e, evidentemente, dada a impossibilidade de conhecer cada um particularmente, temos que nos fiar nas proposituras que nos vêm das pessoas de nossa confiança nos diversos órgãos.

A tramitação formal dessas designações referidas iniciou-se em 26/1/1989 e consumou-se em 26/4/1989; em nenhum momento, a não ser no dia 5/5/1989, os companheiros que detinham informações sobre as pessoas a serem designadas nos alertaram. E mais: parte dos companheiros que assinaram o telegrama frequenta nossos órgãos quase diariamente e tem contínuos contatos conosco; mesmo que não soubessem da tramitação, ao menos deveriam ter discutido conosco na data da publicação, e não, formalmente, por um telegrama remetido dez dias após.

Não é essa a lealdade que desejo entre nós; rejeito política e eticamente essa forma de procedimento. Não me dirijo ao conjunto dos que assinaram o telegrama, mas somente aos que são companheiros de Partido, porque é com vocês que milito e é também com vocês que sou secretário municipal de Educação.

Esta administração petista é nossa e como tal deve ser tratada; quem assumiu algum posto na Prefeitura não mudou de lado. Mudou de lugar, dentro do mesmo lado.

Paulo Freire
São Paulo, 8/5/1989

20
A CIDADE DE SÃO PAULO E OS EDUCADORES[43]

"Eu sempre sonho que uma coisa gera,
nunca nada está morto.
O que não parece vivo, aduba.
O que parece estático, espera."

Adélia Prado

A HISTÓRIA DA EDUCAÇÃO PÚBLICA municipal no Brasil tem indicado um fato inegável: a cidade de São Paulo, por intermédio de sua Prefeitura, oferece, sob certos aspectos, uma das melhores Redes de Ensino público do país.

São, hoje, 656 escolas e aproximadamente 700 mil alunos, divididos por 317 Escolas Municipais de Educação Infantil, 333 Escolas Municipais de Primeiro Grau, cinco Escolas Municipais de Educação de Deficientes Auditivos, uma Escola Municipal de Primeiro e Segundo Graus e quase setecentos Núcleos de Alfabetização de Jovens e Adultos. Por isso mesmo que a Secretaria Municipal de Educação de São Paulo é a maior secretaria: 39.614 servidores da Prefeitura, em um total de 120 mil, para atender à educação municipal na quarta cidade do planeta.

---
43. Documento da equipe de direção da Secretaria Municipal de Educação de São Paulo, em julho de 1990.

Desses quase 400 mil servidores da educação, 97% deles atuam diretamente nas escolas (28.528 docentes, 1.623 especialistas, 8.263 operacionais e administrativos); os 3% restantes estão distribuídos nos dez Núcleos de Ação Educativa, na Coordenadoria dos Núcleos de Ação Educativa e Diretoria de Orientação Técnica e no Gabinete, sempre em tarefas pedagógicas, operacionais e administrativas (de estrutura, planejamento e direção).

Esses dados, mais que um referencial quantitativo, indicam o aproveitamento quase integral de todos os servidores na atividade-fim da secretaria, propiciando um "índice de produtividade" bastante positivo na relação servidor/prestação de serviço público/população e, ao mesmo tempo, um envolvimento marcante dos servidores no cotidiano imediato da cidade.

Em outras palavras: os que atuam na área de Educação, principalmente aqueles 97% que trabalham nas "frentes de batalha", vivem a cidade concretamente, imersos no contato direto com a população, com toda a alegria e tristeza que isso acarreta.

No entanto, apesar da dedicação profissional, do prestígio público e da importância social desses servidores que constroem a qualidade da educação em São Paulo, nossa cidade não tem retribuído na mesma proporção; somos ainda devedores.

A MELHORIA DAS CONDIÇÕES:
RESGATE DE UMA DÍVIDA

Os educadores pertencem a um grupo profissional que mais sofreu a violência do achatamento salarial em todo o país, nos últimos 25 anos. À medida que os salários foram sendo reduzidos, a carga de trabalho foi aumentando, a ponto de um educador necessitar de, no mínimo, dois empregos para obter o mesmo padrão anteriormente atingido com apenas um.

A consequência mais visível dessa situação foi uma depauperação da qualidade de ensino, mormente em função do progressivo crescimento do número de alunos aos cuidados de cada educador em seus vários trabalhos. Ora, a atividade docente, como se sabe, não envolve apenas o ato de dar aulas; as aulas dadas necessitam de preparação prévia e formação do docente, da correção das atividades inerentes à relação pedagógica e planejamento coletivo. Assim, quanto maior o número de alunos, maior será o dispêndio de tempo e, evidentemente, acresce o prejuízo da qualidade.

Há, ainda, uma decorrência mais grave: a existência de remuneração apenas do *dar aulas*, desconsiderando-se as duas outras exigências básicas da prática docente; isso equivale a, por exemplo, exigir que qualquer outro profissional seja contratado para trabalhar oito horas diárias, ser remunerado por apenas quatro e "levar para casa" o restante – não pago – do trabalho obrigatório a ser feito.

Essas condições visivelmente injustas de trabalho e vida não têm, no entanto, impedido que os educadores da Rede Pública Municipal da cidade de São Paulo continuem a aprimorar a qualidade da educação que é dada às nossas crianças, jovens e adultos. O custo pessoal e coletivo é, porém, muito alto; cada um de nossos educadores necessita desdobrar-se em muitos, não esmorecer e reavivar constantemente aquela esperança ativa que amolda a verdadeira paixão docente.

O corpo docente tem sofrido, e muito, nos dois sentidos que essa expressão comporta! É essa dívida que a cidade de São Paulo deve resgatar com seus educadores; não nos é permitido mais adiá-la.

A OPORTUNIDADE QUE A HISTÓRIA NOS RECLAMA

A atual administração da cidade de São Paulo, mandatária do poder democrático outorgado pela população, tem buscado, desde o seu primeiro dia de governo, variadas formas de demonstrar aos educadores o reconhecimento dessa dívida; e mais, por diversas vezes transformou esse reconhecimento em fatos concretos, que, se não sanaram a dívida, têm tido o mérito de minimizá-la, alimentando a confiança dos educadores no seu resgate.

É, por isso, urgente darmos agora um passo mais decisivo na direção da melhoria das condições de trabalho dos educadores; devemos ser nós a fazê-lo – a atual administração –, não porque seja nossa obrigação, mas porque já tínhamos essa convicção antes de sermos administração. É sobre essa nossa convicção, transmutada em compromisso, que se apoia a aludida confiança dos educadores, e é também em nome dela que nosso trabalho se sustenta.

O cumprimento desse nosso compromisso encontra, entretanto, alguns obstáculos que, tecnicamente, são objetivos: as condições orçamentárias atuais da PMSP, o fato de a Secretaria Municipal de Educação alocar um terço do total de servidores do município, o tratamento isonômico ao funcionalismo decidido pelo governo da cidade e a dificuldade de estabelecer um indexador de salários – que os eleve e mantenha o patamar – compatível com a dinâmica financeira do setor público.

Não há como negar a objetividade desses obstáculos, nós o sabemos. Porém, nenhum deles é intransponível se conseguirmos *ir além* de sua dimensão imediatamente técnica e nos apegarmos à *mediação política* necessária ao tratamento da questão.

A *vontade política* a ser manifestada de nossa parte – mediadora da abordagem – é aquela que decide comprometer, deliberadamente, maior parcela do orçamento global na melhoria das condições dos educadores; é também aquela que entende que o fato de os educadores serem majoritários numericamente entre os servidores é decorrência da prestação direta de um serviço à população, e, assim, essa decorrência não pode aparecer como impeditiva da melhora do próprio serviço prestado.

Essa mesma *vontade política*, ademais, necessita reconhecer que a instauração mais definitiva de uma orientação isonômica no tratamento com o funcionalismo em geral precisa, antes, recuperar os descompassos anti-isonômicos produzidos historicamente; por exemplo, quase 40% dos educadores da Rede Municipal de Ensino são ocupantes de "cargo em comissão", e, dessa forma, não saem jamais da referência inicial de ingresso – não progridem na carreira –, alguns já há 22 anos nessa situação (por ausência de concursos em sua área); em passado recente de outras administrações, os educadores foram prejudicados na distribuição da massa salarial da PMSP com a criação de gratificações e adicionais que, face à natureza do trabalho educativo e à forma do vínculo empregatício, não os atingiu; a quantidade de servidores na área da educação foi usada, em muitos momentos, como argumento contrário à extensão de benefícios que alcançaram outros profissionais.

Por fim, é a expressão de uma *vontade política* que busque exercitar, no limite, a imaginação, criando um indexador que garanta as condições sem desindexar a qualidade do trabalho.

É por isso que o resgate dessa dívida, hoje, torna-se possível a partir da elaboração de um Estatuto do Magistério que contemple, concretamente, condições adequadas para o exercício da prática educativa em nossa cidade.

É de nós, nesse momento, por sermos quem somos, que a vontade política de produzir e implantar esse Estatuto é reclamada. Foi razão de nossa vinda e é, portanto, animadora de nossa trajetória coletiva e da sua continuidade.

Equipe de direção da SME
Julho/1990

21
A RELAÇÃO ENTRE AUTORIDADE E LIBERDADE[44]

PAULO FREIRE: Esta manhã que estamos juntos vivendo tem um sentido especial, importante na minha trajetória de vida como educador. Esta manhã marca um passo e uma etapa no segundo ano de nossa administração.

Estamos aqui, juntos, os NAEs 5 e 6. Iniciamos um processo. Nesse encontro poderemos, entre todos aqui presentes, escolher um tema que será retomado na nossa próxima discussão. Eis a nossa intenção: fazermos um levantamento de assuntos que serão debatidos e aprofundados em próximos encontros formadores; tais assuntos, creio, têm a ver com a realidade e com os desafios dos NAEs.

Hoje me foi proposto refletir um pouco em torno da relação entre autoridade e liberdade. Essa relação acontece na rua, acontece dentro do NAE e da família, ocorre também na escola. Vou colocar para vocês alguns aspectos que em mim provoca esse assunto: autoridade/liberdade. Conto com vocês, minhas amigas, não apenas no papel de ouvintes, mas, fundamentalmente, conto com vocês para

---
44. Diálogo de Paulo Freire com as equipes dos Núcleos de Ação Educativa – NAEs 5 e 6, no 1º Seminário de Formação, em 15/2/1990.

sistematizarmos melhor essas ideias (aspectos) que vou colocar. Minha prática docente me capacitou nisso: ir dando uma certa forma no pensamento no momento mesmo em que a gente vai pensando.

O que me ocorre, primeiramente, quando penso provocado por esse assunto é: esses dois elementos, autoridade e liberdade, são ambos necessários para que eu compreenda um e outro. Quero dizer, com isso, que me é impossível entender a liberdade em si, apenas; da mesma forma, me é impossível entender a autoridade em si mesma. Por isso é que eu entendo ambas como relacionadas. A partir dessa relação é que eu consigo "pegar" concretamente uma delas. Refletir sobre uma delas exige de mim que reflita sobre a relação entre as duas. Num certo sentido, fazendo um paralelo, é assim que eu compreendo a Teoria, é assim que eu compreendo a Prática: estão mutuamente imbricadas, relacionadas.

Em seguida, no caminho de compreendermos criticamente essa relação: é importante sabermos que a relação autoridade/liberdade é uma relação tensa. Não é, então, uma relação que "simplesmente se dá". É complexa. É carregada de sentimentos, de emoções, sonhos, adaptações, rebeldias e fugas. A relação entre elas é contraditória, de natureza tensa. Humanamente dinâmica. Impossível ser formalizada em um conjunto de regras de comportamento.

Continuando, eu diria que essa relação tensa exige de nós que tentemos sempre a superação. Vale dizer, exige que não tentemos jamais eliminar uma ou outra. Nenhuma delas pode ser simplesmente esmagada para que ou tenhamos liberdade, ou tenhamos autoridade: elas convivem, elas se realçam uma a outra. Quando nós trabalhamos concretamente essa tensão, significa que inventamos superações em função da necessidade percebida no contexto. Superando num momento a tensão, sem esmagar liberdade ou autoridade, nós estamos empurrando ambas qualitativamente para outro momento. Estamos inventando, então, uma ida mais além do conflito tal como ele é deflagrado nesse momento. Vejamos: em face da relação conflitiva, numa sala de aula, a tendência da autoridade seria anular (mesmo que momentaneamente) a liberdade. Isso, penso eu, não afirma, mas destrói a autoridade.

Esse equívoco pretende refletir as relações humanas sem tensão. O equívoco consiste no seguinte: pensar que a tensão é o erro (ou o pecado). Na verdade, o conflito e a tensão são ocasiões de crescer, de conhecer. Pensando assim... autoridade e liberdade dialogizam sobre a situação, nenhuma delas é castrada, ambas descobrem a razão de ser do conflito. Nesse descobrir, o ser humano está aprendendo e está conhecendo. Outro equívoco seria aquele de, em nome da liberdade, pretender anular a autoridade. Também aí inexiste crescimento, porquanto não se reflete a inteireza do ser humano. Nesse caso, então, tu podes exercer a tua necessária autoridade convivendo com as liberdades daqueles com quem trabalhas na forma mais gostosa possível de viver e dimensionar a tensão.

Prosseguindo, minhas amigas. Há componentes nessa relação autoridade/liberdade. Um desses componentes é a responsabilidade. Esta é individual, é social e é política. A gente vê, muitas vezes, pessoas que neste momento reclamam o direito à liberdade, mas, naquele momento, recusam ser responsáveis pela existência da liberdade. São pessoas que pretendem ser irresponsavelmente livres e, com isso, pretendem esmagar qualquer forma de autoridade.

Outro componente dessa relação é a necessidade de ambas assumirem decisões. Autoridade e liberdade têm que tomar decisões. E decisões significam opções, para decidir você tem que optar. Logo, ao escolher entre "A" ou "B" ou "C" você perdeu sua neutralidade, tomou posição. Uma autoridade indecisa é aquela que pretende exercer-se sem tomar posição, sem optar. Esse uso da autoridade dá o seguinte testemunho: é uma autoridade que não sabe o que fazer. É incompetente. Nunca há decisões, mesmo que haja reuniões sem fim para praticar democraticamente a opção: isso nega a democracia. Para que haja testemunho democrático é preciso haver momentos de optar, decidir. Mesmo à custa de romper.

Outro componente dessa relação seria o gosto pela criatividade. Vejamos como isso se dá. Eu disse a vocês que essa relação é tensa, autoridade/liberdade acontecem juntas e nunca iguais nas várias situações. Nunca se apresenta igual como foi ontem ou no mês passado. Uma vez superada, essa tensão se apresenta qualitativamente diferente e de novo. Para novamente superá-la, a relação tensa exige criatividade. Para que a gente não caia na tentação de, pura e simplesmente, esmagar uma ou outra, é necessário ser criativo. Esse é um gosto que se desenvolve. É aí que a gente está inventando, a gente está cheio de cuidados para não deteriorar uma relação que já ocorre tensa, a gente aprende a trabalhar com a raiva, a insegurança, a pressa histórica, a fuga e outros sentimentos e emoções presentes. Esse gosto pela criatividade aparece junto com o crescimento da gente.

Participante: Uma pergunta, professor. Como o senhor vê a situação em que uma autoridade é contestada?

Paulo Freire: A contestação é válida. Ela não elimina a autoridade. Ela, quando é feita com fundamentação, é uma contestação responsável. Toda liberdade que contesta com fundamento está propondo mudança qualitativa na autoridade e nunca propõe, simplesmente, a anulação da autoridade.

O que acontece aí, nesse exemplo que tu levantas, eu denominaria "consciência do limite". Quer dizer, há que ter entre todos o respeito à autoridade, mesmo àquela a quem duramente se contesta. A contestação se referencia não em si mesma (contestação), mas tem como referência a mudança qualitativa da autoridade. O direito à contestação não se reduz a simplesmente contestar: isso porque há uma ética entre pessoas. Há também uma estética, vale dizer, uma boniteza, na contestação. Por isso é que eu não acredito nem politicamente nem esteticamente na chamada "porralouquice"; esta é feia do ponto de vista da estética e é estúpida do ponto de vista da política. Confesso a vocês: eu gosto da beleza exercida administrativamente com o povo; uma das negações que são impostas ao povo é essa: impõe-se a ele que viva feiamente. Rouba-se dele muitas condições para embelezar a sua vida. E quando o povo vive em condições de feiura, também o entorno fica feio.

Nos NAEs podemos estimular essa dimensão ética de plantar democracia. Me refiro à cortesia que é praticada no ato mesmo da contestação. Isso é esteticamente bonito e não diminui o peso da contestação.

Participante: Outra pergunta, professor. Ou, antes, uma reflexão. Como o senhor vê aquela situação em que há um equilíbrio entre autoridade/liberdade, decorrendo daí decisões por consenso? Pode-se, aí, diminuir o desgaste da tensão?

Paulo Freire: Parece-me, minha amiga, que o consenso não é democrático. Me explico. Para certos momentos de crise, o consenso pode trazer soluções. Por exemplo: numa determinada situação, podem os conflitos aprofundar-se de tal maneira que geram desgastes enormes. Nessa situação de profunda e penosa crise da política, você pode ser tentada a buscar "soluções fáceis" que são sempre autoritárias, propõem ditaduras disso ou daquilo. Num momento como esse, é possível que o consenso afaste o risco da "solução fácil". E eu vejo que esse consenso é rápido, é passageiro. Sendo efêmeros, os consensos apenas reconduzem a posteriores momentos em que há que enfrentar o conflito. Havendo necessidade, discute-se a durabilidade e a necessidade de medidas consensuais. Mas é preciso ter em vista que há uma pedagogia do conflito que nos faz crescer. É no conflito, sendo enfrentado, que crescemos em nossa capacidade de contestar, respeitar e transformar.

Participante: Paulo, comentando em torno do que tu colocaste, peço-lhe algumas reflexões a partir de momentos vividos por nós. Houve momentos vividos que ilustram bem essa questão autoridade/liberdade. Houve momentos que ilustram bastante essa colocação: será que a tensão e os conflitos podem ser minimizados? Será que podemos diminuir o desgaste? Como é isso? Que previsão se pode ter disso aí? Queria pontuar alguns momentos, alguns dos quais foram momentos delicados; queria comentar alguns deles, sob a ótica de hoje, quando já foram encaminhados...

PAULO FREIRE: No início desta administração, quando se concebeu a ideia dos NAEs como núcleos ou células da Secretaria de Educação, foi pensado que haveria uma dimensão de decisões enquanto momento da participação efetiva. Esse seria chamado de "um primeiro momento crítico". Foi um momento prenhe de questões: Que é mesmo um NAE? Quem somos nós? Que poder de decisão e qual autoridade temos nós nessa participação efetiva? Havia clareza quanto a uma postura que poderia ser resumida assim: Queremos – de fato – participar, não queremos ser apenas executores das decisões tomadas na delegacia regional. Essa postura encaminhava a perguntar: quais decisões podemos e devemos tomar? Que autoridade temos em particular, efetivamente?

Tudo isso repercutiu. Tudo isso influiu nos relacionamentos que mantivemos. Ainda hoje, nos contatos, percebemos que algumas daquelas questões voltam, colocadas em outro plano de reflexão. São questões que não desaparecem: elas evidenciam certos conflitos sendo vividos e encaminhados. Mostra-se ali, nessas questões, a busca do limite entre a inegável liberdade e a necessária autoridade; mostra-se, também, a busca de limites entre a vontade de participação efetiva e a possibilidade de tomar decisões participadoras. Era momento de tomada de caminhos, momento de opções. E isso quer dizer, nessa administração, que era momento de participação efetiva. Por um lado, portanto, coincidia com anseios manifestos em vários segmentos da secretaria. Por outro, a coisa não surgia clara e exigia discussões e definições.

No esclarecimento desse momento surgiram perguntas assim: Mas, afinal, qual é e como vai se processar a política desta gestão? O secretário vai ou não escrever o texto esclarecendo tal política? Quando é que vai ser publicada a lista de diretrizes? Houve cobranças nesse sentido.

Nós, do grupo da administração recém-eleita, procuramos compreender essas tensões ou perguntas dentro da cultura histórica da secretaria. Compreendemos isso tudo dentro dos parâmetros em que tais pessoas (profissionais) se manifestaram. Segundo tais parâmetros, segundo essa cultura histórica típica da nossa sociedade, deve-se esperar (ou cobrar) de escalões superiores as definições e prioridades. Ora... em começo de administração era "justo" esperar (e cobrar) do secretário um texto-documento no qual se explicava as linhas e as prioridades.

De início nós tentamos explicitar qual seria nossa filosofia e nossas linhas mestras de ação. Tentamos oralmente, na boa tradição de nossa cultura oral. Algumas de vocês certamente se lembrarão de nosso encontro no estádio no Pacaembu. Avaliamos que ali, naquele local, a eficiência é comprometida. Paramos com aquelas iniciativas, portanto. Buscamos outros caminhos.

PARTICIPANTE: E aqui eu quero colocar, Paulo, aquele que seria um outro elemento. Me refiro a um outro componente da relação autoridade/liberdade: trata-se da participação.

PAULO FREIRE: Nossas iniciativas buscaram sempre efetivar níveis de participação. De fato, o secretário não escreveu um texto que fosse encaminhado à Rede comunicando a nova diretriz, as novas prioridades. Não o fez porque deliberamos não fazer isso num início de gestão. Também porque acreditamos que diretrizes e prioridades surgem mais firmes quando produzidas não de cima para baixo. Claro, algumas balizas gerais nós tínhamos e elas foram explicitadas. Mas nosso trabalho se encaminhou de modo a que uma filosofia concreta fosse construída; nosso trabalho oportunizou espaços para que, mediante participação efetiva, as profissionais da Rede se reconhecessem naquilo que é divulgado. Ou seja, haver identidade entre profissionais da educação e a política de ações da Rede inteira significa uma construção coletiva. Antes que isso ficasse absolutamente claro, houve tensões originadas nas cobranças baseadas na tal "cultura histórica" a que me referi.

22

Ao nosso querido secretário Paulo Freire[45]

INDIGNADOS E ENTRISTECIDOS COM A notícia de seu desligamento da Secretaria de Educação, não poderíamos deixar de manifestar nossos sentimentos, mesmo que tardiamente.

Quando nos encontramos, no dia 31 de maio, no NAE 3, cada um de nós sentiu que nem tudo caminhava bem.

Estivemos reunidos para conversar sobre a educação popular numa administração democrática, mas acabamos falando, também, sobre as críticas que alguns de nossos companheiros fizeram sobre o seu trabalho e sobre sua pessoa.

Envolvidos que estávamos com a situação e com o momento, não tivemos condições de interagir com nossas próprias emoções. Pressentimos que a sua mágoa em breve se concretizaria em uma separação. Ingenuamente, passamos a nos convencer de que tudo não passaria de uma sensação indesejada.

Não fomos capazes de resolver o problema. Passamos por ele sem nos permitir uma pausa para a reflexão. Não queríamos acreditar nas possibilidades que o futuro nos apontava. Estávamos – e estamos – intimamente ligados à sua forma de pensar, à sua concepção de mundo.

---
45. Carta dos companheiros do Núcleo de Ação Educativa 4, em 27/6/1990.

O trabalho que desenvolvemos passou a ser o mediador entre as suas ideias e as nossas. Nos inquietamos com a possibilidade de perdermos o referencial.

No entanto, não sem resistência, o ritmo do dia a dia nos impôs um certo distanciamento da situação e, a partir daí, passamos a organizar o nosso pensamento.

Estamos convencidos de que faltou aos nossos companheiros sensibilidade e clareza no momento em que se decidiram pelo encaminhamento de suas críticas. Faltou-lhes sensibilidade, porque não se aperceberam de que falavam a um amigo. Faltou-lhes clareza, pois não entenderam que o trabalho desenvolvido é muito avançado e, por ser assim, não nasce dentro de um gabinete.

Ele precisa estar nas ruas, nas escolas, no diálogo franco e aberto que, aos poucos, vai se estabelecendo e construindo novas relações. Ele não tem compromissos com o tempo cronológico, mas com o tempo que traz a confiança e a maturidade.

Quanto tempo é passado desde as primeiras experiências com a educação de adultos?

Ainda assim, muitas são as pessoas que desconhecem o espírito das ideias de um educador como Paulo Freire – um grande homem que, pela intensidade de doação de si mesmo, passa a ser incompreendido em seu tempo e em sua terra.

Queremos nos retratar por nossa omissão frente às críticas que foram feitas. Por nossa ingenuidade e por não termos as mãos livres no momento certo. Nos retratamos através da afirmação de que a educação na cidade de São Paulo nunca viveu um momento tão progressista e profundo como este.

Pela primeira vez, na história da Rede Municipal de Ensino e, por que não dizer, da educação brasileira, estamos tendo a oportunidade de refletir, discutir, decidir, criar, dizer não e dizer sim.

É um momento difícil, pois as práticas autoritárias nos privaram do exercício de nossa autonomia e do nosso crescimento enquanto sujeitos do processo. Os educadores ainda não superaram as marcas que esse autoritarismo impregnou em suas práticas (a não compreensão de Paulo Freire é exemplo disso), mas acreditamos que também estamos trabalhando nesse sentido.

Não estamos confortáveis na posição de espectadores de um jogo de projeções de inseguranças na pessoa do secretário. Sabemos que essas inseguranças são frutos de nosso despreparo para conviver e agir de forma autônoma. A cada dia, pacientemente, estamos aprendendo que a secretaria somos todos nós.

Queremos avançar nesse sentido, diminuindo a distância entre o falar e o fazer. Desejamos, de fato, o exercício da democracia e a profundidade da educação libertadora.

Sentimos que estamos no início dessa caminhada. É uma transformação lenta, decorrente da profundidade que lhe é inerente e, por isso, vem a ansiedade. Gostaríamos de estar na época da colheita, mas precisamos exercitar a paciência histórica que nos alerta para o fato de que ainda é época de preparação do solo e de acolhimento das sementes.

E, porque compreendemos a importância desse momento, queremos ressaltar a importância de Paulo Freire dentro dele. Esse momento só está sendo possível porque esse grande educador acredita que "a democracia e a educação democrática se fundam ambas, precisamente, na crença no homem", e está nos propiciando espaço de reeducação.

Obrigado pelo investimento na formação permanente do educador, pelo exercício de uma política educacional que se fundamenta na crença em nosso poder de fazer, de trabalhar, de discutir, de buscar, lutar e transformar.

É uma tarefa difícil, mas vale aqui ressaltar a fala desse grande educador:

"A prática de fazer isso vai nos ensinar a fazer melhor."

Nosso abraço,
Companheiros do NAE 4.

PARTE IV

Testemunhos dos que caminharam com Paulo Freire no sonho de "mudar a cara" da escola da Rede Municipal de São Paulo

23

Conversa com Luiza Erundina[46]

Luiza Erundina: Primeiro quero agradecer a oportunidade de poder socializar com os eventuais leitores desta publicação o que penso e sinto sobre aquele momento de trabalho e convivência com Paulo Freire, como meu amigo, companheiro de partido e, sobretudo, como secretário de Educação do município de São Paulo. Foi um privilégio para mim e uma oportunidade de se dar um salto de qualidade na educação pública da cidade.

Meu contato pessoal com Paulo Freire só se deu após seu retorno ao país, com a Anistia. Antes disso, quando eu residia na Paraíba, onde militava, só o conhecia por intermédio do seu método de alfabetização, que adotávamos no trabalho social junto à população da periferia das cidades e com os trabalhadores do campo, no meu caso, como assistente social. Tínhamos seus livros e bebíamos neles a sabedoria e o vasto conhecimento do mestre sobre teoria e filosofia da educação; pedagogia e metodologia no processo de ensino-aprendizagem; enfim, fonte de inspiração e referência indispensável ao nosso trabalho profissional como assistente social

---

46. Depoimento concedido a Erasto Fortes Mendonça e Ivanna Sant'Ana Torres. A conversa foi, depois de sua transcrição, lida, revista e aprovada pela prefeita Luiza Erundina, na ocasião deputada federal pelo estado de São Paulo, pela legenda do Partido Socialismo e Liberdade (PSOL).

e no trabalho político como militante partidária e dirigente sindical, bem como nas minhas atividades como professora universitária na área do serviço social. Assim, minha relação com Paulo Freire se estendeu ao longo da minha vida profissional e militância política.

Meu primeiro contato com ele se deu numa solenidade de formatura de uma turma do curso de Serviço Social das Faculdades Metropolitanas Unidas (FMU), de São Paulo, que me escolheu como paraninfa e Paulo Freire, que acabava de chegar do exílio, como patrono. O ato solene de formatura ocorreu num clube, portanto, fora da universidade, por veto da direção da instituição à presença dele e da minha como homenageados da turma de formandos.

Meu encontro com Paulo Freire naquela noite foi um momento mágico. Eu jamais me encontrara com ele pessoalmente. Eu esperava que seu discurso fosse uma fala política, de denúncia da perseguição e repressão do regime militar e do seu sofrimento no exílio por mais de quinze anos, no momento em que os exilados estavam voltando e se iniciava o processo de redemocratização. Mas essa expectativa se frustrou, pois ao contrário de mostrar ressentimento e revolta, ele falou da alegria que era voltar para perto de sua gente, comer as comidas nordestinas; de participar das manifestações culturais do seu povo; da felicidade que era voltar para o Brasil. Portanto, foi um discurso de alguém com um claro e consequente compromisso político e expressiva dimensão humana, além de um grande respeito e carinho pelas pessoas.

É admirável como teoria e prática, discurso e ação são expressões autênticas na vida de Paulo Freire. Sua compreensão e leitura do mundo se refletem, concretamente, na sua forma de ser e de estar em cada momento e situação. Enfim, seu discurso e atitude naquela ocasião confirmaram sua coerência e modo de ser na vida pessoal e no espaço público.

Erasto Fortes: Um discurso amoroso.

Luiza Erundina: Exatamente. Um discurso amoroso, afetivo. Causou um forte impacto sobre mim. A partir daquele momento nasceu uma grande amizade entre nós. Logo depois daquele encontro eu me elegi vereadora de São Paulo pelo PT. E, como parlamentar, propus a concessão do título de cidadão paulistano a ele. A sessão de entrega do título foi um momento muito especial para mim e também para a própria Câmara Municipal, e contou com a presença de Dona Elza, primeira esposa dele. O discurso que ele fez na ocasião também foi bastante afetivo. Isso ocorreu em 1983, primeiro ano do meu mandato de vereadora.

Depois disso, fui deputada estadual e em 1988 elegi-me prefeita da capital. Antes da posse, fiz uma viagem a minha cidade natal – Uiraúna, na Paraíba –, quando visitei todos os lugares onde morei. Estava em Campina Grande quando tive a ideia de convidar Paulo Freire para ser secretário de Educação do nosso governo. Telefonei para a residência dele em São Paulo e fui atendida por Ana Maria Freire, sua segunda esposa, que me disse que ele estava em Campinas, dando aula na Unicamp, e me deu o número do seu telefone. Eu não tinha muita esperança de que ele aceitasse o convite, pois sabia que dissera jamais aceitar um cargo público. Mas resolvi tentar e consegui falar com ele por telefone, que prontamente aceitou, dizendo: "Ora, se eu recusasse esse convite estaria sendo incoerente e inconsequente em relação a tudo que defendi a vida toda. Quero contribuir para a educação das camadas populares desta cidade que me acolheu depois que voltei do exílio." E, de pronto, ele aceitou a tarefa. Desliguei o telefone e informei aos jornalistas que me acompanhavam que o secretário de Educação do nosso governo seria Paulo Freire. A notícia teve grande repercussão no país. Estava definido, portanto, o primeiro nome do meu secretariado.

O fato de ter feito o convite sem consultar o meu partido na época foi motivo de críticas dos dirigentes partidários, as primeiras de muitas outras durante os quatro anos de gestão. Comentavam como é que eu tinha feito uma escolha, mesmo sendo Paulo Freire, sem consultar o partido. Respondi que escolher Paulo Freire para ajudar o nosso governo, na área da educação, não precisava consultar ninguém. Foi o que fiz.

Ele começou, imediatamente, a organizar sua equipe: Mario Sergio Cortella, Moacir Gadotti, Ana Maria Saul, Lisete Arelaro, entre outros companheiros e companheiras do PT para ajudarem na elaboração da proposta do futuro governo para a área da educação, a partir do diagnóstico da situação da Rede Municipal de Ensino, que se revelou um caos, desde prédios e equipamentos deteriorados à desvalorização dos educadores do ponto de vista salarial e trabalhista.

A situação era de total desmonte da máquina administrativa da educação da cidade, e um quadro de educadores insatisfeitos e desmotivados. Paulo Freire e sua equipe, com muito esforço e dedicação, conseguiram recuperar a educação na cidade, colocando-a num patamar de qualidade e de avanços que representou verdadeira revolução na história da educação no município de São Paulo.

Com forte participação das comunidades locais, a gestão Paulo Freire desenvolveu vários projetos e ações que contribuíram decisivamente para a melhoria da educação na cidade, tais como: O programa Mova – Movimento de Alfabetização de Adultos; o plano de valorização dos educadores com a aprovação do Estatuto do Magistério, que impactou positivamente vários aspectos da carreira de professor, como a questão salarial, o plano de cargos e salários, entre outros. Portanto, sua gestão apresentou importantes avanços e conquistas em termos institucionais e do reconhecimento de direitos e da consolidação do quadro funcional do magistério do município.

Acrescente-se, ainda, sua preocupação com a formação permanente dos educadores, da qual participava diretamente. Nos finais de semana ia às regiões para participar de seminários e outras atividades de formação continuada dos educadores. Ele também modernizou a Rede de Ensino Municipal e implantou uma reestruturação curricular que revolucionou o processo de ensino-aprendizagem.

Foi o primeiro a introduzir o microcomputador nas escolas, ou, pelo menos, em grande parte delas, tendo por base um programa que ele encomendou à Unicamp, chamado Gênesi. Ele dizia o seguinte a respeito dessa medida: "Eu não quero que os meus meninos e meninas emburreçam aprendendo apenas a digitar as teclas do computador, mas quero que estudem informática como parte integrante do programa didático-pedagógico das escolas, bem como dos outros conteúdos do ensino de nível fundamental", ou seja, a informática incorporada ao programa de ensino e aos métodos e práticas didático-pedagógicas então adotadas.

Assim, ele introduziu de forma adequada e inovadora o ensino da informática integrada ao currículo, às práticas de ensino e conforme a filosofia que orientava o processo educacional. O ensino da informática se estendia aos professores e funcionários das escolas, pois, na concepção de Paulo Freire, todos eram educadores e, portanto, passíveis de ensinar e aprender.

Erasto Fortes: Então, já nessa época Paulo Freire tinha a preocupação de considerar os funcionários não docentes também como educadores?! Sabemos que essa é uma luta ainda em curso no Brasil, não totalmente resolvida.

Luiza Erundina: Sim, desde sempre ele não só tinha essa compreensão, como agia em absoluta consonância com essa concepção. Ele se preocupava, inclusive, em formar os vigias e as merendeiras, assim como os professores, todos sujeitos e responsáveis pelo processo educativo, no sentido de que todos, simultaneamente, ensinam e aprendem, educam e são educados numa relação dialógica que é um dos conceitos fundamentais da teoria da educação de Paulo Freire.

Ademais, sua gestão foi radicalmente democrática, tanto nas relações internas como externas à secretaria, o que contribuiu efetivamente para estimular e envolver a participação das comunidades no processo educacional. Foi de fato um marco na história da educação da cidade de São Paulo.

A partir de um certo momento, ele começou a me pressionar para que eu aceitasse sua saída do cargo. Ele dizia: "Luiza, eu não tenho mais o que fazer aqui. A equipe está preparada para levar a secretaria sem minha presença física e continuarei à disposição para o que for necessário. Não haverá solução de continuidade, acredite." E eu resistindo. Até que chegou um momento em que a Nita me pediu: "Prefeita, atenda a Paulo, ele realmente está querendo sair." Então, eu disse: "Está bem, embora contrariada, eu vou ceder." Ele ficou à frente da secretaria dois anos e meio, ou seja, de 1º/1/1989 a 27/5/1991, tempo suficiente para marcar definitivamente a história da educação pública do município de São Paulo.

Ivanna Sant'Ana Torres: A senhora acha que Nita teve alguma participação nas decisões anteriores para que ele permanecesse por dois anos e meio no cargo?

Luiza Erundina: Ah, com certeza. Ela foi decisiva para que ele ficasse o máximo de tempo. E em solidariedade a ele, também ajudou na sua saída.

Ivanna Sant'Ana Torres: Na hora certa de Paulo Freire sair, Nita estava presente!

Luiza Erundina: Eu tenho um respeito, uma admiração e um carinho enormes por Nita, por ela mesma, quer dizer, distinto do meu bem-querer a Paulo e do quanto ele representava para mim. Ela também representa muito, não por ser esposa dele, mas por ela mesma como pessoa e como educadora de muito valor. Estou certa de que foi indispensável para ele nos últimos anos de sua vida, inclusive para sua produção intelectual. A morte de Elza, sua primeira esposa, o deixou muito fragilizado, e se não tivesse tido a Nita ao seu lado, apoiando-o afetiva e moralmente, é provável que não tivesse deixado tantas obras importantes, como são os últimos livros que publicou. Não tenho dúvida de que a presença dela em sua vida é responsável, em grande medida, pela produção intelectual de Paulo nos últimos anos que passou entre nós, agregando ao rico patrimônio que já havia construído outras tantas obras que, certamente, têm a marca de sua rica experiência à frente da política de educação do nosso governo, deixando para São Paulo, o Brasil e o mundo um extraordinário legado. Devemos isso a ela também.

Quando ele foi se despedir de mim, após eu ter aceitado sua saída, ele me disse: "Olhe, eu vou para casa, vou escrever e provar a você que vou sair, não para deixar de trabalhar, mas para continuar trabalhando em outro espaço, em outra 'esquina' de luta, com os mesmos objetivos de toda a minha vida. Para ficar mais tempo com Nita. Para dedicar mais do meu tempo a ela."

Em abril de 1997, quando eu já tinha saído da Prefeitura e estava presente no lançamento do seu último livro, ele me disse: "Está vendo, Luiza, eu não disse a você que ia deixar a secretaria para poder escrever?" De fato, aquele era o sétimo livro que lançava após sair do governo. Ele acrescentou, então, como se estivesse prestando contas: "Olha, esse é o sétimo; bem que eu lhe disse que ia sair para poder escrever alguns livros."

Ao lado de nossos contatos diários entre prefeita e secretário havia uma relação pessoal. Eu ia com frequência à sua casa. Ele me convidava para comer as comidas nordestinas de sua preferência. Ele chamava para uma boa conversa, comer e tomar um bom vinho. Paulo Freire era uma pessoa assim. Eu o amava. Devo muito a ele pessoal e politicamente. O Brasil e o mundo devem muito a Paulo. Mas o Brasil não foi justo com ele. Outros países foram muito mais justos com Paulo, em termos de reconhecimento de sua obra e de sua figura, do que o Brasil. Primeiro, a perseguição política e o exílio que, para ele, que era muito sensível e amoroso, deve ter sido um verdadeiro tormento. Mas acho que tudo isso fez parte do desígnio de Deus sobre ele, para que levasse ao mundo todo sua Pedagogia do Oprimido e sua sabedoria a respeito das coisas e da vida.

Sou feliz por ter tido a oportunidade e o privilégio de tê-lo como secretário de Educação do nosso governo. Sua gestão foi um marco na história da educação no município de São Paulo. Ainda hoje os professores e funcionários daquela pasta, quando me encontram, dizem o quanto Paulo Freire significou para eles, tanto os que já se aposentaram como os que ainda estão na Rede. Estes afirmam que a "escola" dele continua sendo referência para seu trabalho como educadores. Foi de fato uma experiência que jamais se esquece.

ERASTO FORTES: A senhora falou da humanidade de Paulo Freire e dessa questão do relacionamento de amizade pessoal com a senhora. Imagino até, pelo seu perfil como gestora, que devia haver reuniões frequentes com a equipe de trabalho para realização de balanços e orientações sobre as políticas de governo. Como se dava a participação de Paulo Freire nesses momentos como membro da equipe? Como era o relacionamento dele com os demais secretários e dirigentes?

LUIZA ERUNDINA: Nós fazíamos reuniões semanais com o secretariado, para tratar das questões estratégicas do governo, de ordem mais geral, e também para discutir problemas de toda ordem que o governo enfrentava diariamente. Socializávamos tudo com a equipe, sobretudo as decisões mais importantes, e procurávamos administrar os conflitos e divergências que às vezes ocorriam.

Naqueles encontros semanais, Paulo Freire ficava a maior parte do tempo quieto, ouvindo como se fosse o último, numa atitude humilde, paciente e prestando muita atenção. E quando chegava sua vez de falar, trazia muita luz, contribuição e ajuda. Eram momentos incríveis as reuniões do secretariado, e a presença de Paulo Freire as tornava especiais. Quando estava preocupada, ele me ajudava com sua sabedoria e me confortou em momentos difíceis com sua habitual mansidão. Ao mesmo tempo, era muito enérgico na cobrança do que dizia respeito ao interesse da sua pasta, sobretudo em relação à questão financeira e orçamentária, como, por exemplo, o montante de recursos para a educação, a política salarial dos professores e funcionários com vistas a compensar as grandes perdas deixadas pelos governos anteriores. Era intransigente na defesa dos recursos necessários à execução dos projetos que sua secretaria desenvolvia. Como se vê, ele foi exemplar também nesse aspecto.

Erasto Fortes: Deputada, queremos lhe apresentar uma questão que nos interessa muito, tendo em vista que desejamos que este livro seja uma contribuição aos que estudam os processos da gestão educacional. Nessa época, a Constituição brasileira acabava de anunciar o preceito da gestão democrática como um dos princípios do ensino público no Brasil. Tudo o que se pode ler e recuperar sobre a passagem de Paulo Freire pela administração da Secretaria Municipal de Educação de São Paulo evidencia que ele tinha uma presença importante na consolidação desse princípio. No entanto, uma coisa que é muito característica do município de São Paulo é o provimento do cargo de diretor de escola por concurso, não realizando um processo participativo entre os membros da comunidade escolar. Considerando que, nessa época, havia uma luta dos educadores pela eleição dos seus diretores escolares, como é que a senhora avalia a posição de Paulo Freire em relação a essa tensão entre eleição direta como um mecanismo de gestão democrática e a permanência do concurso público como mecanismo de escolha?

Luiza Erundina: Não me lembro muito bem como essa questão se deu. Só sei que em respeito ao direito de participação dos cidadãos e comunidades locais, Paulo Freire entendia que promover eleição de diretor não podia ser de forma artificial, ou seja, uma imposição. Teria que ser uma demanda real da maioria dos que seriam conduzidos por esse diretor. Ele tinha a preocupação de não impor nada, de não decidir de cima para baixo, de não ser uma decisão da minoria, por melhor que ela fosse.

Primeiro, todos os interessados deviam ser consultados. Para ele, mais importante do que o resultado era o processo de escolha, ou seja, a eleição dos diretores deveria ser vista como um processo pedagógico que considerava mais importante do que o próprio resultado, qualquer que fosse. Porém, a maioria dos professores da Rede era contra a eleição dos dirigentes e ele teria acatado democraticamente essa decisão, embora gerasse polêmica por parte da minoria que defendia o contrário. É disso que me lembro, mas não estou muito segura.

Erasto Fortes: Certo. Inclusive os canais de participação foram bastante abertos nas escolas, não é?

Luiza Erundina: Exato. Havia vários mecanismos de participação. O principal deles era o conselho gestor em cada escola, que contava com a participação de educadores e de representantes da comunidade.

Ivanna Sant'Ana Torres: Como a senhora percebia o corpo de professores, de estudantes, em relação ao projeto de Paulo Freire de "mudar a cara da escola" e à própria presença de Paulo Freire à frente da gestão da Secretaria Municipal de Educação?

Luiza Erundina: Eu ouvi muitos depoimentos a respeito. Eu me lembro de uma viagem que fiz ao exterior, logo que saí do governo, não me lembro para que país da Europa, e no voo encontrei uma professora que tinha trabalhado na época de Paulo Freire e que acabava de se aposentar. Ela me disse que não suportou a mudança da gestão da educação do governo que sucedeu ao nosso, e confessou: "Eu era contra o PT, arredia a vocês, não acreditava na proposta e não estava a fim de colaborar, mas a passagem de Paulo Freire, o trabalho que ele realizou na secretaria, mudou totalmente minha posição. Estou saindo porque veio outra proposta, com a qual não concordo. Olhe, eu não vou esquecer nunca mais. Aquela experiência me marcou." E repetia: "Ela me marcou." É constante ouvir isso de várias pessoas. Aquilo que significou mudança de valores, de prática, de relações no nosso governo, não morreu. E Paulo Freire sem dúvida nenhuma contribuiu para isso. Essa marca ficou também com o trabalho dele nas escolas da periferia, nos núcleos do Mova, que funcionava até mesmo na casa das pessoas da comunidade. A família deixava de ver a televisão na sala de visitas para ceder o espaço para o núcleo do Mova, que chegou a mais de mil na cidade. A gente viveu experiências incríveis como essa e tantas outras. Lembraria também o "projeto de produção associada para geração de renda" para a população da periferia atingida pelo desemprego em massa que havia na época; como também as padarias comunitárias; as fábricas de blocos destinados aos mutirões de casas populares, programa do nosso governo. Havia uma interação muito grande entre o povo e o governo nas ações das diferentes áreas da administração.

Ivanna Sant'Ana Torres: Deputada, e com a saída de Paulo Freire da secretaria, a senhora considera que o trabalho que vinha sendo realizado por ele teve continuidade?

Luiza Erundina: Sem dúvida nenhuma. O que ele propôs e o que implantou estou certa de que teve continuidade até o final da nossa gestão, sobretudo porque a secretaria ficou nas mãos de uma equipe formada por ele e, igualmente, com a filosofia de educação, com os princípios pedagógicos e com as práticas de ensino-aprendizagem que constituíam os fundamentos de uma política de educação e de governo que remarcaram a história político-administrativa da cidade de São Paulo.

Ivanna Sant'Ana Torres: Com a equipe que já estava lá?

Luiza Erundina: Sim. A mesma equipe. O que Paulo Freire deixou, permaneceu e teve continuidade, até porque ele governava com divisão de tarefas, delegando responsabilidades à equipe que administrava tudo na secretaria junto com ele. Ele não tomava nenhuma decisão que já não tivesse refletido com os membros de sua equipe. E foi ele mesmo quem "determinou" esse modo de agir na gestão da sua área. Enfim, a gestão Paulo Freire na Secretaria de Educação foi radicalmente democrática e teve fortes reflexos no governo como um todo. Foi realmente assim, todos compartilhando as decisões e ações no âmbito interno da secretaria e procurando envolver a participação da comunidade em tudo que diretamente lhe dissesse respeito.

Portanto, não houve solução de continuidade. Toda a equipe trabalhou coesa para dar prosseguimento ao que ele deixara plantado. Contudo, todos nós sentimos muita falta da sua presença inspiradora na secretaria e no governo.

Erasto Fortes: Deputada, fala-se muito na contribuição pedagógica de Paulo Freire para uma consciência de cidadania. Considerando a distinção entre cidadania e Direitos Humanos, é possível afirmar, na sua avaliação, que a gestão de Paulo Freire à frente da Secretaria Municipal de Educação de São Paulo preocupou-se em afirmar a necessidade de instauração de processos educativos que permitissem que a consciência sobre a dignidade da pessoa humana fosse assimilada como um valor universal pelos seus atores? A senhora identifica, na experiência de Paulo Freire como secretário de Educação em seu governo, uma preocupação com as temáticas afetas aos Direitos Humanos?

Luiza Erundina: Não tenho a menor dúvida. Paulo Freire era um ser humano, eu diria, completo do ponto de vista de sentir-se igual aos outros, no verdadeiro sentido da fraternidade, da solidariedade, da igualdade. Por exemplo, o compromisso que ele tinha com as questões de gênero e de raça; o respeito que devotava às mulheres; sua dedicação à luta em defesa dos direitos de negros, indígenas e de todos os marginalizados do planeta, são prova de que a proposta de educação de Paulo Freire é essencialmente política e inspirada na doutrina dos Direitos Humanos, que impregna sua leitura do mundo, sua teoria de educação e sua práxis educacional revolucionária.

Finalizo agradecendo e saudando a iniciativa de vocês dois e da Nita, de resgatar a passagem de Paulo Freire pela Secretaria Municipal de Educação de São Paulo durante o nosso governo. Considero ser uma contribuição importante para os educadores e educadoras e para a história da Secretaria Municipal de Educação de São Paulo.

24
A RADICALIDADE DA PROPOSTA DE PAULO FREIRE À FRENTE DA SECRETARIA DE EDUCAÇÃO DO MUNICÍPIO DE SÃO PAULO: A CONSTRUÇÃO DA ESCOLA PÚBLICA, POPULAR E DEMOCRÁTICA

Ana Maria Saul

PRIMEIRAS PALAVRAS

A construção da "escola pública popular e democrática" foi a proposta de política educacional para a Rede Municipal de Educação de São Paulo, quando Freire assumiu a pasta da Educação da cidade de São Paulo, no início dos anos 1990, a convite da prefeita Luiza Erundina de Sousa.

A grande oportunidade que tive de conviver e aprender com Paulo Freire, na universidade, ampliou-se e aprofundou-se quando fui por ele convidada para dirigir a reorientação curricular da Secretaria Municipal de Educação do município de São Paulo e coordenar o programa de formação permanente dos educadores. Trabalhar na equipe de Paulo Freire foi uma experiência inusitada.

Em nossos encontros de quase todas as manhãs, no seu gabinete, em um edifício da Avenida Paulista, eu me deparava com um homem alto, elegante, de terno e gravata, cabelos brancos, quase sempre longos, com suaves ondulações sobre os ombros. Bem disposto, chegava com pontualidade nas primeiras horas da manhã. Mostrava sempre a sua preocupação com os aspectos mais gerais da política educacional. Surpreendia-me o modo criativo e concreto com que ele tratava o cotidiano. Quem imagina o secretário Paulo Freire como alguém que manejava tão-somente as diretrizes mais gerais da Secretaria de Educação, engana-se.

Com a experiência dos seus 70 anos e com a autoridade de um saber reconhecido por muitos povos do mundo, tinha sempre algo novo a propor, na perspectiva de pôr em ação a política mais geral, avançando, passo a passo, rumo à construção de uma escola pública popular e democrática.

No dizer coloquial de Paulo Freire, era preciso "mudar a cara da escola"; no entanto, era fundamental que a escola quisesse mudar a sua cara, e por isso precisava ser respeitada, consultada, fazendo-se sujeito de sua própria história. Ele indagava com detalhes sobre cada programa em desenvolvimento; ficava absolutamente atento à leitura da realidade, aos avanços e dificuldades, demonstrando profundo respeito pela história e vivendo um tempo de mudança com paciência impaciente.

Entusiasmava-se com cada pequeno avanço; o relato de simples ações de escolas que evidenciavam estar caminhando na direção de uma escola séria na produção de conhecimentos e, ao mesmo tempo, alegre e democrática, era o suficiente para mantê-lo animado e estimulado. Desafiava-me sempre com novos projetos, quase todos ousados. Parecia que reservava a noite para sonhá-los e explodi-los, no dia seguinte, com o raiar de um novo dia, numa atmosfera que tinha clareza de propósitos, determinação, alegria e esperança.

A cada novo projeto exibia no olhar o brilho e a excitação de um menino. Toda a sua criação ousada, todavia, era cercada por uma moldura democrática, na qual o diálogo sempre foi a pedra fundamental. Paulo Freire queria ouvir sempre e atentamente a posição de sua equipe sobre todas as propostas. Ouvia ponderações, recriava suas propostas, estimulava e dava espaço a novas proposições; externava preocupações, colocava parâmetros.

Experimentei com Paulo Freire o verdadeiro sentido do que é participação. Muito ao contrário da falsa participação que manipula colaboradores, centralizando todas as decisões nas mãos do chefe e delegando apenas a execução de tarefas, a participação, na equipe de Paulo Freire, assumiu o mais radical dos significados, caracterizando-se verdadeiramente como uma participação em nível político. Isso significou, efetivamente, compartilhar decisões. E observe-se que chamar a equipe para integrar o processo de tomada de decisão implicava, necessariamente, uma divisão do poder do dirigente. É isto! Paulo Freire dividia o seu poder de secretário de Educação com sua equipe, na secretaria. Fazia isso com tranquilidade, mas, sobretudo, por convicção política. Importante destacar que isso não o ameaçava ou o tornava "menos poderoso". Ao contrário, como ele mesmo dizia em tom muito bem-humorado: "Sou o secretário que menos tem poder e, por isso, contraditoriamente, sou o que tem mais poder."

No cotidiano difícil, demandante e desafiador da educação na cidade de São Paulo, na construção de uma gestão democrática, a equipe de Paulo Freire pôde experimentar a sua disposição para o diálogo, a tolerância, uma paciência impaciente e um toque de paixão em tudo o que ele fazia.

"Mudar a cara da escola", como dizia Freire, em uma perspectiva democrática e participativa, implicou viabilizar o projeto político pedagógico de sua gestão por meio de duas linhas de ação: a reorientação curricular e a formação permanente dos educadores.

O objetivo deste capítulo é apresentar pressupostos, características e práticas do processo de mudança da "cara da escola" na gestão municipal de São Paulo, e a vigência desse legado que tem inspirado um grande número de Redes de Ensino do país, possibilitando a reinvenção do pensamento e práticas de Paulo Freire.

A "mudança da cara da escola" na perspectiva democrática: uma proposta ousada e radical

A construção da *educação pública popular e democrática* foi o mote da gestão Paulo Freire, anunciado já no primeiro documento encaminhado aos educadores, publicado no *Diário Oficial* do município de São Paulo, em 1º de fevereiro de 1989. Em sua carta, dirigida "Aos que fazem a educação conosco em São Paulo", transcrita neste livro, às páginas 341 e 342, Freire explicita a sua compreensão da escola pública, popular e democrática.

Paulo Freire levou para a administração pública os pressupostos da educação popular. A opção política por uma educação crítica, comprometida com princípios de solidariedade e justiça social, a luta pela qualidade social da educação, a abertura da escola à comunidade, a construção do currículo, de forma participativa, autônoma e coletiva, o estímulo à gestão democrática da educação, o respeito ao saber do educando e a indispensável e necessária formação dos educadores foram marcos fundamentais que nortearam o seu *quefazer* na educação de São Paulo. Por vezes, tanto durante o período em que esteve na administração, como depois desse período, foram feitas a ele indagações sobre a distinção entre educação popular e escola pública. No bojo desse questionamento estava o fato de que, no ideário dos educadores, a educação popular se referia à educação não escolarizada, em especial, dos adultos, contrapondo-se à escolarização.

Freire debateu com vigor o seu argumento, afirmando que a educação popular se referia, sobretudo, à natureza de uma prática política e crítica.

Em um de seus textos, escrito em dezembro de 1992, intitulado "Educação popular e escola pública", publicado no livro *Política e educação*, Paulo Freire sistematiza seu pensamento sobre a relação entre educação popular e escola pública e, mais especificamente, como ele mesmo anunciou, buscou responder à indagação: é possível fazer educação popular na Rede Pública?

Considero que vale recuperar os argumentos dessa reflexão, nas palavras do próprio autor, com a citação de alguns trechos dessa sua produção, embora figure extensa no corpo desse texto.

> [...] a *educação popular* cuja posta em prática, em termos amplos, profundos e radicais numa sociedade de classe, se constitui como um *nadar contra a correnteza* é exatamente a que, substantivamente democrática, jamais separa do ensino dos conteúdos o desvelamento da realidade. É a que estimula a presença organizada das classes sociais populares na luta em favor da

transformação democrática da sociedade, no sentido da superação das injustiças sociais. É a que respeita os educandos, não importa qual seja sua posição de classe e, por isso mesmo, leva em consideração, seriamente, o seu saber de experiência feito, a partir do qual trabalha o conhecimento com rigor de aproximação aos objetos. É o que trabalha, incansavelmente, a boa qualidade do ensino, a que se esforça em intensificar os índices de aprovação através de rigoroso trabalho docente e não com *frouxidão assistencialista,* é a que capacita suas professoras cientificamente à luz dos recentes achados em torno da aquisição da linguagem, do ensino da escrita e da leitura. Formação científica e clareza política de que as educadoras e os educadores precisam para superar desvios que, se não são experimentados pela maioria, se acham presentes em minoria significativa. [...] É a que, em lugar de negar a importância da presença dos pais, da comunidade, dos movimentos populares na escola, se aproxima dessas forças com as quais aprende para a elas poder ensinar também. [...] É a que supera os preconceitos de raça, de classe, de sexo e se radicaliza na defesa da substantividade democrática. [...] É a que não considera suficiente mudar apenas as relações entre educadora e educandos, amaciando essas relações, mas, ao criticar e tentar ir além das tradições autoritárias da *escola velha,* critica também a natureza autoritária e exploradora do capitalismo. E ao realizar-se, assim, como prática eminentemente política, tão política quanto a que *oculta,* nem por isso transforma a escola onde se processa em sindicato ou partido. É que os conflitos sociais, o jogo de interesses, as contradições que se dão no corpo da sociedade se refletem necessariamente no espaço das escolas. E não podia deixar de ser assim [...] (FREIRE, 2014, pp. 118-120).

A concretização da proposta político-pedagógica, na gestão Paulo Freire, instalou uma nova lógica no processo de construção curricular na realidade brasileira. Reorientar o currículo sob a ótica da racionalidade crítico-emancipatória implicou considerar a relação dialética entre o contexto histórico-social-político e cultural e o currículo. Trabalhou-se com a proposta de construção de uma escola voltada para a formação social e crítica dos educandos, uma escola séria, na apropriação e recriação de conhecimentos e, ao mesmo tempo, alegre, estimuladora da solidariedade e da curiosidade. A prática dessa nova lógica considerou, todo o tempo, a necessária participação dos educadores, dando ênfase ao trabalho coletivo e à formação de professores. A busca de melhoria da qualidade da educação pública municipal propôs mudanças nas relações internas da escola e na relação escola/população. Entendeu-se, também, que a escola deveria estar aberta para que a população pudesse participar do processo de mudança da *cara da escola*, dar-lhe ânimo, outra vida e, principalmente, reconstruir criticamente o saber, instrumento de emancipação. A participação popular na criação da cultura e da educação rompia com a tradição de que só a elite é competente e sabe quais são as necessidades e interesses da população.

A nova proposta curricular da Rede Municipal de Ensino de São Paulo foi construída de modo participativo e gradativo. Respeitou-se o trabalho educacional digno, mesmo divergente, dos educadores. Procurou-se, durante todo o tempo da gestão, viabilizar o projeto político-pedagógico por meio do "movimento de reorientação curricular" e da "formação permanente dos educadores".

O "movimento de reorientação curricular" caracterizou-se por um amplo processo de construção coletiva, da qual participaram diferentes grupos em constante diálogo: a escola, a comunidade e especialistas em diferentes áreas do conhecimento. Esse movimento buscou garantir a autonomia da escola, permitindo o resgate de práticas valiosas e, ao mesmo tempo, estimulando a criação e recriação de experiências curriculares que favorecessem a diversidade na unidade. A valorização da unidade teoria-prática, refletida no movimento de ação-reflexão-ação sobre as experiências curriculares, permitiu que pudessem ser criadas novas práticas.

A reorientação curricular iniciou-se com um cuidadoso e planejado momento de *problematização* da escola, entendida como a descrição e a expressão das expectativas de educadores, educandos e pais. A participação das famílias ocorreu por meio de plenárias pedagógicas; dessas, participaram, além de familiares dos educandos, representantes de movimentos sociais. Essa prática buscava efetivar o compromisso de dar voz à comunidade escolar, considerada como sujeito da ação educativa. Houve o necessário registro desse momento de *escuta sensível* da escola em documentos que buscaram apresentar o que se chamou de "retrato sem retoques" do currículo em ação. Esses documentos foram discutidos em todas as escolas, em momentos de planejamento do ano letivo, e subsidiaram a elaboração e revisão do plano escolar. Dentre as diferentes ações geradas no bojo desse amplo movimento de reorientação curricular, destacou-se a elaboração de projetos pedagógicos próprios das escolas, concretizando o princípio da autonomia. Mais de 1.500 projetos foram elaborados pelas escolas, em função de suas realidades. A secretaria apoiou esses projetos, técnica e financeiramente, e fez o acompanhamento dos mesmos. A outra linha de ação desse movimento foi a construção do currículo por meio da interdisciplinaridade, via tema gerador. Tratava-se de reconstruir e pôr em prática a proposta de Paulo Freire, no tocante à aquisição e construção do conhecimento. A organização do programa a ser desenvolvido nas escolas, decidido a partir do levantamento de temas geradores, identificados por alunos e professores, por meio do estudo da realidade local, exigiu a criação de uma nova arquitetura de trabalho na escola, porque era necessário romper com uma lógica instalada há sessenta anos, nessa Rede de ensino, que se caracterizava por propostas curriculares definidas "de cima para baixo", por instâncias superiores da Secretaria de Educação que geravam um trabalho individualizado, por parte dos professores, com a intenção de depositar conhecimentos nas supostas "cabeças vazias" dos alunos. Trabalhar dessa forma implicou discutir e tomar posição a respeito de uma questão polêmica, ainda presente no cenário dos educadores que trabalham com currículo: qual é o conhecimento que importa?

Florence Tager apresenta uma reflexão importante a esse respeito:

> A pedagogia freireana insiste em uma profunda conexão entre a cultura da vida cotidiana e a política radical. Para Freire, a consciência crítica e a análise dos temas da vida cotidiana é um processo contínuo que emerge da práxis e leva a outras práxis (termo freireano para ação com reflexão). Concluindo, educação para

consciência crítica leva à política revolucionária. Para Freire, pedagogia radical integra cultura e política (TAGER, 1982, p. 214).

A definição e o trabalho curricular na nova lógica proposta na gestão Paulo Freire exigiu mudança de valores e crenças, por parte dos professores, gestores, famílias e pais, em relação à educação. Dos professores, em especial, era requerido que avaliassem e fizessem opções por novas crenças, desinstalassem hábitos, construíssem novos conhecimentos e práticas e se dispusessem a trabalhar coletivamente, abrindo-se ao diálogo.

Ficou evidente para Paulo Freire, desde o início de sua gestão, que *a mudança da cara da escola* na direção da pedagogia radical por ele proposta precisaria de ações simultâneas. Ao lado da democratização da gestão e da reorientação curricular, foi necessário criar uma nova proposta, igualmente radical, para a formação dos professores capaz de responder às necessidades de compreensão e atuação de um professor nessa escola que se pretendia com uma nova fisionomia.

As pesquisas demonstram, ainda hoje, que a formação de professores está distante de atender às necessidades de melhoria da qualidade da educação.

GATTI e BARRETTO (2009) desenvolveram um estudo abrangente e compreensivo sobre a formação, a carreira e o salário dos professores da educação básica no Brasil, com a intenção de sinalizar perspectivas de superação dos muitos desafios encontrados, com vistas à melhoria da qualidade da educação e à valorização da profissão docente.

No tocante à formação inicial, destacam que:

> [...] as condições de formação de professores ainda estão bastante distantes de serem satisfatórias. Constata-se a ausência de um perfil profissional claro de professor. Os currículos não se voltam para as questões ligadas ao campo da prática profissional, seus fundamentos metodológicos e formas de trabalhar em sala de aula. Não se observa relação efetiva entre teorias e práticas na formação docente.

Quanto à formação continuada, as autoras concluíram que numerosos estudos mostram que a formação continuada é organizada com pouca sintonia entre as necessidades e dificuldades dos professores e da escola.

Constata-se que:

- A maioria dos formadores não tem conhecimento dos contextos escolares e dos professores que estão a formar;
- Os programas de formação não preveem acompanhamento e apoio sistemático da prática pedagógica dos docentes;
- Os professores têm dificuldade de prosseguir em suas práticas com eventuais inovações ao término do programa;
- A descontinuidade das políticas e orientações do sistema dificulta a consolidação dos avanços alcançados (GATTI, 2009, pp. 257-258).

Embora as dificuldades, no tocante à formação dos educadores, se apresentassem como uma séria limitação à proposta da *mudança da cara da escola*, Paulo Freire buscou, em sua práxis, em sua experiência adquirida como professor e no diálogo que manteve com outros professores, em diferentes partes do mundo, as condições para o que chamou de formação permanente dos educadores.

Formação permanente, para Paulo Freire, implica a compreensão de que o ser humano é um ser inconcluso e tem sempre a perspectiva de *ser mais*. Educação permanente, portanto, não se destina somente aos educandos em momentos de sua escolarização, mas a todo o ser humano em qualquer etapa de sua existência. A educação permanente está aliada à compreensão de que ela incide sobre a realidade concreta, sobre a realidade prática. Daí o entendimento de que um programa de formação permanente de educadores exige que se trabalhe sobre as práticas que os professores têm. Dizia Paulo Freire: A partir da prática que eles [os educadores] têm é que se deve descobrir qual é a *teoria embutida* ou quais são os fragmentos de teoria que estão na prática de cada um dos educadores, mesmo que não se saiba qual é essa teoria.

Em *Pedagogia da autonomia*, acrescenta:

> [...] o saber que a prática docente espontânea, ou quase espontânea, "desarmada", indiscutivelmente produz é um saber ingênuo, um saber de experiência feito, a que falta a rigorosidade metódica que caracteriza a curiosidade epistemológica do sujeito. [...] O que se precisa é possibilitar que, voltando-se sobre si mesma, através da reflexão sobre a prática, a curiosidade ingênua, percebendo-se como tal, se vá tornando crítica (FREIRE, 2019, p. 39).

Na Secretaria de Educação, Paulo Freire deu especial destaque à formação permanente dos educadores (Freire, 1991), considerando que esse seria um dos programas prioritários de sua gestão, dada a exigência de que os educadores tivessem uma prática pedagógica séria e competente para poder construir a escola que se propunha.

O programa de formação de educadores incluiu princípios básicos (Freire, 1991), já referidos neste livro, que destacavam a) o papel do educador, como sujeito de sua prática; b) o objetivo da formação, deixando claro a intenção de criar e recriar a prática, a partir da reflexão sobre o cotidiano; c) a compreensão de que a formação precisa ser sistematizada e se fazer constante, ao longo de toda a vida do educador; d) a necessidade de que a formação seja orientada para a compreensão do processo de construção do conhecimento; e, finalmente, e) uma formação de educadores compreendida como a contraface do processo de reorientação curricular.

A formação permanente dos educadores desenvolveu-se, sobretudo, por meio de "grupos de formação", modalidade que agrupava coletivos de professores para discutir suas práticas. O momento seguinte, nesse trabalho, consistia em confrontar as teorias dos professores com essas práticas, acrescidas de novas teorias e práticas, sempre que necessário, num constante movimento de ação-reflexão-ação, na perspectiva de recriar teoria e prática. Esses grupos tiveram como lócus principal a própria escola e o programa foi complementado com outras modalidades de formação: palestras, cursos, congressos e atividades culturais, em diferentes espaços. A integração da universidade a esse amplo programa de formação se deu de maneira inovadora, alicerçada na compreensão de que a universidade e a Rede Pública seriam aprendentes e ensinantes, nesse diálogo.

Esse trabalho não se fez sem resistências, tensões e conflitos. Todavia, essas dificuldades foram enfrentadas como desafios e em nenhum momento foram obstáculos à utopia da construção da escola democrática e à luta esperançosa.

Vale lembrar aqui a mensagem final do professor Nóvoa, da Universidade de Lisboa, ao encerrar palestra em São Paulo, em 2006, a convite do Sindicato dos Professores (Sinpro):

> Sabemos que os problemas atuais da escola e da profissão não nos autorizam a cultivar ilusões. Mas sabemos também que denunciar as ilusões não significa renunciar à esperança, à pedagogia da esperança de que nos falava Paulo Freire. É ela, em definitivo, que nos alimenta como pessoas e como educadores (NÓVOA, 2007, p. 18).

A busca de uma escola com qualidade social, sonho de Paulo Freire, pautada nos princípios da educação popular, não obstante as dificuldades de *remar contra a correnteza,* mostrou-se extremamente valiosa, tanto pelos resultados da avaliação dos alunos, atestados pelo aumento dos índices de aprovação e diminuição sensível dos percentuais de *expulsão* – como se referia Paulo Freire à evasão escolar –, como pela ressignificação do conceito de qualidade da educação. Tratava-se da qualidade social da educação, o que significou o compromisso com a democratização, com a justiça social, com a participação, solidariedade, dialogicidade, construção coletiva e autonomia.

Finda a gestão Paulo Freire, observou-se que muitas Redes de Ensino buscaram inspiração no trabalho desenvolvido na cidade de São Paulo para criar/recriar seus processos de reorientação curricular e de formação de educadores, na perspectiva de uma educação libertadora.

A partir de 1992, vários estados e municípios do Brasil, comprometidos com a administração popular, optaram por construir políticas curriculares com os pressupostos freireanos presentes no Movimento de Reorientação Curricular ocorrido em São Paulo, no período 1989-1992.

Em pesquisa apresentada em sua tese de doutoramento, SILVA (2004) acompanhou e analisou catorze sistemas públicos municipais e estaduais no Brasil que se inspiraram na gestão Paulo Freire para reorientar suas políticas e práticas de currículo. Convém ressaltar que essas administrações assumem uma concepção de educação

> [...] que reconhece a presença das classes populares como *sine qua non* para a prática realmente democrática da escola pública progressista, na medida em que possibilita o necessário aprendizado daquela prática. Neste aspecto, mais uma vez, centralmente se contradiz antagonicamente com as concepções ideológico-autoritárias de direita e de esquerda que, por motivos diferentes, recusam aquela participação (FREIRE, 2014, p. 120).

A característica comum que mais se destacou na construção das políticas dessas administrações foi a participação efetiva da comunidade, concretizada pelo diálogo constante entre os protagonistas da prática educativa.

Em relação à qualidade social da educação, os movimentos de reorientação curricular e de implementação da gestão democrática caracterizaram-se pela valorização das práticas pedagógicas emancipatórias nas Redes Municipais, pela construção/conquista de autonomia das unidades escolares, pela introdução do trabalho coletivo nas escolas e pela formação permanente dos educadores. A opção dessas Secretarias de Educação sinaliza a construção de políticas curriculares de resistência que partem da contradição vigente na sociedade contemporânea para a transformação dialógica das realidades vivenciadas.

Na análise das práticas educacionais dessas Redes de Ensino destacam-se a concepção de ensino-aprendizagem, fundamentada na dialogicidade, e a gestão pedagógica democrática do tempo-espaço escolar.

Pode-se afirmar, também, que as administrações populares, inspiradas na prática de Freire, estiveram atentas à necessidade de articular processos reflexivos de formação permanente de educadores às ações dos movimentos de reorientação curricular, com a perspectiva de promover influências recíprocas, tanto na criação e construção coletiva do novo fazer escolar quanto no espaço escolar, entendido como instância político-reflexiva, lócus de formação para a prática democrática.

A Cátedra Paulo Freire da PUC-SP: um espaço para pesquisar a influência e a reinvenção do pensamento de Paulo Freire em Redes Públicas de Ensino

Paulo Freire foi professor da Pontifícia Universidade Católica de São Paulo, no Programa de Educação: Currículo, desde sua volta do exílio, pelo período de dezessete anos (1980-1997). Quando Paulo Freire já não estava entre nós, no segundo semestre de 1998, por iniciativa dos professores do Programa de Pós-Graduação, a PUC-SP criou a Cátedra Paulo Freire, sob a direção do Programa em que Freire trabalhou. A Cátedra vem sendo compreendida para além de um lugar de homenagem a uma personalidade; é um espaço especial de estudos e pesquisas sobre Paulo Freire, um dos maiores educadores do século XX e, certamente, do século XXI, por ser autor de uma pedagogia crítica que tem como horizonte a emancipação do ser humano, em oposição a todos os tipos de opressão.

McLaren afirma que o pensamento de Freire situa-se no quadro dos grandes educadores críticos.

> O trabalho do educador brasileiro Paulo Freire posiciona-o na ala dianteira daquela "classe em extinção" de revolucionários educacionais que marcham atrás da bandeira da libertação para lutar por justiça social e transformação do ensino. A pedagogia de Freire, que começou como um meio de conferir poder a oprimidos camponeses brasileiros, atingiu um status legendário através dos anos. Poucos educadores caminham tão sabiamente e com tanta determinação entre as fronteiras da linguagem e da cultura (McLAREN, 1997, p. 327).

Reinventar o legado freireano, na Cátedra Paulo Freire, significa fazer uma releitura crítica da obra desse autor, cuidando, no entanto, de não descaracterizar seus princípios fundantes e, sim, de compreendê-los e analisá-los frente aos novos desafios do mundo atual. Trata-se, sobretudo, de construir e sistematizar uma práxis coerente com os princípios fundamentais da obra freireana. Nessa perspectiva, a Cátedra Paulo Freire da PUC-SP vem trabalhando com os referenciais freireanos como subsídios para a docência e para a pesquisa, na formação do educador-pesquisador, na pós-graduação (SAUL, 2006).

A relevância e a atualidade do pensamento de Paulo Freire vêm sendo evidenciadas pelo aumento das reedições de suas obras, em dezenas de idiomas, pelo crescente número de centros de pesquisas que se propõem a investigar o legado freireano e pelo expressivo número de congressos que se realizam anualmente, ao redor do mundo, para debater a sua obra.

Na área acadêmica, verifica-se um crescente interesse de pesquisa sobre e a partir de sua obra. O levantamento realizado na Cátedra Paulo Freire da Pontifícia Universidade Católica de São Paulo (PUC-SP), no Portal da Coordenação de Aperfeiçoamento de Pessoal de Ensino Superior – Capes, órgão do Ministério da Educação que avalia a pós-graduação brasileira, no período 1987 a 2010, registra um total de 1.441 trabalhos (1.153 dissertações e 288 teses) que utilizaram o referencial freireano. Essas pesquisas estão distribuídas em diferentes áreas do conhecimento. Na subárea de currículo encontram-se 514 produções (SAUL e SILVA, 2012, p. 5).

A pesquisa que se desenvolve no âmbito da Cátedra Paulo Freire, em rede com sete programas de pós-graduação em Educação, de diferentes estados brasileiros, visando a investigar a influência e recriação do legado freireano nos sistemas públicos de ensino a partir da década de 1990, tem demonstrado que a construção da escola pública popular e democrática vem sendo um paradigma inspirador de políticas de educação de várias redes de ensino comprometidas com a construção de uma educação crítico-emancipadora.

Referências bibliográficas

FREIRE, Paulo. *A educação na cidade*. São Paulo: Cortez Editora, 1991.

_____. *Pedagogia da autonomia*: saberes necessários à prática educativa (1997). Rio de Janeiro: Editora Paz e Terra, 2019.

_____. *Política e educação*. Rio de Janeiro: Editora Paz e Terra, 2014.

GATTI, Bernardete; BARRETTO, Elba Siqueira de Sá. *Professores no Brasil*: impasses e desafios. Brasília, UNESCO, 2009. Disponível em: <http://unesdoc.unesco.org/images/0018/001846/184682por.pdf>. Acesso em: 31/3/2012.

GIROUX, Henry A. *Os professores como intelectuais*: rumo a uma pedagogia crítica da aprendizagem. Porto Alegre: Artes Médicas, 1997.

MCLAREN, Peter. *A vida nas escolas*: uma introdução à pedagogia crítica nos fundamentos da educação. Porto Alegre: Artes Médicas, 1997.

NÓVOA, Antonio. *Desafios do trabalho do professor no mundo contemporâneo*. São Paulo: Sindicato dos professores de São Paulo, 2007.

SAUL, Ana Maria. "A cátedra Paulo Freire da Pontifícia Universidade Católica de São Paulo". In: *Revista e-Curriculum*, São Paulo, v. 1, n. 2, 2006. Disponível em: <http://revistas.pucsp.br/index.php/curriculum/article/view/3129>. Acesso em: 01/3/2012.

_____; SILVA, Antonio Fernando Gouvêa. "O legado de Paulo Freire para as políticas de currículo e formação de educadores no Brasil". In: *Revista Brasileira de Estudos Pedagógicos*. Brasília, v. 90, n. 224, pp. 223-244, jan.abr. 2009.

_____: SILVA, Antonio Fernando Gouvêa da. "O pensamento de Paulo Freire no campo de forças das políticas de currículo: a democratização da escola". In: *Revista e-Curriculum*, São Paulo, v. 7, n. 3, nov./dez. 2011. Disponível em: <http://revistas.pucsp.br/index.php/curriculum/issue/view/525>. Acesso em: 1/3/2012.

SILVA, Antonio Fernando Gouvêa da. *A construção do currículo na perspectiva popular crítica:* das falas significativas às práticas contextualizadas. Tese de doutoramento. São Paulo: PUC, 2004.

TAGER, Florence. "The relation between politics and culture in the teaching of working class students". *Curriculum Inquiry*, volume 12, n.2, 1982, p. 214.

25
A COMPETÊNCIA GESTORA DE UM GRANDE EDUCADOR

Lisete R. G. Arelaro

UM DOS ASPECTOS MENOS CONHECIDOS e discutidos da gestão Paulo Freire à frente da Secretaria Municipal de Educação da cidade de São Paulo (Administração de Luiza Erundina – 1989/1992, 1ª gestão da cidade pelo Partido dos Trabalhadores – PT) diz respeito às prioridades estabelecidas por ele para a gestão educacional.

Para uma visão mais precisa daquele momento é importante destacar que a principal convicção partidária que orientava o Partido dos Trabalhadores era a de mobilizar/contribuir/estimular a organização dos trabalhadores visando à constituição de Conselhos Populares, que seriam parceiros na gestão da cidade. Não se pretendia, de forma alguma, "gerir o capitalismo", mas enfrentá-lo, procurando reduzir seus efeitos perversos por meio de ações e projetos que oferecessem melhores condições de vida à maioria (pobre) *da* e *junto* com a população. Portanto, a gestão democrática e participativa não vai se constituir em uma prioridade somente da Secretaria de Educação, mas de todo o governo municipal.

Uma característica do Professor Paulo Freire, que fazia dele um militante suprapartidário e acima das tendências, é que, durante toda a sua gestão, jamais condicionou ou considerou como pré-requisito para trabalhar com ele a que subgrupo político seus assessores se vinculavam. Lembre-se que, na sua origem, a diversidade de tipos e locais de militância não foi razão impeditiva para o ingresso no PT, cabendo tanto os de origem religiosa, de partidos clandestinos – nas suas várias opções e crenças no processo revolucionário brasileiro – estudantes, operários, intelectuais, mulheres de diversos movimentos reivindicatórios, professores etc.

Em relação à Secretaria de Educação, importa lembrar que fazia muitos anos que a organização administrativa da SME permanecia a mesma e que a Educação não havia sido prioridade na gestão que antecedera a de Paulo Freire /Luiza Erundina, com Paulo Zingg e Jânio Quadros como secretário de Educação e prefeito municipal, respectivamente (1986/1988).[47] Ao contrário, a mesma havia sido bastante conturbada, com a punição, por meio de suspensão administrativa – sem pagamento dos dias parados, ainda que com aulas repostas – de mais de quinze mil professores e mais de duas mil demissões de professores e especialistas de ensino, em função de realização de greve naquela gestão. Havia ficado conhecido nacionalmente o processo de demissão sumária da presidenta do Sindicato Municipal de Professores e Especialistas do Ensino Municipal (SINPEEM),[48] que havia

---

47. A duração dos mandatos dos prefeitos de capital no Brasil, até 1988, era de 3 (três) anos, uma vez que estas cidades eram consideradas "área de segurança nacional", pelo governo militar.
48. Profa. Iracema de Jesus Lima.

convocado e liderado a greve dos profissionais da Rede Municipal de Ensino, mesmo ela sendo professora efetiva da Rede e estando em adiantado estado de gravidez.

A realização de diagnóstico prévio – tão logo a prefeita Luiza Erundina foi declarada eleita – já havia identificado o estado precário e mesmo abandonado de muitas escolas da Rede Municipal, nas quais faltavam desde alimentos básicos da merenda escolar a material pedagógico básico, papel higiênico nos banheiros e até carteiras nas salas de aula. Foram fotografadas estas situações de penúria e desleixo, por sugestão do professor Paulo Freire, para que se dispusesse publicamente de um dossiê histórico de como a maior Rede de Ensino Público, da cidade mais rica do Brasil, havia sido encontrada, nos anos imediatamente pós-promulgação da Constituição Federal de 1988, que restabeleceu importantes direitos civis, dentre eles a educação de qualidade como direito de todos e dever do Estado.

Duas das primeiras medidas que haviam sido tomadas – exatamente no dia 1º/1/1989, com publicação de ato em *Diário Oficial* municipal – e que marcam a gestão Luiza / Paulo Freire foram: a recuperação e devolução às escolas das "Propostas Curriculares" e do decreto que estabelece o "Regimento das Escolas Municipais" que haviam sido escritos com a participação de muitos professores da Rede e bastante discutidos com o conjunto dos profissionais da educação no governo Covas (1983/85). A nova administração partia do princípio eticamente louvável que o patamar de qualidade e benefícios democráticos que a Rede Municipal havia conseguido precisava ser preservado e estimulado, o que sinaliza uma posição de respeito à história pública construída pelas administrações que haviam antecedido o governo do PT.

Atente-se que as mencionadas "Propostas Curriculares" haviam sido "condenadas" pela gestão Jânio Quadros, já no seu início, escrevendo o prefeito, em um de seus famosos bilhetes sob a forma de despacho no *Diário Oficial*, que as mesmas deveriam ser recolhidas das escolas e queimadas, ou, ainda, vendidas a "preço de paina". Não é necessário enfatizar que a partir daquele início autoritário de governo, o clima e o desrespeito sistemático ao trabalho coletivo nas escolas desta gestão foi constatação permanente.

É simbólica deste período autoritário, ainda que pós-ditadura militar, a ausência de qualquer autoridade do governo anterior, na tarde do dia 1º/1/1989, dia da posse de Paulo Freire no cargo de secretário, na Secretaria Municipal de Educação. Essa ausência de responsáveis pela educação e pelo governo foi constante desde a vitória proclamada do novo governo, uma vez que não houve concordância com nenhum contato visando a se estabelecer um eventual "governo de transição", como exige a democracia, para viabilizar sem solução de continuidade a assunção de nova gestão.

Não bastasse esse desrespeito ao serviço público, destaque-se que o assessor responsável pelas informações e pelo controle dos gastos financeiros da secretaria na gestão anterior, de forma antiética, propositalmente *deletou* dos computadores todas e quaisquer informações que dissessem respeito seja à tramitação dos processos financeiros, liquidados ou com restos a pagar, seja de qualquer prestação de contas ou balancetes referentes à área da educação. Ou seja, assumimos sem ter nenhuma informação sobre os compromissos, deveres e dívidas do maior orçamento municipal da educação no país.

Constatado o fato, a primeira providência foi buscar entre os especialistas em informática – naquele momento histórico eram poucos – e simpáticos à nova administração alguém que pudesse recuperar os dados para que a secretaria começasse, com informações fidedignas e competentes, o processo de redimensionar financeiramente suas prioridades. Ficamos sabendo, somente naquele momento, de que recursos dispúnhamos e quais os compromissos anteriormente assumidos.

Resolvido esse primeiro grande impasse, Paulo Freire decidiu que o segundo nó górdio da administração – a sua excessiva centralização administrativa – precisava ser alterada. Começou propondo uma nova dinâmica nesta organização, chamando ao gabinete responsabilidades de planejamento, acompanhamento e controle das ações, preparando os órgãos regionais para assumirem, por corresponsabilidade e de forma sistêmica, também essas tarefas. Os nomes dos órgãos, em função de suas novas funções, foram alterados. Paulo Freire entendia que os nomes dos órgãos deveriam corresponder às suas (novas) funções. Assim, o Departamento de Planejamento (Deplan) passou a se chamar "Coordenadoria dos Núcleos de Ação Educativa" (Conae); as Delegacias de Ensino, que ele considerava uma nomenclatura absurda, foram rebatizadas como "Núcleos de Ação Educativa" (NAEs), e a Assessoria Técnica do Gabinete, de "Assessoria Técnica e de Planejamento" (ATP). Num primeiro momento do governo, havia cinco NAEs – localizados um em cada região da cidade. Logo, já eram dez, com o intuito de atender melhor as escolas e poder descentralizar, efetivamente, as ações da sede para as regionais. A orientação pedagógica, inicialmente localizada no gabinete do secretário, foi deslocada para o Departamento de Orientação Técnica (DOT), junto à Conae, para melhor subsidiar, estimular e discutir as propostas e projetos pedagógicos com as escolas da Rede Municipal de Ensino.

Não foi fácil nem simples, naquele momento, a preparação dos dirigentes educacionais – agora em número ampliado – para as novas funções e responsabilidades regionais, pois nunca a questão orçamentária e a discussão sobre a rotina contábil-financeira do uso e da distribuição dos recursos financeiros haviam sido realizadas, nem os professores escolhidos para liderar os novos NAEs tinham experiência prévia, formação ou informação sobre estas novas tarefas. Esse processo de formação só foi realizado com sucesso porque o professor Paulo Freire liderava os diferentes grupos que foram chamados para trabalhar na Secretaria de Educação e defendia que a ampliação dos órgãos regionais deveria vir acompanhada de maior autonomia para a Conae e os NAEs, com a transformação desses órgãos em unidades orçamentárias, o que garantiria maior agilidade e poder de execução para os mesmos. Conseguiu a aprovação da Secretaria das Finanças para o projeto, órgão tradicionalmente centralizador.

Com a recente promulgação da Constituição Federal, em outubro do ano anterior, outro problema foi posto para a administração municipal: a necessidade urgente de se realizar concursos públicos, após a definição precisa dos funcionários estabilizados pela nova Constituição. A contagem inicial indicou mais de oitenta mil servidores da prefeitura que precisariam se submeter a concursos públicos de títulos e provas, nos termos da nova Constituição. Desses, a maioria era de funcionários de serviços básicos – motoristas, serventes, jardineiros, cozinheiras, auxiliares de manutenção, marceneiros, porteiros, auxiliares de limpeza, auxiliares de enfermagem –, que haviam sido admitidos por indicações diversas nos governos anteriores, mas que não haviam completado cinco anos de efetivo exercício público e, portanto, não poderiam ser considerados "estáveis". A formação escolar da maioria não ultrapassava as séries iniciais do Ensino Fundamental ("do 1º grau", como era chamado naquela época), sendo alguns somente alfabetizados. É verdade que também existiam médicos, odontólogos, psicólogos e assistentes sociais admitidos sem concurso público, mas estes eram em número menor. A situação era delicada, pois esses funcionários seriam inscritos nos concursos, obrigatoriamente, e, caso não fossem aprovados, seriam dispensados sumariamente.

Depois de muita discussão, foi publicado um primeiro edital estabelecendo as bases para o primeiro concurso público envolvendo a maioria dos trabalhadores braçais e de baixa formação escolar, a ser executado sob a responsabilidade da Fundação Carlos Chagas.[49] As provas seriam de dois tipos: a primeira, de conhecimentos gerais, de português e matemática, composta de testes de múltipla escolha e eliminatória; a segunda, de conhecimentos práticos. O objetivo de a primeira prova ser eliminatória era que esse critério reduziria significativamente os que se submeteriam às provas práticas, individualizadas, mais demoradas e com bancas especiais para cada uma das modalidades de serviço e/ou função pública.

Com o edital de concurso já divulgado, Paulo Freire é alertado sobre os critérios e as provas definidas. Porque tinha como prática quase diária a visita às escolas, ouviu seus funcionários a esse respeito. E recebeu o apelo: "Professor, as coisas chamam diferente de quando a gente estava na

---

49. Pela Lei Orgânica Municipal de São Paulo (LOM), os concursos públicos não poderiam ser realizados pela própria prefeitura municipal, mas por empresa externa, contratada especificamente para este fim.

escola... tem até um tal de complemento, que não existia antes... Eu não vou conseguir continuar no meu emprego, mas a diretora e os professores acham que eu faço uma comida bem saborosa para as crianças." E, ao chegar ao prédio onde funcionava a secretaria, na Avenida Paulista, do 10º ao 13º andar, o ascensorista arrisca uma pergunta: "Professor, o que é hectômetro? E complemento nominal?"

Solicita, então, reunião de todo o secretariado e defende, de maneira convincente e com a legitimidade de educador popular internacionalmente reconhecida, a necessidade de alteração no edital, mostrando a contradição da administração do Partido dos Trabalhadores, que tinha escolhido um mecânico de baixa escolaridade como candidato a Presidente da República – Lula já tinha sido ungido como candidato do partido –, em avaliar trabalhadores de baixa formação escolar, que poderiam perder seus empregos ao se submeterem ao concurso exigido, mesmo que se reconhecesse sua capacidade e mérito do *saber fazer*.

Conseguiu convencer seus colegas secretários e a prefeita autorizou que se republicasse o edital, com uma inversão fundamental: primeiro se realizariam as provas práticas e, depois, se realizaria a prova de conhecimentos gerais. E assim foi feito. Foram entrevistados homens e mulheres, servidores municipais nos dias das primeiras provas, e foi unânime a adesão e agradecimento dos mesmos pela chance histórica de poderem, primeiramente, provar que eram competentes no que já faziam, para depois demonstrar que também sabiam ler, escrever e contar. Esse processo envolveu a prefeitura municipal por cerca de nove meses... mas os resultados, dignos e justos para os servidores, compensaram a sua lenta e complexa realização, nunca antes considerada como alternativa possível de seleção.

Outro aspecto que considero pouco discutido em relação à gestão Paulo Freire, que se deu em função da visão permanentemente formadora de *fazer discutindo* – e que gerou a famosa trilogia dialética *ação/reflexão/ação* –, foi sua atuação em duas frentes: a elaboração coletiva de proposta de capítulo sobre Educação para a Lei Orgânica Municipal de São Paulo (LOM) e a participação na Comissão de Assuntos Educacionais do PT (Caed). Desencadeado o processo constituinte federal, os estados tiveram um ano (1989) para fazer suas propostas de Constituições Estaduais, e os municípios, seis meses para as suas LOM. Paulo Freire criou um grupo de trabalho que elaborou proposta a ser defendida no ano seguinte (1990). Ao mesmo tempo, sugeria, defendia e participava dos encontros nacionais e estaduais da Caed, visando a socializar as experiências que estas primeiras gestões estavam vivenciando, com acertos e erros, para que se fosse construindo um referencial conceitual e de práticas políticas coerentes e consistentes, o que acabou se constituindo no *"modo petista de governar"*.[50]

Em relação à primeira, a proposta elaborada em São Paulo permitiu que muitos municípios – de modo suprapartidário – pudessem ter acesso a um texto objetivo e progressista, que defendia a educação pública de qualidade, como direito de todos os cidadãos, propondo dispositivos legais que a viabilizasse. Foram mais de mil cópias distribuídas pelo Brasil e algumas vezes se encontram, ainda hoje, propostas constantes das LOM aprovadas, semelhantes às da cidade de São Paulo. Paulo Freire tinha como lema o fazer/propor e imediatamente socializar. Fazer mais um pouco, avaliar e socializar

---

50. A única exceção foi a cidade de Diadema/SP, que havia iniciado a primeira gestão do PT no país, em 1983.

novamente. Era um gestor do *fazer coletivo*. E acreditava que assim é que se avançava também na administração pública. Não só reclamar, mas *fazer a crítica* e, com ela, as proposições possíveis a partir do diagnóstico crítico considerado.

Paulo Freire, logo que assumiu o cargo de secretário, tomou a iniciativa de trazer da Secretaria do Bem-Estar Social (Sebes) para a Secretaria de Educação (SME), os professores de educação de jovens e adultos que, até então, tinham estado sob- responsabilidade daquela secretaria.[51] O processo de transferência não foi fácil, pois existia certo preconceito dos professores da Rede Regular em relação à formação escolar daqueles, uma vez que o curso especial de Formação do Magistério[52] havia sido criado visando a viabilizar a formação adequada para esses educadores – que muitas vezes já tinham mais de dez anos de prática de ensino, sem possuir o diploma de professor, uma vez que alguns deles haviam atuado desde o Movimento Brasileiro de Educação (Mobral), criado nos anos da década de 1970, no governo militar.

É interessante lembrar que existia uma peculiaridade na contratação de professores por tempo determinado para as escolas de educação infantil ou ensino fundamental na Rede Municipal de Ensino: quando eles eram contratados por necessidade de serviço, sem ter havido abertura de concursos e sem haver aprovados aguardando a chamada, adotava-se a

---

51. Naquele momento histórico não se conseguiu convencer a mesma secretaria sobre a importância de se transferir as creches para a Secretaria de Educação, o que só foi feito na gestão Marta Suplicy (2001/2004), em função de exigência prevista na Lei de Diretrizes e Bases da educação Nacional (Lei nº 9.394/96).
52. A Profa. Cecília Guaraná foi a responsável pela proposta e justificativa ao Conselho Estadual de Educação de São Paulo, que aprovou o inédito curso, considerando a prática docente como referencial principal da organização da formação geral e específica deste curso.

contratação com "cargos em comissão". E eram em número significativo, à época. Portanto, nos quinze anos anteriores a Prefeitura de São Paulo havia contratado professores por meio desses cargos, ainda que, na prática administrativa, eles não pudessem ser considerados de "confiança das administrações", pois obedeciam a critérios objetivos para sua classificação e nomeação. Ou seja, todos os que desejavam ser professor por "tempo determinado" se inscreviam, regionalmente, apresentando seus títulos de formação escolar e acadêmicos e seu tempo de prática de ensino. Estes dois critérios, com pesos estabelecidos pela própria administração, gerava uma listagem única e os professores iam sendo chamados e nomeados em "cargos em comissão", obedecida estritamente esta classificação geral.

No entanto, isto gerava uma contradição insuperável, pois o tempo de exercício em cargos em comissão não gerava direitos de estabilidade no serviço público, previstos pela Constituição Federal de 1988, ou seja, todo servidor que provasse ter trabalhado na administração municipal pelo tempo de cinco anos ininterruptos poderia ter sua condição de emprego garantida e ser considerado "estável no serviço público". Com exceção dos professores, pois, de modo equivocado, haviam sido contratados como servidores "de confiança".

Paulo Freire resolveu enfrentar essa injustiça e encaminhou solicitação visando a corrigir essa flagrante distorção de contrato, não porque defendesse que professores não se submetessem a concursos, mas porque somente eles, entre todos os servidores municipais, é que não poderiam ter sua situação de estabilidade reconhecida. Criou-se um impasse entre o secretário de Justiça e o secretário de Governo, uma vez que o primeiro defendia, no mérito, a correção dos termos de tal contratação, e o segundo, mesmo considerando justa a reivindicação, considerava que não se poderia afrontar a Constituição Federal que não previa esta exceção. O debate foi intenso e somente quatro anos depois, já no último ano de governo, é que se decidiu pela justeza e legalidade de tal correção, reconhecendo-se cerca de mil professores como "estáveis" no serviço público municipal.[53]

É importante destacar que, desde o início de sua gestão, Paulo Freire tinha clareza da importância e urgência de se criar uma comissão especial com os sindicatos – eram três, à época –, para elaboração de proposta de Estatuto do Magistério, se quisesse ver estimulado e valorizado o professor municipal. Seriam necessárias longas discussões para se debater a jornada ideal do professor, que viabilizasse um projeto pedagógico nas escolas, e que traduzisse um desejo coletivo de cada escola: ousado, instigante, moderno e participativo. O professor Paulo Freire sabia ser impossível discutir uma nova organização escolar sem ter professores motivados e esperançosos da possibilidade de se construir o diferente da rotina escolar habitual – por ciclos – ou a realização de projetos, pela via da interdisciplinaridade. Precisava da alteração das condições de trabalho dos professores e especialistas se quisesse que o projeto pedagógico das unidades escolares pudesse dar frutos. E nisso seu empenho foi incansável.

Mantínhamos reuniões quase semanais com os sindicatos, e em seguida com a Rede, discutindo a possibilidade e conveniência de implantação da eleição de diretor de escola,

---

53. Prof. Dalmo Dallari era, então, secretário dos Negócios Jurídicos, e o Prof. José Eduardo Cardozo, ministro da Justiça do governo Dilma – 2011/2014), era o secretário de Governo na Gestão Luiza Erundina (1989/1992).

como uma das funções dos professores, podendo/devendo retornar à função de professor sempre. Discutia-se a caracterização dos conselhos escolares, como órgãos deliberativos e consultivos em seus âmbitos locais e os direitos e deveres dos profissionais da Rede, bem como estimulando projetos experimentais nas escolas, com avaliação rápida pelos órgãos regionais, para contrastar com a demora com que as antigas Delegacias de Ensino respondiam às propostas da Rede de Ensino. Mudar, *fazendo diferente, todos os dias.*

Esses debates acompanhavam, concomitantemente, os diferentes momentos de formação que Paulo Freire vinha desenvolvendo junto às escolas, envolvendo professores da USP, Unicamp, PUC-SP, Unesp, que se dispuseram a sair de suas salas e permanecer, por cerca de um ano e meio, ministrando cursos a partir das necessidades identificadas pelos professores, em cada disciplina, de cada grupo-escola, e não a partir de seus próprios interesses de pesquisa. Paulo Freire defendia que era importante estabelecer prioridades de ação, mas que parte delas tinha que ser desencadeada de forma concomitante, para responder à alta expectativa de professores, pais, alunos e funcionários para com a nova gestão.

A condição para Paulo Freire para que toda sua equipe de trabalho, envolvendo não só a equipe central – que se reunia semanalmente desde o primeiro dia de trabalho –, mas as equipes regionais, pudesse construir, de forma consensual, um programa político de trabalho educacional, era estabelecer reuniões sistemáticas com todos os participantes. Nasceram, assim, os colegiados central e regionais, em cujas reuniões – frequentemente longas – se estabeleciam as prioridades de ação coletiva para cada mês. E onde as divergências de avaliação e de concepção eram incentivadas a ser colocadas de maneira explícita, para ampla discussão, como expressão legítima da diversidade da formação de seus membros. Esta mesma lógica de ação presidiu a decisão de se criarem os Colegiados Regionais de Conselhos de Escolas – os Creces.

Esta organização administrativa e política de se construir um projeto pedagógico, numa cidade-estado como São Paulo e seus mais de dez milhões de habitantes, e com o qual um grande grupo pudesse se sentir identificado, sempre foi preocupação central do professor Paulo Freire. Como ele sustentava que a relação dialógica é que preside o processo de ensino-aprendizagem, evidentemente era necessário criar oportunidades formais para que este processo se estabelecesse entre os dirigentes, envolvendo, por sua vez, regionalmente, as equipes de trabalho de cada NAE. Por isso, de modo constante ele participava das reuniões dos NAEs, cada vez em uma região da cidade, estimulando que procedimentos, críticas e sugestões à própria equipe central pudessem ser feitas, fruto de uma visão sistêmica de nossa ação.

De fato, não se conhece experiência administrativa educacional, antes ou após a gestão Luiza Erundina, na cidade de São Paulo, que tenha tido uma dinâmica motivadora e coletiva como a que foi proposta e realizada na gestão Paulo Freire (1989-91). Mario Sergio Cortella (1991-92), que o sucedeu, garantiu uma unidade de ação na diversidade de projetos propostos e realizados. Acreditar na participação cada vez mais coletiva e envolvendo diferentes segmentos na definição e avaliação de políticas públicas não é fácil, e esta foi, sem dúvida, uma das mais promissoras lições que Paulo Freire deixou a todos nós: *o coletivo é mais difícil, mas suas decisões são mais permanentes.*

Este era Paulo Freire: atento, bem-humorado, tinha sempre um comentário criativo e esperançoso para as mais difíceis contradições que o governo enfrentava na sua primeira experiência de gestão. Tinha clareza que os procedimentos formais e a tramitação dos papéis eram necessários, mas que não se podia "afogar" e paralisar a gestão neles. Enxergava de longe o que uma não obediência às rotinas burocráticas poderia ocasionar ao atendimento das necessidades e premências das escolas, mas as enfrentava com galhardia e coerência.

Não por acaso trouxe para a consultoria jurídica da secretaria dois excelentes advogados (Dra. Euzélia e Dr. Jairo da Fonseca), que entendiam e se identificavam com as novas prioridades que a secretaria havia estabelecido. A primeira delas: o atendimento aos "meninos populares", como Paulo Freire chamava os alunos da Rede Municipal de São Paulo. E também disposição para enfrentar a paralisia que a tramitação e os impedimentos jurídicos costumavam ter e fazer quando se pretendia beneficiar a população pobre da cidade. Eles eram competentes, convincentes e rápidos, o que permitiu que várias teses polêmicas defendidas pela administração tivessem condições de ser realizadas.

Um aspecto polêmico que vale a pena mencionar na gestão Paulo Freire, em função de sua prioridade à gestão democrática, foi a não incorporação do Conselho Municipal de Educação (CME) nas decisões da política educacional. Um pouco antes de Paulo Freire assumir a SME, foram nomeados pelo prefeito Jânio Quadros, por indicação do secretário de Educação, os novos membros do CME – os de "notório saber", que era o critério principal para a nomeação de quase todos os conselheiros de educação no Brasil. Portanto, o critério dessas indicações – independentemente da avaliação do mérito profissional de cada um deles – era escolher "amigos" do ex-secretário e pessoas com quem havia identificação política. Os mandatos eram legais e estavam em vigência. Que fazer? Propusemos um Projeto de Lei (PL) alterando substantivamente a sua composição e os critérios para preenchimento das funções de conselheiros, envolvendo uma diversidade maior de representantes da cidade e do magistério.

Este projeto foi debatido pelo menos por três anos junto à Câmara Municipal de São Paulo, e, mesmo já tendo conseguido a adesão – depois de exaustivos debates e concessões em alguns artigos do PL – com o próprio líder do PSDB na Câmara, na época o vereador Antonio Madeira –, o mesmo não foi aprovado em tempo hábil naquela gestão. É importante refletir sobre este caso, que mostra parte das dificuldades e até preconceitos que a administração Luiza Erundina enfrentou – mulher, assistente social, solteira, nordestina e de longo trajeto junto às associações populares da cidade, não só em relação à mídia, mas também na Câmara Municipal, onde o governo não tinha maioria.

Por último, não poderia deixar de mencionar a tentativa de imposição do Banco Mundial (BM) na política educacional da cidade. Apesar das restrições orçamentárias que o município enfrentava, Paulo Freire resistiu às pressões, de dentro e de fora do governo, no sentido de aceitar empréstimo do BM no valor de 50 milhões de dólares – dinheiro de valor significativo à época. A condição era que Paulo Freire concordasse com três decisões (deles) para a política educacional de São Paulo: 1) prioridade ao atendimento da Educação Infantil e não do Ensino Fundamental; 2) transferência de 50% dos recursos financeiros recebidos para Organizações Não Governamentais (ONGs), que assumiriam a Educação Infantil no município – inclusive, autorizando o uso de parte desses recursos na construção, reforma e adequação de prédios escolares privados, o que era proibido pela legislação nacional; e 3) contratação de "educadores populares" – sem concurso e sem contratos formais para o exercício dessa função de magistério, ou seja, introdução na política educacional de corpo de "voluntários".

Paulo Freire se contrapôs, enfaticamente, às três propostas, argumentando contra a indevida intervenção daquele banco e lembrando que quem pedia dinheiro emprestado – com previsão de devolução com juros e correção monetária – tinha o direito inalienável de definir no que queria gastar o dinheiro; e que se os representantes do BM – eram seis, naquela ocasião – quisessem, poderiam acompanhar, a qualquer tempo e hora as atividades desenvolvidas pela Secretaria de Educação com os recursos. Propôs, então, um desafio: que os representantes do BM estabelecessem os critérios que bem entendessem – científicos, internacionais e/ou mensuráveis – para avaliação de desempenho dos recursos recebidos pela SME na realização da política educacional definida *pelo* governo municipal. Eles se surpreenderam e, além de não aceitarem o desafio, argumentaram que nós éramos os "pobres mais orgulhosos que eles haviam encontrado", ao que Paulo Freire respondeu:

> Com muita honra, somos mesmo! Mas, estejam certos: não vamos utilizar voluntários sub-remunerados como professores, na educação pública municipal, legitimando vocês usarem, indevidamente, o apelido de "educadores populares" para esta exploração do trabalho docente.

Esses são pequenos relatos para enfatizar a coerência, a consistência, o bom humor e a segurança na direção da SME que o professor Paulo Freire sempre teve, não abrindo mão da utopia de que o conjunto articulado das ações daquela gestão municipal pudesse fortalecer o diálogo, gerar consensos, frutificar sonhos e "esperançar" a possibilidade de uma sociedade menos injusta e mais solidária.

Ele sempre nos orientava, dizendo, com seu sorriso permanente: "não perca a oportunidade de construir, hoje, um pedacinho da sociedade socialista que você quer ver amanhã. Não há destino traçado, há opções de homens e mulheres todos os dias. E você pode contribuir para o processo coletivo de libertação e emancipação popular!"

Viva Paulo Freire! Paulo Freire vive!

26
Paulo Freire, política e inspiração!

Mario Sergio Cortella

Paulo Freire foi meu chefe! Quem não se orgulharia de, um dia, ter sido chefiado por alguém com tanta relevância histórica, compromisso social e coerência ética? Contudo, gosto sempre de lembrar, Paulo Freire foi, acima de tudo, meu líder.

Qual a diferença? A chefia tem a hierarquia prévia como fonte de sua autoridade e mando, enquanto a liderança é mais uma atitude inspiradora do que um cargo formal. A um chefe obedecemos; a um líder, admiramos e seguimos.

Paulo Freire foi, sim, meu chefe, mas, acima de tudo, foi meu líder, tão líder que, mesmo quando me chamava para "dar uma bronca", eu saía da sala dele animado. Não saía feliz, não saía alegre, mas saía animado, isto é, com fôlego, pleno de "anima", de alma, para continuar e refazer, pois ele corrigia sem ofender e orientava sem humilhar.

O verdadeiro líder, como lembra a correta máxima, não forma seguidores, forma outros líderes; por isso, após dois anos formando e inspirando a equipe que com ele chegou na Secretaria Municipal de Educação, em 1989, Paulo Freire pôde ir para outras atividades e nos deixou levando adiante, com clareza e dedicação, o que houvera projetado, articulado e incentivado como política educacional na cidade.

Quando saiu da gestão cotidiana, em maio de 1991, não ficamos "órfãos", dado que se assim o fosse seria a negação da sua (na época ainda não publicada) Pedagogia da Autonomia; se "órfãos" nos sentíssemos, teria falhado a postura e ação pedagógica de quem, como ele, nos ensinava a romper dependências e que, também com frequência e sincera curiosidade, procurava aprender o que saía do âmbito da competência que detinha.

Claro que queríamos que continuasse conosco no dia a dia; queríamos que estivesse sempre presente a todo momento, para nos acolher e proteger (isto mesmo!), uma proteção que vinha da longa prática que houvera acumulado nas infindas lutas por muitos continentes e que permitia uma sabedoria que oferecia segurança às nossas trilhas.

Ele nunca houvera dirigido uma estrutura tão imensa (a maior secretaria, na maior cidade do país, uma das três maiores do mundo!); parecia, no entanto, que não se amedrontava com tal exuberância composta por mais de seiscentas escolas, acima de um milhão de crianças, jovens e adultos nessas escolas e 65 mil servidores atuando em uma metrópole de mais de 1.500 km² de tamanho.

Cada reunião nossa, antes da posse e, depois, no governo, dava a sensação de tarefa soberba, conduzida por ele com serenidade e foco, nitidez política e pedagógica, firmeza de propósitos e modo democrático de convivência e decisão. Em outras palavras, mesmo em meio às mais intensas turbulências do cotidiano, Paulo Freire nos propiciava abrigo afetuoso e rumo viável.

Nas comemorações do Dia do Professor, em outubro de 1998, ano seguinte à morte de Paulo Freire, o Jornal *Giz*, do Vereda – Centro de Estudos de Educação (do qual ele participara da fundação, em 1981) –, perguntou-me como era nosso mestre como chefe; respondi que era (e era mesmo) um chefe implacável e retomo aqui (adicionando outras reflexões) as palavras que sobre ele pronunciei para explicar essa implacabilidade.

Paulo Freire, quando no papel de dirigente, nos legou uma imagem de tolerância e diálogo constantes, marcada por profundo respeito às posições alheias (ou, até, contrárias); no entanto, nunca sua dialogicidade se confundiu com complacência, conivência oportunista ou contemporização.

A radicalidade de suas convicções, longamente maturadas e submetidas ao crivo coletivo, o fez um chefe distante do autoritarismo (refúgio dos inseguros, para os quais importa mais vencer do que convencer os chefiados) e, sempre cioso da função política de uma autoridade educacional, era firme e determinado, não temendo exercê-la.

Não tinha medo do poder; tinha medo de usar mal o poder; não tinha medo da autoridade, tinha medo da autoridade narcisista e que, em vez de servir, serve a si mesma. Como coragem não é ausência de medo e sim a capacidade de enfrentar o medo, Paulo Freire detinha invulgar coragem, a ponto de nos surpreender em vários momentos com atitudes que, não fosse ele a propor, ficaríamos acanhados por fazê-lo.

Desse ponto de vista, ele era um chefe implacável; tinha tamanha obstinação pelos deveres conjuntos que houvéramos assumido que, como grande mestre, aceitava erros, mas jamais admitia entre nós o desânimo, a negligência e, principalmente, a hipocrisia.

Luiza Erundina estava certa ao escolher a pessoa certa para a secretaria certa na hora certa, e a cidade de São Paulo mereceu ter um homônimo como Paulo Freire entre os seus gestores; ele fez por merecer, com trabalho e amorosidade, ao demonstrar gratidão por essa mesma cidade que o recebeu quando do exílio voltou em 1979, e na qual viveu por dezesseis anos.

Por isso, por essa gratidão, não titubeou em novembro de 1988 ao ser (o primeiro!) convidado pela prefeita eleita a participar do governo; brincando um pouco com a correção do idioma que sempre o encantou, quase se pode ouvi-lo respondendo: Eis-me!

Ainda bem; ganhamos todos (e todas, insistiria ele).

PARTE V

A DESPEDIDA E O FIM DA GESTÃO DO EDUCADOR PAULO FREIRE À FRENTE DA SECRETARIA MUNICIPAL DE EDUCAÇÃO DE SÃO PAULO

27

Aos educadores e educadoras, funcionários e funcionárias, alunos e alunas, pais e mães[54]

Quando assumi a Secretaria Municipal de Educação de São Paulo, minha equipe e eu encontramos as escolas da cidade em estado de abandono.

Abandono resultante de várias ações, de vários governos, de todas as esferas de poder.

O descaso com que foi tratada a educação gerou desesperança, ceticismo, tristeza e dúvida entre todos aqueles que viram o cotidiano da escola.

E foi com essa realidade que nos defrontamos. Nossa ação se orientou pelo compromisso de construir "uma escola bonita, voltada para a formação social crítica e para uma sociedade democrática, escola essa que deve ser um espaço de educação popular e não apenas o lugar de transmissão de alguns conhecimentos, cuja valorização se dá à revelia dos interesses populares; uma escola cuja boniteza se manifeste na possibilidade da formação do sujeito social".

---

54. Carta de despedida de Paulo Freire, lida na manhã de 27/5/1991, depois de anunciar, em 16/5/1991, aos funcionários da Secretaria Municipal de Educação de São Paulo, a sua saída (tendo Lisete Arelaro ao seu lado, e dizendo que estava voltando para casa).

Esse compromisso guiou a fixação de nossas quatro diretrizes: Direito de acesso à Escola, Gestão Democrática, Qualidade de Ensino, Alfabetização de Jovens e Adultos.

Estas diretrizes implicaram várias mudanças estruturais na secretaria e, de nossa parte, um investimento sistemático e permanente no sentido de implantá-las simultaneamente, uma vez que cada uma delas é essencial e dependem intrinsecamente uma das outras para gerar verdadeiramente um processo de transformação na escola.

Digo a vocês que o compromisso com essa política nos trouxe tristezas também. Os obstáculos a superar não foram pequenos, nem desprezíveis. Eles são, no fundo, o resultado de uma experiência histórica marcada por orientações e práticas de privatização do poder público, que desprezaram os procedimentos éticos e democráticos como condição da construção de um estado garantidor dos direitos sociais básicos.

Mas as alegrias também foram e são muitas. Muitas porque sabemos que estamos transformando o presente e criando também as bases para que, no futuro, a educação pública popular, democrática e de qualidade continue a se desenvolver e ser defendida por um número cada vez maior de educadores, pais, alunos, funcionários e demais segmentos da sociedade.

Não tenho dúvidas de que caminhamos muito nessa direção.

As escolas que estavam em estado absolutamente precário foram reformadas, e quase todas devolvidas às comunidades.

As escolas foram e estão sendo reequipadas e hoje já contam com recursos para a realização de pequenos reparos. Este procedimento diz respeito à valorização da autonomia da escola, que tem sido incentivada a elaborar projetos pedagógicos próprios e a discutir as diretrizes da secretaria e sua implantação local e regional junto com os Conselhos de Escola e com os Conselhos de Representantes dos Conselhos de Escola (Creces).

Os Conselhos de Escolas, os Grêmios Estudantis e os Creces são hoje uma realidade cada vez mais concreta, resultado não apenas de uma diretiva legal, mas de uma ação institucional permanente que aposta na construção da relação dialógica não apenas no espaço da sala de aula.

Esta participação, que é parte da construção da cidadania, é e poderá ser condição da interferência cada vez mais profunda dos segmentos da escola e dos movimentos sociais nas definições das ações educacionais no plano da escola, das regiões e das cidades.

Nosso desejo é que esta interferência se aprofunde e permaneça como conquista social, independentemente do governo que esteja à frente da cidade.

Também a política pedagógica, seja no nível da educação infantil, do ensino fundamental ou da educação de adultos, caminha nesta direção: recuperar a experiência profissional dos educadores e a experiência sociocultural da comunidade escolar, de modo a construir o trabalho educacional a partir da reflexão teórico-prática de forma sistemática e permanente. Acompanha esta perspectiva a elaboração do projeto de Estatuto do Magistério que objetiva a valorização profissional dos educadores neste momento em discussão com o conjunto dos sindicatos.

Não pretendo com essas observações realizar propriamente um balanço, mas resgatar as linhas mestras de um trabalho que está sendo realizado com todos vocês e cujos resultados têm demonstrado a importância da construção de um projeto, e não de sua imposição aos demais.

Hoje me afasto da secretaria como secretário, não como educador, seguro de que essa orientação político-pedagógica procederá não só porque minha equipe continua, mas porque a perspectiva, as diretrizes e as ações foram construídas em conjunto nos colegiados de gestão desta secretaria, e, portanto, uma aquisição que expressa a vontade coletiva.

Como educador, vou continuar cumprindo o papel que escolhi, o de ler, escrever e produzir na área da educação, comprometido com aqueles que estão fora da escola ou que, dentro dela, continuam a ser discriminados por ações pedagógicas que prescindem da experiência social e cultural das crianças, dos jovens e dos adultos.

Reafirmo meu compromisso político com meu partido, com este governo, com Luiza Erundina, e minha disposição de continuar a trabalhar, agora de outra maneira, para que a administração democrático-popular de São Paulo signifique cada vez mais uma experiência para a mudança do comportamento ético-político deste país e o posto mais avançado de luta por uma sociedade justa e democrática.

Um grande abraço a todos,

Paulo Freire

28

Manifesto à maneira de quem, saindo, fica[55]

Todos temos vivido a enorme satisfação de poder estar construindo, num esforço comum, uma nova proposta pedagógica na Secretaria Municipal de Educação. Não importa que, por nosso compromisso, tenhamos, de vez em quando, experimentado agonias e sofrimentos.

Estou convencido de que as propostas e princípios do PT, a que a prefeita Luiza Erundina dá carne, estão certos. Princípios gerais que constituem a política de governo, de que a política educacional que vimos implementando é um capítulo.

Não estou, rigorosamente, saindo da Secretaria Municipal de Educação ou mesmo deixando a companhia de vocês. Nem tampouco renegando opções políticas e ideológicas antigas, anteriores mesmo à criação do PT. Não imaginava sequer que o PT aconteceria, na minha juventude, mas sentia muita falta de sua existência. Esperei por mais de quarenta anos que o PT fosse criado.

Mesmo sem ser mais secretário, continuarei junto de vocês, de outra forma. Vou ficar mais livre para assumir outro tipo de presença.

---

55. Síntese da fala de despedida de Paulo Freire da Secretaria Municipal de Educação de São Paulo, em maio de 1991.

Não estou deixando a luta, mas mudando, simplesmente, de frente. A briga continua a mesma. Onde quer que esteja, estarei me empenhando, como vocês, em favor da escola pública, popular e democrática.

As pessoas gostam e têm direito de gostar de coisas diferentes. Gosto de escrever e de ler. Escrever e ler fazem parte, como momentos importantes, da minha luta. Coloquei este gosto a serviço de um certo desenho de sociedade, para cuja realização venho, com um sem-número de companheiros e companheiras, participando na medida de minhas possibilidades. O fundamental neste gosto de que falo é saber a favor de quê e de quem ele se exerce.

Meu gosto de ler e de escrever se dirige a certa utopia que envolve certa causa, um certo tipo de gente nossa. É um gosto que tem a ver com a criação de uma sociedade menos perversa, menos discriminatória, menos racista, menos machista que esta. Uma sociedade mais aberta, que sirva aos interesses das sempre desprotegidas e minimizadas classes populares e não apenas aos interesses dos ricos, dos afortunados, dos chamados "bem-nascidos".

Por tudo isso, escrever a crítica, não malvada, mas lúcida e corajosa das classes dominantes continuará a ser uma de minhas frentes de briga, tanto quanto vem sendo para muitos de vocês.

Sou leal ao sonho. Minha ação tem sido coerente com ele. Exigente com a ética, considero que ela tem a ver com a coerência com que se vive no mundo, coerência entre o que se diz e o que se faz. Por isso, não temo a crítica ao trabalho que se realizou na secretaria nesses dois anos e meio em que aqui estive como secretário. Considero que a crítica, quando feita de maneira ética e competente, faz com que nossas ações se aprofundem ou se reorientem. Aprendemos com elas.

Continuem contando comigo na construção de uma política educacional, de uma escola com outra "cara", mais alegre, fraterna e democrática.

29

Aos que fazem conosco a educação pública de qualidade em São Paulo[56]

"Sempre quis ser médico, hoje quero ser professor. Serei um professor diferente: vou valorizar o grupo, e não indivíduos isolados; vou tentar dar-lhes uma visão de mundo mais abrangente, não quero me deter muito em fórmulas prontas. Acho que cada professor deve criar o próprio método de trabalho, porque cada aluno é diferente e cada grupo é diferente. E, principalmente, vou ensinar aos meus alunos que ler é importante, porque nos humaniza, nos emociona, nos comove. E quem tem coragem de chorar é porque está vivo, porque pulsa, porque vibra. Quem sabe chorar também sabe explodir de alegria. O pior homem do mundo é o indiferente, porque o seu coração é um deserto, e no deserto não nascem flores."

Charles Kiefer

---

56. Texto publicado no *Diário Oficial* do município de São Paulo, de 15/10/1992, ano 37, número 195.

Esta não é uma mensagem formal ou protocolar para o Dia dos Professores. Ela é dirigida com a mesma sinceridade, confiança e esperança que tem animado os nossos sonhos e o nosso trabalho conjunto nesses quatro anos.

O dia do professor é momento para avaliar, repensar, para nos confraternizarmos, felicitarmos e para homenagear.

Homenagear aqueles que, juntamente com os funcionários, pais e alunos, tem construído a educação pública de qualidade na cidade de São Paulo.

Queremos relembrar com vocês a história desses quatro anos, procedimento necessário nesse nosso país tão marcado pela negação da história, onde alguns apartam os fatos de seu processo – como forma de dominação –, difundem ideias através de técnicas de marketing político e fazem milhares acreditarem em ideais que atendem às necessidades de poucos. Temos a convicção de que não serão alguns *slogans* ocos, apresentados de forma mágica e paternalista, que transformarão a dura realidade de nosso povo. O processo de transformação das condições de vida e cidadania em São Paulo e em todo o país exige vontade política, seriedade e um projeto que inclua, como um de seus eixos norteadores, o poder de interferência e decisão da população. Dividir o poder de pensar, elaborar e decidir requer sistematicamente a socialização de informações e a capacidade de conviver e experimentar as tensões e contradições inerentes à democracia. Isto só não acontece quando o autoritarismo impera e mata a riqueza e as dificuldades próprias de qualquer processo que tenha a participação como pressuposto.

Num momento de crise social tão aguda, em que a sociedade brasileira tem demonstrado sua profunda disposição de recuperar a ética como marca da ação política e combater a miséria como decorrência da política econômica, é fundamental estar atento à postura dos "salvadores da pátria" que buscam catalisar para si as soluções de todos os problemas a partir de emblemas e fazer crer que eles, do alto de sua arrogância, resolverão todas as dificuldades. Não é verdade; a solução e a transformação dependem da vontade das propostas, da honestidade e da competência dos governantes, mas também de quanto a sociedade toma nas próprias mãos o seu destino a partir de sua auto-organização.

Por isso, insistimos; recuperar nossa história comum é fundamental.

Em 1º/2/1989, dirigíamos, através de suplemento do *Diário Oficial*, documento "Aos que fazem a educação conosco em São Paulo" no qual se afirmava:

> [...] Nessas condições é muito difícil realizar uma escola que encare o ato de ensinar e de aprender como um ato prazeroso. Ao assumir esta secretaria estamos cientes, contudo, de que é preciso partir dessa realidade para realizar a escola com que sonhamos. Só que não vamos fazer isso sozinhos. Pretendemos mostrar a todos os que hoje estão envolvidos com a educação no município de São Paulo que, juntos, podemos mudá-la, construindo uma escola bonita, voltada para a formação social, crítica e para uma sociedade democrática [...].
>
> Encontramos muito medo, desconfiança e indiferença. A estes sentimentos, oporemos *ousadia*.
>
> Procuraremos restabelecer integralmente a liberdade de expressão e de organização como os elementos constitutivos essenciais da democracia e, consequentemente, de uma política educacional que vise à construção de uma escola pública de qualidade [...].

Não devemos chamar o povo à escola para receber instruções, postulados, receitas, ameaças, repreensões e punições, mas para participar coletivamente da construção de um saber, que vai além do saber de pura experiência feito, que leva em conta as suas necessidades e o torne *instrumento de luta*, possibilitando-lhe transformar-se em sujeito de sua própria história. A participação popular na criação da cultura e da educação rompe com a tradição de que só a elite é competente e sabe quais são as necessidades e interesses de toda a sociedade.

A escola deve ser também um centro de irradiação da cultura popular, à disposição da comunidade, não para consumi-la mas para criá-la.

Tal orientação filosófica e programática demandou que ações fossem desencadeadas concomitantemente em várias áreas: recuperação e manutenção dos prédios escolares, recuperação da qualidade da merenda, provimento de equipamentos, valorização salarial, investimento na formação dos educadores, incentivo à elaboração de projetos próprios pelas escolas, desenvolvimento de reorientação curricular, passagem do Programa de Educação de Jovens e Adultos para a Secretaria Municipal de Educação, reorientação do trabalho com adultos, criação do Mova (Movimento de Alfabetização de Jovens e Adultos), reabilitação dos Conselhos de Escola e do Regimento Comum das Escolas de 1985.

Essas ações iniciais traduziram as quatro diretrizes fundamentais de nosso trabalho:

- Democratização do acesso à escola;
- Democratização da gestão;

- Nova qualidade de ensino;
- Educação de jovens e adultos.

As consultas feitas aos educadores e aos educandos, as reflexões desenvolvidas, privilegiadamente nos grupos de formação, foram confundidas muitas vezes com falta de orientação e perspectiva. Na verdade, ouvir os educadores e considerar sua experiência era e é para nós condição para qualquer trabalho. A dialogicidade das relações no processo de construção do conhecimento não é válida somente para a relação professor/aluno, porque pacotes pedagógicos – tradição em nosso país – não permitem a transformação do trabalho que cada educador, ao fechar a porta da sala de aula, realiza cotidianamente com seus alunos.

Ao mesmo tempo, muitos foram os questionamentos em relação à participação dos pais e alunos através dos Conselhos de Escola, tais como: "Como um pai, semianalfabeto, pode interferir nos rumos da escola se ele não conhece educação?"; ou então: "A comunidade não quer participar, nós convidamos e eles não vêm."

Mas o processo levou a um amadurecimento significativo das relações e das concepções e o balanço é muito positivo se observarmos o conjunto da Rede de Ensino e da Educação Municipal.

Tem sido possível aumentar a democratização do acesso através da construção de 65 escolas novas, da reforma de 178 escolas (24 estão sendo construídas e 37 estão sendo reformadas), da criação de 145 mil novas vagas nas Escolas Municipais de Ensino Fundamental e de Educação Infantil e 312 mil novos atendimentos nos Cursos Supletivos e no Mova.

Hoje, há uma ação sistemática de manutenção das escolas, a maioria foi equipada com materiais, TVs, videocassetes, aparelhos de som e 800 mil livros para as salas de leitura. Ao mesmo tempo, as escolas tiveram sua verba de 1º escalão (para situações emergenciais) significativamente aumentada, o que contribuiu para o crescimento da autonomia das escolas.

Foram realizados concursos públicos que permitiram a efetivação de milhares de funcionários necessários ao bom desenvolvimento da atividade educacional.

No plano pedagógico, tem se buscado uma reflexão permanente quanto aos fundamentos teóricos e quanto à prática dos educadores; conhecimento implica transformação. Por isso, os grupos de formação foram marcados pelo método da relação ação-reflexão-ação, buscaram garantir como proposta de trabalho a discussão da prática dos profissionais e a identificação de pressupostos teóricos subjacentes a essa prática, de modo a permitir a transformação do trabalho na sala de aula.

Tal processo desenvolveu-se a partir dos grupos de formação, de seminários, palestras, oficinas e cursos e sua orientação definida em parceria com as universidades; também foi desencadeado o processo de reconstrução do currículo a partir de uma abordagem interdisciplinar, hoje temos 168 escolas de Ensino Fundamental que optaram por esse projeto.

Mas, o desenvolvimento dessas ações teve como uma de suas limitações a jornada de trabalho dos professores, porque há necessidade de um tempo previsto, na escola, para que coletivamente os educadores planejem suas atividades e possam acompanhá-las sistematicamente.

Por essa razão, o Estatuto do Magistério era imprescindível. Ao instituir a Jornada de Tempo Integral para efetivos e estáveis em regência de classe, ele cria as condições para que o trabalho coletivo se desenvolva no interior da escola; afinal, não é suficiente que a formação seja garantida no plano individual. É preciso que os professores de cada área e entre as várias áreas possam planejar e avaliar juntos suas atividades em cada escola, tendo a cooperação como uma referência central.

Além disso, a evolução funcional, o estabelecimento da garantia de um piso salarial profissional e da proteção dos salários pela instituição de data-base de negociação, a carreira aberta, a carreira em Y, a criação dos cargos de professores adjuntos, além de assegurarem valorização profissional, contribuirão, sem dúvida, para o aprofundamento da histórica – e cada vez maior – qualidade da educação municipal.

O processo de elaboração, negociação e votação do Estatuto do Magistério foi uma lição de democracia, porque combinou, de maneira exemplar, consulta, debate de ideias, pressão dos setores interessados e negociação política, procedimentos esses necessários para a votação de uma Lei dessa complexidade.

Todas as iniciativas nessa direção não seriam completamente consequentes sem que fossem consolidadas as ações pedagógicas no novo Regimento Comum das Escolas Municipais.

A concepção de Educação em curso compreende o currículo como complexo de ações voltadas para a consecução de objetivos educacionais. Tal concepção implica uma visão historicizada de mundo, homem, sociedade e, portanto, do processo de desenvolvimento do trabalho.

Trabalhar a relação ensino/aprendizagem dessa maneira sugere, como consequência, mudanças nos procedimentos relativos à avaliação dos alunos e organização escolar, que necessitam de maior flexibilidade, democracia e autonomia.

Assim, o Regimento prevê a estruturação da escola em ciclos combinados com uma nova perspectiva de avaliação. Pretende-se, de acordo com essa nova estrutura, estabelecer continuidade e articulação no desenvolvimento dos conteúdos e nas avaliações, respeitando para isso o processo do aluno e sua experiência social e cultural. A avalição do educando deverá se desenvolver em função do que ele produziu e do que lhe falta atingir, e não do ritual de devolução mecânica de conteúdos preestabelecidos, o que na maior parte das vezes não significa propriamente aprendizagem.

As práticas pedagógicas, a avaliação e as rupturas anuais, estabelecidas tradicionalmente pelo sistema de seriação, têm contribuído significativamente para o chamado "fracasso escolar", atestados pelos altos índices de evasão e repetência em nosso país.

Por isso, são improcedentes as críticas que entendem o Regimento apenas como "instrumento de aprovação dos alunos". A esse respeito, é oportuno lembrar que antes do Regimento o percentual de retenção passou de 22,6% em 1988 para 12,3% em 1991.

Nada disso seria possível sem um grande investimento na democratização da gestão da educação. A maioria dos Conselhos de Escola discutem hoje o Plano Escolar, as escolas enviam esse Plano ao respectivo Núcleo de Ação Educativa (NAE), que deve elaborar o Plano Regional e submetê-lo ao Conselho Regional dos Conselhos de Escolas (Cresce). Os NAEs devem remeter seus Planos aos órgãos centrais da Secretaria Municipal que elabora o Orçamento Programa do ano seguinte. Nos planos estão estabelecidas prioridades, de tal sorte que possam ser adequadas aos limites orçamentários.

Nesse processo, a autonomia da escola tem se construído, as unidades de ensino deixam de ser meros desaguadouros das políticas centrais, o orçamento e o planejamento deixam de ser assuntos apenas de técnicos e especialistas e se explicitam, progressivamente, as prioridades, as necessidades de recursos, as dificuldades, os interesses de vários grupos sociais e as limitações do município enquanto esfera de poder, sendo, por isso, um excelente instrumento de construção e afirmação de cidadania.

Estamos certos de que esse processo não esteve isento de equívocos, mas acreditamos que eles não podem ser tomados isoladamente, pois se situam nos marcos de uma política que busca a valorização da educação pública.

Tal processo jamais seria desenvolvido sem a parceria e a contribuição de cada um dos educadores que se empenhou muito para que a cidade tenha orgulho de sua educação municipal.

Esta experiência vivida por nós – educadores, pais, alunos, funcionários e governo – tem demonstrado algo fundamental ao país: a educação pública de qualidade é possível!

Fraternalmente,

LUIZA ERUNDINA DE SOUSA
Prefeita do município de São Paulo

PAULO REGLUS NEVES FREIRE
Secretário municipal de Educação (1989-1991)

MARIO SERGIO CORTELLA
Secretário municipal de Educação (1991-1992)

Biografia dos autores

Paulo Freire (Recife, 1921 – São Paulo, 1997)
Em 1963, em Angicos, interior do Rio Grande do Norte, coordenou uma equipe que alfabetizou trezentos trabalhadores rurais em apenas 40 horas. Esse foi o resultado do projeto-piloto do que seria o Programa Nacional de Alfabetização do governo de João Goulart, presidente que viria a ser deposto em março de 1964. Em outubro desse mesmo ano, Freire deixou o Brasil para proteger a própria vida. Apenas voltou a visitar o país em 1979, com a abertura democrática. Ao longo de sua história, recebeu 42 títulos de doutor *honoris causa*, além dos títulos de professor emérito, *distinguished educator* e investigador emérito, de diversas universidades nacionais e estrangeiras, além de inúmeros prêmios, como Educação para a Paz, da Unesco, e Ordem do Mérito Cultural, do governo brasileiro. Integra o International Adult and Continuing Education Hall of Fame e o Reading Hall of Fame.

Ana Maria Araújo Freire
Graduada em Pedagogia pela Faculdade de Filosofia, Ciências e Letras de Moema (1975), é mestre em Educação: História, Política, Sociedade, pela PUC-SP (1980), e doutora em Educação pelo Programa de Currículo, pela mesma universidade (1994). Viúva de Paulo Freire, se dedica, atualmente, a organizar, publicar e divulgar a obra dele, como sucessora legal do educador. Entre outros livros e artigos acadêmicos, é autora de *Analfabetismo no Brasil*, São Paulo: Cortez, 2001; *Paulo Freire: uma História de Vida*. Indaiatuba: Villa das Letras, 2006, Prêmio Jabuti, 2º lugar, Biografia, 2007; 2ª. edição, Rio de Janeiro: Paz e Terra, 2017; em coautoria com Paulo

Freire, *Pedagogia da tolerância*, Rio de Janeiro: Paz e Terra, 2005, Prêmio Jabuti, 2º lugar, Educação, 2006; *Nós dois*. Rio de Janeiro: Paz e Terra, 2013. Colaborou com seu trabalho, escrevendo as notas em três livros de Paulo Freire: *Pedagogia da esperança; A sombra desta mangueira e Cartas à Cristina*.

Ana Maria Saul
Doutora em Educação (Psicologia da Educação) pela Pontifícia Universidade Católica de São Paulo. É professora titular da PUC-SP onde coordena a Cátedra Paulo Freire e o grupo de pesquisa: O pensamento de Paulo Freire na educação brasileira. É autora de artigos e livros sobre o pensamento e a prática de Paulo Freire, dentre os quais: *Paulo Freire. Uma prática docente a favor da educação crítico-libertadora* (1ª ed. São Paulo: Educ, 2016).

Erasto Fortes Mendonça
Doutor em Educação, membro do Conselho Nacional de Educação (2012/2016), presidente da Câmara de Educação Superior (2014/2016). Professor aposentado da Universidade de Brasília, foi também secretário de Estado Adjunto de Educação do DF, Coordenador de Educação em Direitos Humanos e diretor de Promoção dos Direitos Humanos da Secretaria de Direitos Humanos da Presidência da República.

Ivanna Sant'Ana Torres
Doutora em Educação, professora da Secretaria de Estado de Educação do DF. No momento da entrevista, atuava como Subsecretária do Livro e da Leitura da Secretaria de Estado de Cultura do DF.

Lisete R. G. Arelaro
Pedagoga e Doutora em Educação. Fez parte da equipe do Prof. Paulo Freire na Secretaria Municipal de Educação de São Paulo

(1989/1992) e foi secretária de Educação, Cultura, Esporte e Lazer em Diadema/SP (1993/1996 e 2001/2002), diretora da Faculdade de Educação da USP (2010/2014), presidente do Fórum Nacional de Faculdades e Centros de Educação Públicos (FORUMDIR – 2012/2014) e presidente da Associação Nacional de Pesquisa em Financiamento da Educação (FINEDUCA – 2015/17). Professora Titular Sênior da Faculdade de Educação da USP.

Luiza Erundina de Sousa
Assistente social de formação, Luiza Erundina assumiu seu primeiro cargo público no ano de 1958, quando foi secretária de Educação de Campina Grande/PB, seu estado de origem. Em 1971 emigra para São Paulo, perseguida pela ditadura militar. No ano de 1980, participa da fundação do PT (Partido dos Trabalhadores) e, em 1982, elege-se vereadora da cidade de São Paulo. Quatro anos depois, em 1986, é eleita deputada estadual e, em 1988, elege-se prefeita de São Paulo, sendo a primeira mulher a assumir o cargo na capital paulista. Atualmente, é deputada federal pelo PSOL e coordena a Frente Parlamentar pela Reforma Política com Participação Popular.

Mario Sergio Cortella
Filósofo, doutor em Educação pela PUC-SP, defendeu tese orientada pelo professor Paulo Freire, de quem, na Secretaria Municipal de Educação de São Paulo, foi assessor especial (1989) e chefe de gabinete (1990). Em 1991, sucedeu Paulo no cargo de secretário (1991/92). Membro-conselheiro do Conselho Técnico Científico de Educação Básica da CAPES/MEC (2008/2010), é autor, entre outros livros, de *A sorte segue a coragem! Oportunidades, competências e tempos de vida* (2018).

Este livro foi composto na tipografia Dante MT Std, em corpo 12/15, e impresso em papel off-white no Sistema Digital Instant Duplex da Divisão Gráfica da Distribuidora Record.